インド思想から仏教へ

インド思想から仏教へ

仏教の根本思想とその真髄

高楠順次郎 著

書肆心水

インド思想から仏教へ　目次

仏教の根本思想

仏教の真髄（抄）

インド思想から仏教へ

仏教の根本思想とその真髄

凡例

一、底本には『高楠順次郎全集』（教育新潮社刊行）を使用した。（『仏教の根本思想』初版一九三一年、大雄閣書房刊行、『仏教の真髄』初版一九四〇年、第一書房刊行。）

一、踊り字（繰り返し記号）は「々」のみを使用した。

一、現今一般に平仮名表記されることが多いものは平仮名に置き換えた。

一、読み仮名ルビは底本のものを取捨選択した。

一、二書の間で若干の表記を統一した。

一、些細な表記不統一はそのまま表記した。（例、インダス河、インダス川）

一、V音の片仮名表記に濁音化した「ワ」が用いられている場合があるが、これは「ヴァ」で表記した。

一、本書刊行所による注記は（　）括りの二行割注で表記し、底本の注記と区別した。

一、書名の趣旨から逸れる記述、および、重複した印象の強い部分などを項単位で省いたところがある。

仏教の根本思想

序

高遠なる仏教を、平易な言葉をもって、しかも組織的に講述して、仏教の大衆化をはかるという目的で、中央仏教会館に仏教研究会が開かれた。その最初に仏教の根本思想を講じたのは、昨秋（昭和五年）の九月二十二日から二十六日までの間であった。実を言えば、この講義の仕組みには相当に苦労したのであった。大衆化の目的のためには、なるべく仏教語を少なく用いなくてはならぬ、平生仏教を聞いているものに対しての話なれば、仏教語を混じても差支えないのであるが、全く仏教を知らないものに対しての覚悟で話さねばならぬ。そのため随分苦心をしたのであったが、案ずるよりも産むが易く、話してみれば、さまでの障害もなく、会員も熱心に聴取せられたので、無事に終結することができた。

講義の内容は、自分ながら十分なものとは思わない。講義をなるべく簡潔にするために、仏教以前の思想の、全く排斥せられたものと、そのままに取り入れられたものと、取り入れてのち完成せられたものとを判別して、明了にしたつもりである。肝心の根本教義を四法印に限るとしてみたが、これでは却って分からないかと思ったから、更に仏教の特質ともいうべきものを添加した、それでも四諦、十二因縁は全く除かれているのだから、まだ不十分な点はあるに相違ないと思う。

会員諸君からの希望もあるので、非常に速記の校正を急いだため、疎漏の点も多々あることと思われる。その上に、第一日の速記は、ある事情のため不完のままであったから、ほとんど書き改めたのである。そのため、初講は講述の時よりも、難しくなったかも知れない、これは殊に会員諸君に対してお断りしておく。

要は仏教の大衆化であるから、不明のところがあったら、間接にでも、直接にでも、猶予なく質問してほしい、なるべく応答の方法を講ずるつもりである。近ごろ逝去された工学博士広田精一君はその遺言の中に、われわれの敬意を寄すべきことを数々書き残された。キリスト教に対しては、今から二千年の寿命あることを予測されたが、仏教に関しては、数字は明記されなかった、数ならぬ予の名前がその中に在るので、ここに挙げて、今いっそうの努力をなさんと思うのである。広田博士の言に「わが仏教も高楠博士のごとき優秀なる学者によりて大衆化され、教育、貧民救済等の活事業に活躍するに至らば、更に数千年の生命を保つことを得べし」とある。実際に仏教の内容から見れば、数千年は愚か、たしかに竜華三会《りゅうげさんね》の暁まで残るべき値打ちはあると思われる。しかも残ると残らぬは、遺弟の念力のいかんによるのである。仏教は普遍性にも富んでいるが、永遠性にも富んでいる。われわれの仕事は大衆化とまではいかない、世間化ぐらいの程度である。われわれはいっそう駑馬に鞭打って、博士の期待に背かざるよう砕身努力したいものである。

昭和六年二月節分日

富士山麓楽山荘において

八葉峰中　雪頂　高楠順次郎識

第一講　仏教以前のインド思想

第一　実在説の傾向

仏教の根本思想を説くには、ずいぶん専門の言葉を用いなくては、十分に説明することが難しいのであるが、なるべく分かりやすく、専門語を避けて、平易な言葉で述べてみたい。第一に「仏教以前のインド思想」を述べて、話の順序として、インドの一般生活を描き、インド人の理想が、いずれの方向に向かって進んだか、ということを知るために、この題目を設けたのである。これがないと、いかにしてインドに仏教が起こったか、ということが分からないからである。

インドと東西両洋との関係　インドという国は関係が非常に広く、全く世界的である。インドは民族という関係では西洋各国と関係を持っている。インドの人種は元来ヨーロッパ人種と同じアリヤ民族で、その血統の関係からして、インドは欧米全土に連絡を持っている。また、インドは宗教という関係では、東洋各国と関係を持っており、インドの仏教は、ほとんど東洋の全人種を風化したのである。かく西洋全土とは民族的関係を有し、東洋全土とは歴史的関係を有している。そこで、インドは全世界と密接の関係を有しているといって差支えないのである。この広範な範囲で、インドを研究するということは、非常に興味のあることである。

インド民族の起原　インド人と西洋人とは今は東西に分かれ、色も違っているが、同じアリヤ民族である。この民族は、いつごろまで一処に同住しておったか、ということは一つの問題である。この人種が小アジア・バビロン地方に同住しておった時は、ヨーロッパ人もペルシャ人もインド人も、まだ別在していなかった。かかる地方に分かるる以前に一処に住んでおった時代があったのである。これはおおよそ紀元前一千三百年ごろの状態である。それが宗教の相違か、または戦争の結果からして、一方は西に、一方は東に民族の移住が行われた。西に向かいヨーロッパに行ったのは、今日の白人種の一部であろう。東に向かったものは、西域地方に到達した時に、また二つに分かれた。一方はペルシャに入ってイラン民族となり、一方はインドに入ってインド民族となった。これは一般の戦争ではなく、宗教的信仰の相違から分派したようである。

インドでは神様として拝まれているインドラ Śakra devānāṁ Indra（帝釈天）が、ペルシャでは悪魔とされており、インドで神か魔か判然しないアスラ asura（阿修羅）が、ペルシャでは大切な主神として拝まれている。かように宗教的意見から分派したらしい。右の方ペルシャに行ったのがイラン人種で、今のペルシャ人種である。左へ向かったのは大雪山（ヒンドゥクシュ Hindu Kush）を越してインドへ入った、インドのアリヤ民族である。「アリヤ Arya」という字は、信仰の厚い高貴の人という字である。この「アリヤ」の語の訛ったのが「アイラ」という字で、イラン Iran は「アイラ」の転であるから、実は同じ名前である。かかる人種の分流は、紀元前一千三百年以後のことで、比較的近代のことである。インドに入ったアリヤ民族も、欧州に入ったアリヤ民族と同じような性質を持っていたらしい。一般にきわめて客観的で、物質的で、現実主義、楽観主義の傾向を持っておったのである。この特性はヨーロッパ人種に今なお残っているが、インド人種はその性質をなくしてしまった。

アリヤ民族の傾向とインドの自然　インド人種もインドに入った当時には、アリヤ人種の通有性を持って、何事も現実的に見、楽観的に見る性質を持っていた。この人種は初めに「パンジャップ Panjab」（五河）の地方に入った。パンジャッブはインダス河の上流である。ここに五つの河がある、古伝には七河（サプタ・ナダ）となっている。その流域は非常に豊穣な地方で、非常に農牧に適している、羊も山羊も牛も思うままに牧養し得る、一般の農産物も豊かな収穫を得られる、まことに自然に恵まれた地方であった。そうして、雪山は常に千秋の雪をいただいて大自然の威力を示している、山の斜面には多くの氷河が流れつつある、虬竜《きゅうりょう》が天から降下しつつあるの感を与える。インダス河の上流の環境は、実にアリヤ民族が新たに発見したる植民地として最上乗のものであった。

自然神の発生　そこで生活は日に豊かに向かい、性来の楽観主義は、いよいよ楽観主義となり、加うるに、至るところ土人を征服し、ますます武威を四方に振るうに至った。だんだんに勢力をたくましゅうするに至って、征服された土人とアリヤ民族との間に、区別を画するに至った。土人は永久に奴隷族としてアリヤ民族に奉仕すべき階級とせらるるようになった。大自然の威力に打たれる結果、もともと神を信ずること深き人種であるから、自然現象の動く光景を見て、一々これを神と見るようになった。そしてインドでも五河地方の気候は、日本の気候より夏は少し暑くて、冬はほとんど同じくらいに寒い地方であるから、自然現象をことごとく神視した。温と熱と光との太陽の力を認めて、ことごとくこれを神とした。また月が出れば月を神とし、雨が降れば雨を神とする、火の神、風の神、雷の神、何でも自然現象をみな神とする。われわれのいう火の神とか、風の神とか、水の神とかいうものは、風の神なら風を起こす神、水の神なら水を司どる神という意味であるが、当時の思想は決してそうではない。炎々と燃え上がる火そのものが神であり、滔々と流るる水そのものが神である、光そのものが神であり、風そのものが神である。インドに在る大小二十一の河そのものが神とせられている。インダス川はサラスヴァティー Sarasvatī（弁天）と名づけられておった。弁天川も、初めは川そのものがそのまま神であったが、後に雄弁の神となり、音楽の神となり、文芸の神となり、ついに福運の神となって、日本までも流れ来たったのである。

かくのごとく、あらゆる自然現象を神格視して、自然の力を認めるに至ったのである。自然現象を神格と見るのは、きわめて客観的であり、現実的であり、ついに実在主義に固まるべき基礎は、すでにこの時代に成立しているのである。

四姓階級の成立　かくも自然神の力を認め、その神の威光によって土人を征服し、自民族の版図を広めんとするには、神の意志をたしかめ、祈誓の式を行い、感謝の奉仕を表するなど、特に神に対する儀礼を司る祭官を必要とする、これが婆羅門《ばらもん》族の起こったゆえんである。婆羅門という語は「ブラハマン Brāhmaṇa」という語から出たので、その字は「祈禱」または「信念」という意味の語である、宗教の方面を司る階級を婆羅門族と名づくるに至る、生まれながら教権を握るべき家系のものである。

豊穣の土地を選んで遠征を企てる人、いわば軍人として兵馬の権を握る階級がある、これが王族となった、つまり士族の階級である。これらの人々が出征する場合には、神に対して勝利を祈念する、戦争に勝てば凱旋のお礼をする。天界、空界、地界の神々は、実際に軍陣に伴うて、雨の神は雨を降らし、雷の神は雷を起こし、自然現象がそのまま神であるから、おのおのその方面で、勝利を助ける働きをするのである。かかる首尾になるのは婆羅門族の力であるというのである。ところが、内に留って農牧に親しみ、外に出でて新たに得た豊穣な土地を耕作するために農民の必要がある、また、農産物や畜産物を交易して、有無相通ずることも必要である、そこで農商民の階級ができたのである。

以上述べたとおり、インドに入ったアリヤ民族は、今や四姓に分かれた。第一は僧侶の階級婆羅門族、第二は王族の階級刹帝利《せっていり》族（クシャトリヤ Kṣatriya）、第三は農商民の階級吠舎《べいしゃ》族（ヴァイシャ Vaiśya）、第四は征服された奴隷の階級首陀羅《しゅだら》族（シュードラ Śudra）の四姓である。この四姓の階級は自然にでき上がったのである。

恒河流域地帯　これからだんだんと良い地方を選んで、次から次と国土を占領し、東方に向かって歩武を進め、ついに恒河《ガンジス》の流域に達するを得た。恒河の流域付近一帯はすでに純熱帯である。そうしてその平原も、武蔵野や那須野を十倍百倍と集めたような大原野である。インドでは一つの郡でも、日本全体より広い郡もあるのである、そんな広い郡を英国人ただ一人で治めている処もある、平原の広さも、なかなかわれわれの想像も及ばぬ。太陽は野から出て野に没する、山もない、谷もない、鉄道を敷くにも大変に楽である、一万二千里を旅行して、ただ一つのトンネルしかないのであるから、鉄道を敷くにしても、レールを置けば、そのまま鉄道線路となるというような平坦な国である。

この大平野は赤道直下の熱気を浴びているのである。仏教に「三界は火宅のごとし」という語がある。これは火に燃えている家のようなものである、ということだと思っていた、そうではない。純熱帯の熱はまた格別で、五分間帽子なしに、日中に在れば、われわれは日射病で斃れる、窓に近く読書することは禁物で、これも日射病の恐れがある、日中には室の真ん中に椅子を置き、これに坐して毛布を身に捲いて休息するのが、一番に涼しくかつ安全である。この恐ろしい熱も、慣れたインドの人には平気である。永く熱帯国に住んだ人は、日本人でも日本に住めないようになる。日本でも福井の人が静岡に出て来て、暖地の気候に慣れると、帰って寒地に住むわけにいかなくなる。熱帯に慣れてくると、熱帯を離れるということができなくなる。しかし陽熱の苦しさはやはり感ずるのであるから、極暑の時季は森林に逃れて暑熱を避くるようになる。この大平原にあって、北の方には世界一の高山のヒマーラヤ山がある、この大炎熱に対して大雪山がある。この稀有の対照に駆られて、自然に山を慕い、山林の仙生活をもって、理想とするようになるのである。

雪山と黒山　ここでちょっと雪山の説明をしておきたいのである。「ヒマーラヤ Himālaya」は雪蔵山と訳する、略して雪山《せっせん》というのである。これも山の全体が雪山というわけではない、山といっても、富士山のように一つの山が孤立しているのではなく、雪山は東の端から西の端まで連綿として横たわっている大山脈である、インドの人はこれを「世界の背骨」といっている。その長い山脈の処々に高峰がある、高いのは二万八千尺から二万尺、一万五千尺など、一目に四、五峰が見えている、これにはみな特別の名がついている。一万四千尺までは冬は雪があるが夏は雪がない、ここには、香木、薬木が栄えている、これを香酔山《こうすい》（ガンダ・マーダナ Gandha-mādana）という。一万四千尺以上は四時常に雪がある、これを雪山（ヒマーラヤ Himālaya）と名づけるのである。この長い大山脈は孤立しているようでも、その両側には低い脇立《わきたち》の山がある、これが長蛇のように雪山に伴うて走っている、これには到るところ樹林が茂っている。雪山が白いのでこの青い山が黒く見える。本尊の雪山は白い山で、脇侍《きょうじ》の山は青い山であるが、黒く見えるから、これを黒山と称える。「入山学道《にっせん》」といって、山に入り修行するのは、実は黒山に入るのである。黒山の森林に住んで、その樹の下に石の上に坐を占めて、雪山を目の前にながめて禅坐をするのを、「入雪山の修行」というのである。こういう森林生活の快味を覚えてくると、森林生活の清涼味は忘れ得ないこととなる。

森林文明　森林生活はすべての理想を包含するものと感ぜられる。少年時代の教育も森林で行われ、老年以後の修養も森林で行われ、音楽も、文芸も、宗教も、哲学も、みな森林をもって、その根本道場とするようになる。一切の思想の結晶をウパニシャッド Upaniṣad（奥義書）というのであるが、これは梵書という文学の中に、特別の地歩を占むる森林文学「アーラヌヤカ」の部分に含まる哲学書である。一切の理想が、かくのごとく森林に傾き、森林に行われた仙生活が、哲学・宗教の理想を表するものとなったから、仏教時代に至っても、この習慣は残っている。仏教は実は山を捨てて村に出で、民衆を相手にする宗教である、これが「出山の釈尊」の意味である。それでも仏教の寺院を「アーラヌヤ āraṇya」阿蘭若《あらんにゃ》、蘭若《らんにゃ》、練若《れんにゃ》（森林）と名づける。また寺院の組織を「サンガアーラーマ saṃghārāma」僧伽藍摩《そうがらんま》、僧伽藍《そうがらん》、伽藍《がらん》（衆園）と称する。また仏教の修学院を「叢林」、もしくは「学林」と名づける。みな森林理想の記念ともいうべき名称である。

仏教の中心は王舎城の霊鷲山《りょうじゅせん》と舎衛城の祇園精舎とであった。いずれも仏が二十五年も遊住せられたと伝えらるる。今仏跡と称する地方は、この両中心を往復せらるるとき、経過しまたは逗留せられた処である。霊鷲山も山に相違はないが、山を下って城内で托鉢して、山に還って食事をする範囲の処で、決して村里遠き山林に隠れて、仙生活を楽しむ風のものではない。祇園精舎も舎衛城外わずかに数丁の小高地で、決して遠隔の地ではない。日本でも聖徳太子の理想より出た寺には法隆寺、法輪寺、中宮寺、興隆寺、いずれも村里に在るので、決して高い山林に建てられたものではない。遠い山寺を好む風習は、シナの山寺の思想が日本に移ってから以後の話である。仏教のごとき、民衆に自己の理想を伝えるための寺院とすれば、市邑に近い処に在るべきである。それでもその大昔のインドの理想を忘れず、寺院の名称まで森林に擬するのは、インド古代の回顧であるといってもよろしい。日本の寺院のごときは、多くは山号を有している。この日本寺院の山号も、シナ高山の僧生活も、ともにインド古代の仙生活の記念であるといって差支えない。

雪山と冥想　インド雪山の南陲《なんすい》の黒山に入って、樹下石上に坐して白皚々たる雪山に対して、心を冥想に専らにし、自分の心を統一する。心統一を目的とする冥想は、インド森林の仙居から生み出した精神生活の花である。冥想の対象としての雪山が、偉大であれば偉大なるだけ、その対象から受ける印象も、至って深いのである。太極であるとか、太元であるとか、宇宙の創造であるとか、人生の終滅であるとか、宇宙の本体であるとか、根本原理であるとか、すべて理想に関するようなものは、哲学的思索に基づくべきはもちろんであるが、これを単なる理想に終わらさずして信仰にまで築き上げ、さらに人生の経験にまで応用せんとするには、どうしても冥想の力によらなくてはならないのである。問題が大きければ大きいだけ、冥想の力を借りて、理事両方面から攻め寄せる方法によらねば、真の思索とはなり得ないのである。

冥想の初歩には、これを仰げば、いよいよ高く感ずるような、対象を選ばねばならぬ、これには雪山が選ぶべき第一の善者である、といわねばならぬ。

私が初めて雪山を見たときには、雲であろうか、山であろうかと、天外はるかに髣髴したのみであった。二十マイルぐらいも近く行って見たときに、初めてその雄大さがはっきりと分かったのである。東を見ても東に去る処を知らず、西を見ても西に尽くる処を知らず、純白の大山脈が連綿として横たわっている光景は、とても形容することは、われわれの筆でも口でもできない感じがする。十万の白竜、天に向かって朝する勢いをなしている、その雄姿は何とも言い顕せない、広大無辺とか、絶対無限とかいうようなものが、現実に眼の前に現れたなら、あるいはこんなものであろうかと思った。実に画にも、言葉にも、詩にも、文にも顕し尽くせないのである。そういう大きな雪山が、眼前にあるのであるから、坐禅の意義もしだいに深くなる。婆羅門教が哲学的思索を思うままに発達せしめたのも、全く冥想の力であるといってよろしいと思う。ウパニシャッド哲学書というような、神秘の大哲学叢書を残すに至ったのも、ヴェーダーンタ Vedānta（吠檀多）哲学が、インド思想の花といわるるに至ったのも、瑜伽《ゆが》哲学（Yoga）という冥想専門の哲学派を生ずるに至ったのも、森林における冥想的思索の結果である。つまり、動くものの中に静かなものを見、静かなものの中に動くものを見る運心工夫の自由を発見したのである。

「梵我不二」 自然現象の動くものを神格視したということは、つまり動くものの中に動かないものを見いだしたので、ついには実在主義に結晶するような傾向を生ずるに至るのである。しだいに万有の実体を究め、宇宙の本体を尋求するようになる。したがって宇宙の起源をも思索し尽くさんとするに至るのである。その根本時代においては、きわめて幼稚な宇宙創造説が行われている。宇宙の主神が、あたかも親が子を産むように、生類や物体を産み出すのであるというのは、最初に起こった造物説である。これは何と名づけてよいか、生殖的造化説とでも名づけよう。生物の生殖作用を宇宙に応用したものである。また大工が家を建てるように、宇宙はある材料をもって、ある技巧により、主神が造化したものとする。これは工芸的造化説とでも名づけよう。また一の原始人があった、この原人（プルシャ Puruṣa）の大きな身体がしだいに分化して、生不生の万有ができたとする。原人の頭から婆羅門族が生まれ、脇から王族が生まれ、農商民族は股から生まれ、奴隷族は足から生まれる。そういうように、万有がことごとく分化によって生じ、頭より天界が生じ、臍より空界、足より地界が生じたとし、一々これを指示してある。これは分化的創造説とでも名づけよう。結局、一切の神格を帰一して、万神を一神となし、世界を創造した造物神と、世界を支配する主宰神と、世界を審判する司法神と、この三類の思想が合流して、ついに純一神観を生じた。ここには実在的傾向が結晶したように見えたが、汎神思想が勃興したために、ついには宇宙神観に転ずるようになったのである。つまり、宇宙の根本原理の問題は実在主義に結晶した。宇宙的実在、すなわち宇宙の本体は「梵」という一語に固定した。これは外に向かって宇宙の中心を尋求した結果、ここに到達したのである。

「梵」は一神的に考えられても、汎神的に考えられても、万有の個性として顕れたる結果が思索せらるようになる。しだいに内に向かって個性の中心を尋求するようになる、その結果として発見したものは「我」であった。彼の宇宙の本体たる「梵」と、個性の本体たる「我」と、この二はともに実在であって、唯一不二であるという思想に到着した。すなわち主観的に見いだした我は、個性我であるから小我であるが、客観的に見いだした我は、宇宙我であるから大我であり、結局、同一実在で「梵我不二」であるというのである。

我の哲学の実現　インドにおける仙生活より得たる冥想の結果は、実に広大なる波紋を生じた。宇宙に向かって拡大した外観の広さも、無限に広く見極めたが、個性に向かって縮小した内観の深みも、無限に深く見極めたといって差支えない。しかしこれは宇宙的に発見した実在を、われわれの個性のうちに応用して、個性的実在を見いだしたまでで、つまり、実在の宇宙的存在を発見したまでである。西洋の学者は、ウパニシャッド哲学が、我の説に重きを置き、正系のヴェーダンタ哲学派が、同じく我を力説するを見て、これを理想主義と見て、インド哲学の花と賛仰するものが多いが、インド哲学は決して理想主義ではなく、徹底的に実在主義であり、アリヤ民族の現実的、実質的、実在的傾向が、哲学的に果実を結んで、我の哲学となって実現したに外ならないのである。

梵と我　ここで「梵」と「我」との字義を少し解釈しておく必要があると考える。「梵」は元は外に現れたら「祈禱」という字であり、内に隠れたら「信念」という字である。その性質からして「清浄」という意味もある。そこで時には「清浄」とも翻訳するが、多くは不翻のままで「梵」と音訳するのが通例である。インドの国を梵国（ブラフマー・ヴァルタ brahmā-varta）といい、インドの文字を梵書（ブラフミー・リピ brāhmī-lipi）といい、清浄行を梵行（ブラフマ・チャーリン brahma-cārin）といい、根本原理たる「梵」を神格としたときの創造神を梵天（ブラフマー Brahmā）という類である。その原意たる「祈禱」も「信念」も、みな自然界の神格に対する敬虔清浄の心であるから、ついに宇宙の本体と見らるるに至ったものであろう。純浄実在というような意味であろう。インドでは解釈を待たずして、根本原理をさす第一語となっているのである。

「我」は自己のことである。自己に違いはないが、自己中の自己、自我中の自我である。「我」は「主宰」の義であるというのである。自己の全体を自由に扱う自在力の主をさすのである。つまり自己の中心、自我の本体をいうのである。われわれが「われ」といい、「わたくし」というのは、仮に広い意味で、自我をさしているのであるから、これを仮我《けが》というのである。仮我の本体は実我といって真実の我である。インドの正統の哲学が到達したのは「我」の哲学である。この我を発見したのが、婆羅門哲学の終極である。

「梵」を根本原理とするインド哲学の教義によると、われわれ生類は「梵」から出てきた。そうしてわれわれはついに「梵」に帰るべき道を学ぶのが、われわれの宗教的修養である。結局、「梵我不二」の理想を実現するのがインドの宗教である。宗教的修養をとげた者は「梵」に帰るのであるが、修養のない者はまた生まれて来ると考えている。「梵」は大きな実在であり、「我」は小さな実在であるが、小さい実在も大きな実在も、つまり唯一不二なものであると信ずるのが、「梵我不二」の哲学である。仏教はこれとは正反対であって、根本原理としての「梵」の存在を許さない。創造神、造物主としての梵天の存在はなおさら許さない。大我の実在は、仏教は正面に抗撃するところである。実在我の存在も許さない。自我の本体というような実在性は、仏教は決してこれを許さないのである。何となれば、仏教は徹底的理想主義で、徹底的実在主義の婆羅門哲学とは、正面反対であるからである。

婆羅門哲学の実在主義と仏教の理想主義 インドの「我」の哲学を指して、理想主義だと思うのは、一種の錯覚であることを忘れてはならないのである。今一応詳しく実在主義と理想主義の違い目を明白にすれば、実在主義というのは、動く自然現象の中に動かない実体を見つけ、変わる精神作用の中に変わらぬ本体を見つけたと信ずる学説である。仏教の理想主義では、宇宙の自然現象の中には、本体とか実体とかいうものもなく、常一主宰の神とか、造物主とかいうものは、絶対に存在を許さない。われわれの精神作用は無常であって、つねに変わり常に動いているもので、利那利那に生滅しつつあるものである。それゆえに個性の中心とか、自我の本体とかいうものが存在すべき理由がない。霊魂というような、永久不変の実在があるはずもない。この問題は後に至って再び詳説するつもりであるが、ここでは、仏教の主張の大体を述ぶるに止めておく。仏教の説くところでは、別在的にも、内在的にも、神と名づけ、本体と名づけ、根本原理と名づくるようなものは、一切認めないのである。

第二　開展説——起の哲学

一元説——起の哲学　インドの森林生活が結びたる最上乗の果実の一として得たものは、たしかに冥想であった。しかして冥想の方法も、相当に研究せられた。哲学的思索の方面にも遺憾なく応用せられ、理想の建設も、まずその頂点に到達したといって差支えない。その上に冥想は、理想建設の方面ばかりでなく、宗教的工夫の方面にも、十二分に利用せられ、理想実現の方面にも、同じく著しい効果を顕した。大体として冥想は、インド正系の哲学を全く一元説に向かわしめた。一元説は造物主であることもあり、また根本原理であることもあるが、とにかく、一から多を導き出す一多関係の宇宙創造説であるのである。こういうように、一から多が出るふうの学説を「開展説」と名づけたらよろしいと思うのである。

インドでは、根本原理たる「梵」が自己の幻力によって、迷妄的に宇宙の形を取って顕れるのは、これを化現説（ヴィヴルタ・ヴァーダ vivarta-vāda）と名づけている。例えば、インドのヴェーダーンタ哲学派のごとき学説である。また、ある根本因からして、しだいに活動し変化することによって、宇宙は現出するというのは、これを名づけて転変説（パリマーナ・ヴァーダ parimāṇa-vāda）というのである。例えば、造物主が世界を創造するという梵天創造説も、根本物質が我と体托して変化するという自性転変説も、みなこの中に入るのである。要するに、化現説も転変説も大した相違はないのであるから、この二説を合流して開展説と称するのが便利である。

婆羅門正系の学説　開展の学説は、一因から多現象が転現するのであるから、自然に因中有果論にもなり、太初の一元が多様に変現するという一元論にもなる。つまり転変か、化現か、開展説に外ならないのであるから、これは全く「起《き》の哲学」である。次に説く多元結合論の積集説、すなわち「具《ぐ》の哲学」とは、全くその趣を異にしているのである。「起の哲学」は婆羅門正系の学説で、少数階級の主張に基づくものである。森林における仙生活の冥想より起これる結果である。

第三　積集説――具の哲学

多元説――具の哲学　冥想は心統一の方法である。冥想によって心統一を得んとしても、時にわれわれの肉体が邪魔して、容易に精神を統一することができない。われわれの肉体が組織されている原物質は四大である、四大とは、地大と水大と火大と風大とである。これを大というのは、粗大な原素という意味である。粗大な原素というならば、細小の原素もあるかというに、もちろんこれもある。数論《すろん》（サーンクヤ Sāṁkhya）という哲学では、五大と五細とを立てる。五大は地・水・火・風・空であり、五細は色・声・香・味・触である。色は「いろ」で、火の細なるもの、声は「こえ」で、風の細なるもの、香は地の細、味は水の細、触は空の細というように相当せしめてある。これよりも今一層微妙な根本的原素として、地性・水性・火性・風性というような、四大の本性が太初から存在しておって、それが種々配合せられ、積集せられて、万有は、今日のごとき如是相を呈しているのであるとするのである。

反正系の民間学説　これは造物主のお世話にもならず、根本原理の問題もなく、宇宙は太初からかくあるべき原素を有しており、その結合によって、万有の生成を見たのである。そこで一元から多くの現象が現れたのではなく、初めから多元が存在して、その配合変化によって、宇宙はかくなったとする。この「積集説」（アーランバ・ヴァーダ ārambha-vāda）は正系の婆羅門説ではなく、邪系の民間学説から出たもので、第一に尼乾子《にけんし》教系のものによって主張せられた。尼乾子外道はまた耆那《ジャイナ》教といい、今はジャイナ教 Jainism と称せられている。大体において仏教の模倣者で、形式において仏教をまねて、教祖は自ら仏陀（覚者）と称し、仏と同じく「勝者」（耆那）と称しておったため、耆那教と名づけらるるに至った。この教派は、宇宙は多数の極微《ごくみ》、すなわち原子が互いに結合するによって、成ったと主張するのである。宇井博士の説によると、耆那教が最初にこの説を主張し、勝論《かつろん》学派という物理的哲学派がこれを継承し、組織し、正理学派という論理的哲学派が、更にこれを受け継ぎ、後には正系学派のミーマーンサ哲学派の一部までも、これを取り入れておったのである。

「具の哲学」と仏教の因縁論　以上の諸学派は、この積集説を主張する点において、全く無神論者である。それゆえに「起の哲学」ではなく、「具の哲学」である。宇宙は本来このごとき現相となるべき多数の原子を具有しておったのであるとする。この点において、仏教とその方向を同じゅうしている。仏教は因縁論であって、万有は、ことごとく因と縁との結合によって、生成するとするのであるが、これは決して一因が他の縁と結合して、生じるというのでなく、その因というものは、決して一元的の本因ではなく、因も縁も、いずれも同格のものであるが、その場合場合に応じて、最も主となるものと、比較的関係の薄きものとがある。その主因たるものを因と名づけ、その伴因たるものを縁と名づける。そこで因といえば、みな因であり、縁といえば、いずれもみな縁である、要は軽重の差のみである。単に幾つかのものが結合して、いろいろのものが生ずるということである。万有の種々相は、一々是の如くにして、でき上がったのである。今日、如是相を呈している身心結合の肉体と五感による精神作用、これらを統一して冥想する。心統一の結果は、ついに人類の太元や、人生の終極を考えるようになるのである。結局、冥想は「起の哲学」に集中する。または「起の哲学」は冥想によらなければ、その思索の目的を達し得ないともいい得るのである。

苦行は「具の哲学」を根底とした修養方法　されど、冥想によって心統一の結果を得んとするには、肉体が邪魔になり、欲念、邪念が時に頭をもたげるために邪魔されて、ついにその目的を達せないこともある。そこでこの肉体をこなすということが必要となってくる。これは現に有るものを有るとして、これを整理する方法であるから、「具の哲学」の行き道である。その肉体をこなすということは、結局、肉体の安全を保つための衣食住の三つをこなすこととなるのである。ところが、インドは一般にいえば、裸体生活の熱帯国であるから、衣類は問題でない。それから住所の方も、木の下や石の上におっても住まい得るのであるから、特に心配のいる程でもない。衣食住の中で、衣と住とは心配しないが、食物だけには、インドの人もずいぶん困難を感じるのである。困難を感じるのは、食物が得難いということではない。食物も天然に恵まれた国であるから、きわめて楽であるが、食事の加減は直接に精神作用に影響があるから、困難を感ずるのである。飽食すると心が緩んで、心統一ができなくなる。そこでまず、飽食の反対に、断食によって肉体を調節し、この方面から苦行を始める。これが初めとなって、身体の各方面にわたって苦行を行うようになった。インド人は、この苦行に対して、非常に骨を折ったものである。後には苦行が行者の一つの特徴となって、苦行をしていると、宗教を信ずる人々はみな日々集まって、供物を持って来るようになる。その苦行の方法は、今も昔も同じことらしい。

諸種の苦行の例　その例を挙ぐれば、路傍に竹があり、これを切って、その尖りたる切株に手首を当てて押さえている、その竹の尖が手首の上の面に抜け顕れている。このくらいになれば、供養は相当に集まるのである。また、右の手で木の枝をつかみ、終日全身をぶら下げているものもある、これは太古からあった苦行の方法である。また、寝床に五寸釘が全面に下から打ち出してある、すなわち釘の寝床である、この上に身を横たえて、仰臥しているのであるから、血も流れてきて、痛苦はきわめてはなはだしいに違いないが、自身は何か期待するところがあるか、苦もなさそうに安臥している。そこにじいさんも、ばあさんも、子供も皆来て、何か供えていくという有様である、この苦行法は政府が禁じたのである。また、恒河《ガンジス》の水の中に木が一本立ててあり、片足でその上に立っているのもある。また、一生苔ばかり食っているものもあるということである。かくのごとく、いろいろな苦行の仕方を発明して、何でも苦しければ苦しいだけ、功能があるというふうである。

後に述べるつもりであるが、冥想法の初めに、数息観《しゅそくかん》というのがある。心統一をなすときに、呼吸が邪魔となって身体が動揺し、そのために心統一ができない。そこで出入の息を調節して、身体の安全を保つことが必要である。そのため自分の呼吸を数える方法がある。これは単に冥想の準備時代の一つの観法にすぎないのであるが、苦行に重きを置く行者は、これを数息法とせず、止息《しそく》法として、十分なり三十分なり呼吸の息を止めているものもある。三十分止息し得る行者は、インドには往々あるのである。これはあたかも飽食がいかぬというので、その反対に絶食を行って、苦行の一としたと同じように、苦行を主とする方向の自然の傾向である。仏教では断食もしない、止息もしない、節食、数息をもって、冥想初期の方法とするのである。

苦行と冥想は不分離　積集の学説は、一から多が出るのではなく、多が多を生ずるというのであるから、一元説に対して多元説とも名づけ得るのである。これは反正系の民間学説であって、「起の哲学」に反する「具の哲学」である。苦行は「具の哲学」を根底とした修養の方法である。しかし、われわれが忘れてはならぬことは、苦行も冥想も全く離れて行うものではなく、苦行を主とするものは、冥想を伴として用い、冥想を主とするものは、苦行を伴として行うのが普通である。

第四　宇宙我と個性我——我の哲学

哲学と宗教の不可分　私は開展説を「起《き》の哲学」と名づけ、積集説を「具《ぐ》の哲学」と名づけた。宇宙はこのごとくにして起こったというのも、宇宙は元からこのごとくにして具わっておったといっても、またこのごとくなるべき多元を具しておったといっても、とにかく、宇宙の太元を論議するのであるから、これを哲学と名づけても差支えない。しかし、この二哲学に関係して、冥想と苦行との二方法ができたとすると、その趣が全く異なってくる。冥想は、理想を建設する哲学思索法の進歩したものであるが、苦行は、哲学に関係なく、理想を実現する宗教修行法の堕落したものである。インドでは、哲学でも宗教でも、この二方法を行っているのは、そこには大なる理由が存するのである。

一般にインドには宗教を離れた哲学もなく、哲学を離れた宗教もない。それに哲学と宗教とは、元から別であったものを一緒にしたのではなく、本来一緒であるべきものである。西洋の学者は、インドでは哲学と宗教とが、まだ分化しないのであると思っているが、それは大なる錯覚である。インドでは、この二がかつて別れたこともないが、離るべきものでもない。冷たい哲学の理論と、温かな宗教の実際とが、一緒であるとは、受け取れないように見えるが、不可分のものは、いつまでも不可分であるべきである。われわれの人格に、冷静に生きる智と、熱烈に生きる情とが、不可分的に内在していると同じように、決して離るべきものではない。それを可分的に考え、別個のものと考えるのは、分離、分析に生きる科学の弊害を受けたのである。

欧州の哲学と宗教　欧州における哲学と宗教との実際が教えた事実に誤られたのである。ユダヤに生まれたヤソ教は、智の方面を度外視した信仰一式の宗教であった。これが最初に思索一式のギリシャ哲学に触れて、ついに相抱合して近世に至った。しかるに、哲学はかかる足弱き宗教を道連れとしておっては、とうてい哲学の進歩はおぼつかないというので、欧州の哲学と宗教とは永遠に離婚した。これはもともと別のものが、一緒になったのであるから、別れるのが当然である。人間の自然からいえば、哲学と宗教とは、決して別在すべきものではないのである。

仏教の見・修の両道　ことに仏教は、見る道と歩む道とを、いつも相離れず教える宗教である。まず正見《しょうけん》の眼を開いて、本然の道を見つけなくてはいけない。正しい道を見つけたら、過ちなくその道を歩まねばならぬ。見る道は、仏教では「見道」といい、歩む道は、仏教では「修道」という。修道にのみ重きを置くのが、一般の宗教であるが、仏教は、迷える道はいかに正しく歩んでも、結局、迷える道に外ならぬと教える。それで、哲学も宗教も双方を含んで、哲学的に十分に思索するの道を教え、宗教的に最後まで正しき道を歩み続ける。理想を考えもするが、また、実現もする。理論と実際とが、車の両輪のごとくに行われなければならない、と教えるのが仏教である、仏教は総合宗教である。総合宗教には、哲学と芸術との原素を必然的に含有しているべきである。ゆえに、これは総合哲学でもあり、総合芸術でもあり得るのである。

仏教の冥想法　冥想と苦行とは、インド一般宗教の哲学的、宗教的方面を表現しているのである。冥想という文字は、広く用いられているが、あまり適当の語ではない。冥想というと、何だか瞑目して考えるような心地がする。全体、実際に心統一とか、心一境相とかいう心境を得んとするなら、全く目をふさいでは、その目的は達せない。冥想に慣れたら、閉目でも開目でも自由であるが、練習の方法としては、目を全く開けば客観に心が捕らわれ、目を全く閉じれば主観に心が縛せられて、過去や未来に関する妄想が起こる。そこで、目を閉目開目の間に置き、ただ一線《ひとすじ》の視線を開いて、対象として、雪山なり富士山なりの雄姿を置き、これに向かって心統一をはかるのである。この点からして、「冥想」よりは「緬想《めんそう》」という方が適当である。「凝想」という語も適当である。冥想は深く思う、緬想は遙かに思う、凝想は凝り固まりて思うの意であるから、いずれでも意を得て、使用されれば妨げはないのである。仏教ではこれらの語は、いずれも使わないで、「坐禅」とか、「観想」とか、「凝念」とか、「黙念」とか、「運心工夫」とか、「禅定」とか、いろいろの語が用いられる。いずれも、われわれの思想をまとめて、定心を得るということが主眼である。

冥想詩人タゴール　現代インドの冥想詩人といえば、ラビンドラナート・タゴールその人であるが、東西両洋に向かって、冥想の意味を広く宣示したことは、この人に及ぶものはない。タゴールは生まれながらの冥想詩人である、小児のときに庭の木の青葉を見つめていると、その青葉が静かに動いて、自分を招きつつあるような感じがした、その後も常に自然と対話する気持となって、冥想的自然詩宗の本色を発揮した哲学者である。タゴール哲学は一口にいえば、「直ちに大自然の説法を聞け」というのである。真理を悟らんとする心持は、何人《なんぴと》も同じことであるが、千百の経文を読んで、真理を探り出さんとするのは、恒河の砂の中から、金砂を拾い出さんとすると同じことであり、そんなまだるいことをするよりは、直ちに大自然の説法を聞け、大自然は、日夜われわれに向かって、真理を説法しつつあるのであるというのが、その哲学の大意である。

自然の説法の二つの受け取り方　自然の説法を聞くというにも、二様の意味がある。一つは自然界は神の造化に成るものであり、造物主の意志がそのままに現れていると思い、神の存在を眼前に見る考えになる。これはヤソ教者などの自然に対する考えである。また、一つはこれとは全く違った考えで、自然界は自然界で、これに自然現象だけの意味より外はないが、われわれの心が進むと、一切の自然現象に対して、特別の意味を感ずるようになる。鳥が空中に飛ぶのを見ても、飛行機を発明するに至るのは、こちらが進んだからであり、魚が水中に泳ぐのを見ても、潜航艇を発明するのは、発明者の力が進んだからである。蘇東坡が渓声を聞いて、仏の長広舌の説法と聞き、山色をそのままに仏の清浄身と見るのは、東坡の心の眼、心の耳が進んだからである。白隠禅師は富士山を自分の恋人と見られた。「恋人は雲の上なるお富士さん、晴れて逢う日は雪の肌見る」とか、「お富士さん霞の衣とらしゃんせ、雪の膚が見とうござんす」とかいう歌が、禅師の歌の中にある。つまり実在を実在と見るのは、何でもないことであるが、われわれの理想を通して実在を見て、これに特殊の意義を見いだすというのが、仏教に説く大自然の説法の意味である。

婆羅門哲学の梵我不二　宇宙を実在的に見て、宇宙の本体を見いだし、ついに個性の本体をも見いだしたのが婆羅門教であるが、宇宙を理想的に見て、宇宙の本体をも否認し、個性の本体をも否認し、万有を人間の理想の表現と見るのが仏教である。一元説に出発した婆羅門教は、一元に終始せんとするのが当然である。一から多が生じたが、結局、多は一に帰するというのが、その中心思想である。そこで、一方には「宇宙我」と名づけて、宇宙の本体を認め、他方には「個性我」と名づけて、個人の本体を認めた時は、単に宇宙の中に向かって実在を求め、さらに方向を改めて、個性の中に向かって本体を求めて、本体が両々相対立したにすぎない。しかし、この両本体はいずれも実在であり、多の実在は一の実在から出発したものであるから、結局、この多は一に帰せざるを得ない。多の「小我」は、ついに一の「大我」に没入するのである。「梵」は大我であり、「我」は小我であるとすれば、「小我」は「大我」に帰するのであるから、「梵」から出た「我」は、「梵」に帰るのである。「梵」の世界は超個性の世界であるが、それから出た「我」は個性界であるから、別界はついに統一されて、総界に帰するというのである。しかし「梵」に帰るといっても、単に死によって帰り得るものではない。これには相当の修養を積まなければならぬ。そのなすべき仕事が冥想と苦行とである。その修養よろしきを得て進境に入り、窮極に達したなれば、その人は死によって、世を辞すると同時に「梵」に帰る。すなわち「梵」となるのである。そこで「梵我不二」の結果を得るのが、婆羅門哲学の終極の目的である。

「起の哲学」と仏教の縁起説

私が「起の哲学」と「具の哲学」という名をつけたに関して、一言しておきたいのである。仏教で「縁起説」と「互具《ごぐ》説」との二説がある。今は詳しくは述べぬが、略してその大意を示せば、縁起説というのは、諸法は縁によって起こるという意味であるから、決して宇宙の太元だの、人生の起原だの、というような意味ではないが、仏教学者がともすると、世間の哲学に迎合せんとして、縁起説を創造説と同一に扱わんとするのは、大なる錯覚である。

縁起というものが四種ある、一には業感縁起説、これは十二の因縁が互いに相因って生ずるというのであるから、決して宇宙の起こりでも、人生の始めでもない。われわれのなした業（行為）の勢力（感応）が、いつまでも存在して、人生は永遠に続くというのである。惑（心の迷い）が、業（身の罪悪）を起こし、業が苦（生死の果）を生ずる光景を示されたものである、これは一般仏教の説である。二には頼耶《らや》縁起説、われわれに阿頼耶《あらや》識《しき》という蔵識があり、ここに「種子《しゅうじ》」といって、人間活動の根元となるものが貯蔵されてある。この種子が現《げん》行《ぎょう》して、内にも外にも現れると、その現行が種子を蔵識に薫じつける。種子は現行を生じ、現行は種子を薫ずる。この作用は常に行われる。そこで蔵識には種子が二種ある。本来具有した種子と、新機に薫習《くんじゅう》した種子との二様ある。かくのごとく本具の種子と新薫の種子とが、阿頼耶識の中に蔵せられている。これによって個性も生じ、宇宙も生ずる。つまり万法唯一心で、一切の物は心一つから起こるとする。これを唯心説とも、唯識説ともいうのである、これは法相宗の説である。三には真如縁起説、この説はまた如来蔵縁起説ともいう。これは如来蔵、すなわち如来の蔵識とでもいうような真如、覚の本性を、あたかも根本原理のように取扱った学説である。これは下手に扱うと、外道説となるのである。上手に扱い得る仏教学者も、多く外道説に陥っているのである。ここで、あまり専門的に陥ってはならぬため、これ以上に深入りすることをさけるが、これは「起信論」という論本の説である。四には法界《ほっかい》縁起説、法界とは万有界のことで、万法は互いに融通し、互いに相入して、如是相を呈している。つまり、万有は万有自身が、相互に変現生起しているものであるとする説である。これは華厳宗の説である。

「具の哲学」と仏教の互具説　この縁起説がある上に、互具説というのがある。これは縁起ということは考えないで、十界、すなわち生類の住める世界は、互いに相具有しているというのである。地獄の世界にも、他の九界は具わっている。鬼の目にも涙というと同じように、きわめて微少であるかもしれぬが、仏の心も鬼は具有している。人間の世界にも、他の九界は具している。われわれ人間にも、仏の心もあり、野獣の心もあり、鬼の心もあり、餓鬼の心もある、他の九界の心は、みな具有している。しかし、仏の世界は、悟りの果ての世界であるから、鬼や人のような迷いの心は、ないであろうと考えられるが、それでも、仏は常に衆生、すなわちわれわれ生類を救わんとし、護らんとしておられ、かつて迷いの生類を、その心から離されることはない。それゆえに、仏の心の中にも、他の九界は歴々と存在している。仏とか菩薩とかいう聖者は、人の悩みを悩むというのが特性であるから、苦の生類を救わんとして、苦の生類を忘れない、悩みの人生を救わんとして、悩みの人生を忘れない。そこで、清き仏の心の中にも、濁れる人間の心も具有しておられる。これは自身が迷われるからではなく、他に迷いの生類があるから、その御心を離れないのである、これは天台宗の説である。

かくのごとく、「起の教義」と「具の教義」とが現に仏教にある。この両教義を十分に会得するということが、仏教研究には大切なことである。それであるから、ことにこの名を用いて、インドの古学説を分類したのである。

第二講　仏教の継承せる古教説

第一　世界建立説――須弥山説

「起」と「具」の二哲学　アリヤ人種は、一般に楽観主義であって、何事をも実際的に考えておった。それがために、実在主義に向かっていたのが、ついには冥想的に向かうようになった。そのために、むしろ現世を苦しい世の中と見るようになり、冥想と苦行との二方面が、深酷に考えられるようになった。その結果は、宇宙の中心、個性の中心というような、深い問題を思索するようになり、とうとう一元説となり、実在を根本として、一切万有を引き出すような方向を取るようにまで、哲学的に進んできた。

その正系の哲学、すなわち婆羅門教の正系の哲学思想は、「起」の哲学であり、一からしてすべてのものが起こって出るとする。一多関係の「起の哲学」が正系の学派であった。それに反して、正統でない非正系派の民間の宗教者、哲学者は、むしろ一元説でなく、多元説に傾いた。これは「具の哲学」の系統である。「起の哲学」と「具の哲学」、あまり言葉がおかしいから頭に入らないかしれぬが、これは開展説（pariṇāma-vāda）と積集説（ārambha-vāda）、こういってもよろしいのである。かくして、一元説と多元説との区別が、はっきりとできたのである。この二つの哲学のいずれによるとしても、でき上がった世界は、いかなる現状に在るかという問題について、仏教以前に行われた世界建立説があった。建立《こんりゅう》というのは仏教語であるが、世界がどういう工合に組み立てられてあるか、ということを説くのである。また、これを世間施設論《せせつ》とも名づける、施設も仏教語で、構造というと同じ意味である。この世界はどういうようになっているか、ということの説明である。それに「須弥山説《しゅみせん》」というのがある。

大雪山と須弥山説　須弥山説は、どういうものかというと、一小世界の中心にある山を須弥山という。須弥は「妙高」と訳する。須弥山は水に入ること八万由旬《ゆじゅん》、水を出ること八万由旬、その頂上を帝釈天とし、その半腹を四天王の所居とす。その周囲に七香海と七金山《こんせん》とがあり、その第七金山《こんせん》の外に鹹海がある。その海の外囲を鉄囲山《てっちせん》という。すべて九山八海あり、戯海の四方に四大洲がある。その南方に在るのが贍《せん》部洲と名づけられ、これがわれわれのいるこの世界であるというのである。須弥山の中腹を日月が回っており、実に高大な山である。

今の地球説の代わりに、インドには、古くからこの須弥山説が行われておった。インドは世界第一といわれるような高山系の大雪山を持っており、インドでは、雪山を「世界の背骨」であるといっている、これより大きいものはない。これのぐるりに、世界が存在しているというような考えを出すのは、インドでなければできない。雪山を目の前に見ているのであるから、須弥山説も起こったのである。雪山でも一万四千尺以下の処は、冬は雪があるが夏は消える、ここに香木、薬木が繁茂している、これを香酔山《こうすいせん》と名づける。それから、七香山というような名も出たのであろう。地球は円いものだというのであるが、インド人は、山だというので、むしろ三角形として見たのである。いま西洋学者の中でも、地球は円いものではなく、むしろ尖っているではあるまいか、到るところ三角形をなしており、山は全形の代表をなしていると唱えている人がある。大体でいったら、円いといっても、三角といっても、よいのかもしれない。みなわれわれの仮定の上に立っているのである。

インド特有の地球説　つまりインド人は、こういうふうな、山としての仮定説を持っておったのである。この山の仮定をするということは、どうしてもインドでなければできない、インド特有の地球説なのである。何も彼もこれによって割り出し、日食でも月食でも計算するけれども、今ごろの計算のように、何分何秒に始まって、何分何秒に終わるというように、確実にはいかなかったらしい。研究が足らなかったのかしれぬが、日食、月食の日ぐらいは出ておったらしい。とにかく、この須弥山説というものが虚構であるか、実際であるかは別として、こういうような考えを、昔から持っておったのである。それだから、「起の哲学」というものと、「具の哲学」というものとができている上に、実際の話になると、現実の世界は、須弥山によって施設されてあると信じておった、これが世界建立説である。

第二　世界終滅説――劫滅説

劫の意味　次に、その世界はできたものであるから、できた世界は必ず滅する、すなわち世界終滅説である。それを「劫滅説《こうめつ》」と名づけたのである。劫というのは長い時期ということで、世界の存在している時期を劫というのである。これは、ただ時間ばかりでなく、空間をも含んでいる。時と処とを通じて、一時代の開けていることを劫というのである。インドでは、すべて時といったら処が具わっている。宇宙というのは、宇の字は無限の空間、宙の字は無限の時間で、空間と時間と、時と処と両方を具足している。世界というのも、世は時間であるが、界は空間である。劫というのは時であるが、形式を具えた空間を予想している。それで、劫が開けているというのは、時代ばかり開けているのではなく、場所も同時に開けているのである。現に開けている世界を現劫という。

劫滅説　劫に大・中・小の三劫がある。小劫の中にも、また大・中・小の時期がある。その三時期が済んでしまって中劫となり、中劫に、また大・中・小の三通りある。その中劫が済んでしまって、だんだん進んで大劫となる。大劫にも、また大・中・小とある。これが済んでしまった時に、一大劫という全体が終結を告げる。それが劫滅説、すなわち世界終滅説である。

一つの世界は、成《じょう》・住《じゅう》・壊《え》・空《くう》の四時期に分かれる。初めに成劫、すなわち成る時代がある、成る時代というのは、生成時代である。でき上がったら、次には住劫、すなわち持続する時代である。持続ができなくなって、壊れる時代が壊劫、そしてなくなってしまった時代が空劫である。空劫は無い時代であるから、説かなくてもよろしいのであるけれども、また次にできて来る時代が来るから、それで空劫を置くのである。実際は成劫・住劫・壊劫の三である。一劫は小・中・大の三劫あって、小劫が終わりその次に中劫が来て、また次に大劫が来る。そして世界が無くなってしまう。無くなってしまったら、それで責任解除かというに、そうでなく、空劫の間だけは潜在している。あたかも蛇や蛙が冬眠の時期に、土の中に眠っていると同じことである。春になって暖かになると出て来る。それと同じように、われわれは潜在の期間は屏息している。しかし悪事も善事も、決して責任解除にはならない。次の世界ができる時、すなわち成劫の初めになると、各自異なった性格をもって現出して来る。初めから生類はみな異なっている。善い人間もあり、悪い人間もある。大きい人格もあれば、小さい人格もある。その前からの自分の潜在力が顕れて来る、常にこれを繰り返すのである。これが劫滅説と名づけられるので、この終滅の思想も、仏以前にちゃんとでき上がっているのである、これが劫滅説である。劫滅の時は責任解除かというと、そうでない。劫滅の時は一切の善業、悪業は潜在力となって、次の成劫の時まで存在するのである。

第三　悪趣説——地獄説

因果応報は自然の賞罰　通常の死の時は、まだ世界があるうちに、自分の命がなくなるから、罪悪の責任があることがよく分かる、善も悪も自分のした行為には、自分が責任を負わなければならぬ。種をまいた人が、その収穫を得る、自業自得というのが仏教の建て前である。これは人間には、必ず自然の賞罰があって、善因善果・悪因悪果で、因果応報は自然の教えである。これは決して神に裁かれるとか、天罰を受けるとかいうものでない。人間に具足した自然の賞罰である。自然の賞罰ということは、実は賞罰ではない。自分のした行為の自然の収穫を得るのである。善をなせば善の結果を得、悪をなせば悪の結果を得る。これは外から来て、裁こうとしても裁く余地がない。実際自分のしたとおりの結果を得るのだから、まいた種そのものが生ずるのだから、外から裁判することはできない。それだから、これは自己審判とでもいうべきで、自己審判、すなわち自身裁判の結果として、最悪な人間は最悪の地位に生まれる、ということは決まっている、賞もあるが罰もある。最悪趣は、われわれが最も悪い、最大悪の生活をせねばならぬ、これが「地獄説」である。

けれども、地獄というたのは、シナ人が翻訳する時に、この人間世界の牢獄になぞらえて、牢のような感じをもって翻訳したのである、本当の梵語の言葉には、そういう意味はないのである。これは捺落迦《ナーラカ》(naraka)というのである、また略して奈落ということもある。奈落の底などといって、芝居でも舞台の下を奈落というのである、奈落という言葉は、人間の堕落したものというような意味で、一番低下の下等の生類という意味である。地獄というのは閻魔《やま》王(Yamarāja)がおって裁判している、賞罰を与える法王という意味は、インドでも比較的新しい思想である。

三悪道の最低の地獄　太初はヤマは人間の先達というような考えであった、やはり牢獄でなくして、自分が正当に行くべき所の悪処とすれば、地獄があるであろうか、ないであろうかというような問題は、出せない訳である。自分がそんな処に行くべき人間であるか、ないかということが、吟味すべき問題である。最下等の人間の行く処はないといって、威張ったところが、最下等のものはいるのであるから、どうしても地獄の必要がある。閻魔王が裁判している処だと思うから、そんな処はないといいたくなる。ところが、最下等の人間があるのであるから、つまり地獄的の人間がいるから、地獄もあるということになる。その問題はインドには前からあるのである。この地獄の思想は、仏教以前からあったのである、それが仏教に入ってからは、仏教の十界の一界となった。われわれの生きている世界を十界というのである、十界の中の一つの世界が地獄である。地獄は世界の中で、一番悪い世界であるから、三悪道の一つである。悪い処が三つある、地獄と餓鬼と畜生である。獣類も人間以下相当に下等である、餓鬼というのも始終飢餓に迫られながら、食うことができない、飲まんとすれば、水は火となるというような、苦痛を感ずる亡者である、餓えたる鬼というのであるから、これも下等の生活である。餓鬼の世界は精神的の糧のないもの、畜生の世界は機関的に恵まれないもの、地獄の世界は罪悪の心に染みたるものである。これは別々に立ててあるが、実はわれわれの心の変調から起こるので、貪欲《とんよく》を起して、常に貪る我利我利亡者が餓鬼に生まれる。始終闘争でもしているような人間は、瞋恚《しんに》の心に迷わされているのであるから、怒りの心にかたまった人間は、地獄の世界を造る。愚痴といって無明の闇に覆われて、智慧の光に浴することのできないようなものが、畜生の世界に陥るのである。

六道の最下等の地獄　この貪慾・瞋恚・愚痴という三毒の煩悩というものの結果が三悪道になる。その中で一番悪いのが地獄である。六道というのは、三悪道の上に今少しよろしいのを入れてある。地獄・餓鬼・畜生・阿修羅と人間と、それから天上界を入れて六道となるのである。阿修羅というのは始終戦争ばかりしている、しかし人間とは性質が上等なので、天神に近いものである。つまり天上・人間・阿修羅・畜生・餓鬼・地獄で、六道の中の最も下が地獄、三悪道の中の最低が地獄である、十界の中の最も低いのが地獄である、どっちでも最下等が地獄である。六道の最上等が天上で、すなわち天国であるが、これとても永遠の世界ではなく、いずれ幻滅に帰する世界である。仏教の中に入ると、地獄も天国も十界の組織の中に入るのである。十界の中でも、悟りの世界を代表している仏・菩薩・縁覚（仏の教えを受けず独りで悟るもの）・声聞（仏の教えの声を聞いて悟るもの）の四つは仏教特有であるが、外のものは、たいてい前からあるのである。

仏教組織の一部に取り入れた諸説　この地獄説と劫滅説と須弥山説、この三つは、仏教以前からはっきりと行われておったのである。それを仏教は受け取って、それをそのまま採用したのである。事実は須弥山説のようなものでないかもしれない、しかし仏にとって、かくのごときものは問題でない。今世界が円かろうが三角であろうが、人間の生活、すなわち人生の実生活には少しも差支えない、劫滅は相当に関係がある、世界が無くなったり、生じたりするということになると、それにはわれわれの倫理的責任の考えが、そこに入って来るのであるから、人間が生まれ出るのは、どういうわけか、自然の差別のあるのは、いかなる理由か、生まれて種々の結果を受けるのは、どういうわけか、終わりには行なった罪は、何となるかというような問題がある。それから地獄説も、六道、三悪道の階段がある以上、倫理的欠陥の結果を示しているのである。以上はみな、仏教以前にあった思想を、仏教中に取り入れて、その組織の一部分を占めるようになったのである。

第四　仏伝・仏説に顕れたる仏の態度

仏教以前にあった思想は、すでに述べたごとく、「起の説」と「具の説」、それから「須弥山説」と「劫滅説」と「地獄説」である。これに対し、仏がどういう態度を取られたかを吟味しなければならぬ。こういうようにして説くのは、どうしてかというと、仏教は、いろいろの方面に、いろいろの説を持っている宗教であるから、その中の根本思想を容易にわかるように説くには、その特有でないものを一々除けていって、残る所を詳しく説きたいと思うからである。そこで、仏がどういう態度を取られたかというのであるから、ここで仏に出てもらわねば困る。だから、ここで簡単に仏伝を述べなければならぬ。

十九出家と二十九出家説　仏は十八歳にして結婚せられた。十八歳成婚ということは、これはだれも争わないところである。それから出家せられたのが十九歳である、これが一説。ところが、一方には二十九出家説がある。ことに南伝の方で二十九歳で出家せられたという、そこで、十歳の差があるのである。こういうことは、少し常識をはたらかして、決めなければならぬ。太子が出家せられるときに、最後に部屋に帰って、心ながら耶輸《やそ》陀《だ》羅《ら》姫に暇乞いせられた。その最後のながめのときに、太子の一人子羅睺羅《らごら》が懐に抱かれて、すやすやと眠っておった。太子はこれを抱き上げて、暇乞いをしようとせられたが、もし目を覚まして、声を挙げられたら、自分の目的が達しない。他日成業の後に会ってもよろしいと考えられて、そのまま立ち去られた。懐に在ってすやすやと眠っているというのであるから、まず一歳くらいであろう。十八歳の成婚で羅睺羅が一歳なれば、出家の年は十九歳がきわめて自然である。私は十九歳説を採るべきものと思う。異説には、二十九歳とあるのであるが、十年間子がなく、太子は享楽生活を続けられたとは思われない。

三十成道と三十五成道説　それから雪山に入って、五年間ぐらいおられた。これはただ計算していうのであって、普通そういうことはいわれていないのである。雪山に入って修行せられた間には、冥想と苦行との修練をなされた。婆羅門教の教えるとおりに、仙人生活の要素として、冥想と苦行とを大体研究せられたのである。そこで、五年であるから、ちょうど二十四歳のころになって、もう大体の仙生活の実際は分かったので、これから深酷に覚りを開くということを考えられた。そうすると、友だちの仙人がたくさんあって、その中のある者は、もし本当に覚りを開こうと思えば、この雪山の中で開かなければならぬ。学徳勝れた仙人の導きによって、覚りを開くのが必要であるといって、勧告をする。これを「一歩不南」といって、一歩でも南の方へ行くのは良くない、この山中で覚りを開くと大決心をなせと、勧めた。ところが、ある仙人は太子に、雪山を出で南方に行くことを勧めた。雪山には仙人は幾人もいるが、この中には、だれも深酷に教えを伝えるものはない。真に仰いで師となすに足る大仙人はいない。真に覚りを開こうと思うなら、南下して中国に出でよ。頻陀耶《びんどや》山に近い仙居には偉い仙人がいる。幾百千の弟子を持つ迦葉《かしょう》仙人のごときものもいる。南に行けば覚りを開く望みもあると、熱心に下山して南下することを勧めるものもあった。山を出て南下せよというのと、雪山にふみ止まって覚りを開けというのと両派があった。それまでには、少なくとも太子は五年くらい勉強せられなければ、そういう友だちはできないし、覚りを開くというような問題も議せられないと思うのである。

それを普通の伝記には、雪山に入って一年もおらずに、出られたことになっているのである。これはなぜかというと、その後に平野の苦行林に行って、六年修行せられたということが主となっている。苦行林というのは頻陀耶山の近くで、今、仏陀迦耶《ブダガヤ》付近のムチャリン村という処である。昔、優婁頻螺《うるびんら》邑の範囲であったことと思う、そこで苦行せられた。その六年苦行ということが頭の中に入っていて、「六年《むとせ》に余る御苦行」といって、六年だけが苦行になっており、それが重いものになっている。それは深酷に苦行せられたのは六年であるが、それ以前に、冥想と苦行の方法を練習せられた時が五年ある。

馬鳴菩薩の仏伝　仏伝創作の大文芸家馬鳴《めみょう》菩薩は、入山五年の修行を略して書いて、苦行林の六年を詳しく書いた。「十一年の苦行」と、同じ事を雪山の中でも書き、苦行林の中でも書くということは、文芸家のきらうところであるから、雪山の修行は仙居の訪問に止めた。そしてこういう仙人もおったと、いろいろの苦行の有様が書いてある。その仙人をあまねく訪うて、苦行の仕方や冥想の仕方を習われたと、一口に書いて終わった。それだから雪山の中に五年おられたにかかわらず、それをそのまま雪山から出られたように、一年も経たぬ間に山から出られたように感ずるに至った。それは文芸の技術のしからしめたところである。「六年に余る御苦行」というのを、私は「十年《ととせ》に余る御苦行」と直したのは、そのゆえである。どうしても、五年位は雪山の中で苦行せられて、いよいよこれから深酷に修行しようというときに、南下の問題が起こってきた。そこで南に行けというものと、雪山の中で覚りを開けというものと両派ができた。一年くらいでは、覚りを開くといっても、他の仙人から生意気だといって擯斥せられ、相手にもされなかったろうと思うのである。ところが、数年修行せられて、思索も進んでいることを認められたものだから、いろいろと親切に教えてくれるものが出たのである。そうすると、十九歳で出家されて、雪山で五年、苦行林で六年、三十歳で成道せられた。苦行林で六年苦行せられて、その苦行をやめられて、そして菩提樹下で覚りを開かれた時が三十歳、三十成道説というのがそれである。ところが、一方に二十九出家の三十五成道説というのもあるのである。

十八成婚・十九出家・八十入滅　仏は三十一歳で故郷に帰られた。三十歳で成道せられたのであるから、その次の年くらいでなければならぬ。そうすると、自分の子の羅睺羅が、十一か十二歳である。耶輸陀羅姫が羅睺羅を仏の所にやって、「あの釈迦如来は御身のお父上であるから、長子として遺産をいただけ」と申しつけて、遺産を譲っていただきたいと願わしめる。仏は鉄鉢を持っておられたのであるが、これを与えて「随い来たれ」と仰せられた。そして、自分の逗留しておられる迦毗羅城外の尼瞿陀林《にくろうだ》の中まで来た。そこで、仏は羅睺羅の頭を剃って出家せしめられた。この模様から見ても、ほとんど子供扱いで済んでしまっているのである。そうすると、これが十七歳というような年齢になっている立派な青年者ではないことも分かる。どうしても、十一、二歳の子供であったに違いない。それで羅睺羅は普通に「新発意《しんぼち》」と称する沙弥小僧であった。それから二十歳になって、本当の沙門になって、具足戒を受けて修行をするのである。普通、十八歳で結婚して十九歳で子があるというのは自然であるが、十八歳で結婚して、二十九歳の年まで子がないということはあり得ない。また十一年間宮中で、享楽的の生活をしておられたということも、受け取れない話である。十八歳で結婚せられたら、その次の年には子があってよろしいのである。

太子が外苑に遊んでおられた時に、宮中から王子が生まれたという報知が来た。太子は自分が出家しようと考えていた時であるから、「ああまた、邪魔ができた」といわれた。この邪魔という言葉が「ラーフラ Rāhula」（らごら）という語である。邪魔ができたと思わずいわれたのを、宮中に帰って大王に申し上げたから、ついに「ラーフラ」（らごら）という名を与えられた。若い時から既に冥想せられるような、沈みがちの性質であった上に、沙門の姿を見て、ひそかに決心の臍を固められながら、音楽、舞踊の宮中生活に十一年間も、享楽を続けられたということは、なおさら受け取れない。常識からいって、どうしても十八結婚で十九出家というのが、当然に聞こえるのである。

仏伝の常識的見方、考え方 しからば、どうして三十五成道ということになったかというと、雪山の五年が文芸家のために無視せられた。五年の雪山生活がなくなると、六年だけ修行して、直ちに覚りを開かれることになる。十九で出家せられたとすれば、六年で二十五の成道になる。しかし、一方には三十成道ということが、実際に言い伝えられているのであるから、それを二十五成道とすれば、あまりに若きに過ぎる。また、一方には十九出家も、すでに世に伝わっているから、九の字は動かせないのだから、それに十を加えて二十九出家とした。二十九出家として、それに六年の苦行を入れるから、どうしても三十五成道にしなければ、つじつまが合わぬ。一ヵ所を作り換えると、すべてをこしらえなければならぬ。三十五で仏になられたとすると、四十五年の説法ということが、都合よくなる。三十五歳で成道せられ、八十歳でなくなられたとすれば、三十五に四十五で、ちょうどよいわけである。

ところが、一方には四十九年説法と云う語もある。三十五成道では四十九年は多きに過ぎる。八十で涅槃に入られたとすると、三十成道で四十九年説法では、まだ八十に満たないが、四月八日に生まれて、二月十五日に入滅とすれば、一、二年の計算は解釈はつくのである。実際は八十一で涅槃に入られたのであるから、在世説法は五十年である。精算は八十歳で、略算八十一歳の入滅である。インドでは四十は、すでに家を捨てて山に隠れ、仙生活の修行をするのであるから、三十といえば、インドでは、よほどの老成の人である。それで十八結婚、十九出家、雪山五年・苦行林六年合わせて十一年修行、三十成道でよろしいわけである。十九出家と二十九出家とについて、議論が決まらないものとすれば、仏教の伝説もあまりに空疎な感がする。私はかくのごとき点は、常識で決める外はないと思う。どちらにしても分からぬのであるから、常識でありそうな方に決めるのがよいと思うのである。今一応明白にすれば、十八成婚、十九出家、五年雪山修行、六年苦行林修行、三十成道、これが私の常識にかなう持説である。

「起の哲学」の冥想を捨てた仏　さて五年の間、雪山におられてから、南方の野原に出られたときに、いかなる道をたどられたかというに、雪山から出られてガンダキー川に沿うて南下せられた。雪山からまっすぐに恒河に向かって直角に流れている河がある、これは昔の阿耨摩《あぬま》川で、今はガンダキー川である。この川の下流の恒河に近いところに、ヴァイシャリ Vaiśālī「毗沙離」の古城がある。ここで跋迦《バッカ》仙人を尋ね、さらに恒河を渡って、尼《に》蓮禅《れんぜん》河の上流にある苦行林に達せられた。そこに来るまでに二人の仙人を尋ねられ、都合四人の仙人が、仏の成道前に、多少の指導を与えたのであった。

この四人の仙人を訪ねられた態度が、大いに注目に値することで、よほど重きをおいてみなければならないのである。その中には苦行を主とするものもあり、冥想を主とするものもあった。その仙人の所に行かれたのである。その中の三人は、冥想を主として坐禅をしておった。ところが、その坐禅の禅の深みであるが、これも仏自身の標尺で計られたのである。けれども、仏の標尺からみられるというと、仏教の禅の深みからみると、まだ浅い。仏教の禅は、一番低いのが初禅、それから二禅、三禅、四禅と進むのである、それが禅定の心の進む段階なのである。その標尺で見ると、三人の仙人の中で、二、三禅まで進んだ人があるのであるが、それ以上は行かない。それで仏は、禅定をやっている仙人について聴き、そして、その修行も一緒にして見られたところが、これに不満を懐かれて、ついに見切りをつけて去られた。禅定の冥想の仕方をやめてしまわれた、冥想を捨てられたということは、どういう事であろう。冥想を見限ってしまって、覚りを開くには、この冥想ではとうていいけないと見切りをつけて、やめられたということは、すでに述べたとおり、冥想のやり方は、必ず一つの目標を設けてこれを理想と立てて、その理想に対し、こちらの考えをまとめ、心を統一して行くのであって、その理想を実在と見るのである。実在から万有は発生したものであると考える。かく理想を立てなければ、冥想はできない。この冥想を捨てたということは、結局、「起の哲学」を捨てられたということでなければならぬ。

これはちょっと、分かり難いように考えられるであろうが、冥想の仕方を見れば、すぐに分かるのである。今の仏教の坐禅の方を見ても、やはりこの型で行くのである。人間の本来の面目を主として、それを見いだすというふうに禅宗では教えるのである。真言宗の方法は、大日如来の胸に一の円輪があると見る、われわれの胸にも一の円輪があると見る。その円の大小にかかわらず、同じ一つの円であると見るのが、冥想の型である。そういうように目標を立てなければ、冥想はできるものではない。ことにその当時の正系の婆羅門仙は、冥想を主とし苦行を副として、運心工夫している。その冥想を捨てられたということは、正系の婆羅門の宇宙開展説を一切打ち捨てられたということである。婆羅門の正系の哲学をすっかり捨てられたということが、すなわち冥想を捨てられたということである。

「具の哲学」の苦行を捨てた仏　それから仏はどうせられたか、仙人を辞して、どこに行かれたかというと、苦行林に行かれたのである。苦行林といっても、ただ目真隣陀《ムチリンダ》の野原に小森林があるだけで、大きな森林でも何でもないのである。仏が苦行せられたから、有名になって、「苦行林」という名前がついているだけである。そこへ評判を聞いて、付いてきたのが五人の仙人、これは実は悉達多太子の父浄飯《じょうぼん》大王から付けられたもので、太子と一緒に修行して擁護せよといって付けられた。それで五人の仙人が後を追ってここに来た。仏はその五人のものと一緒に、森の中で修行せられたのである。五人の仙人は、おつき合いの苦行をしているのであるけれども、太子は真剣なのである。婆羅門の冥想の捨つべき道理も見届けられて捨てられて、今度は苦行一色で行こうとせられた。

仏は最初の仙人に逢って、天国を望むための苦行は全く捨てられた。が今は苦行一色で、自分の身体を心から離さねばならぬ、身体の邪魔ものを打ち払ってしまわなければならぬ。それで今度は「具の哲学」の見方、すなわち苦行を主として冥想を副にする、これは積集説のやり方である。積集説というのは、積み重なっている、身体と心とは一緒になっているのだから、物と心と二つの物が、元から一緒にあったものであると見るのが二元説で、これを苦行によって、邪魔ものの身体と、それから、この邪魔ものに制せられるわれわれの心とを、分けて行かなければならぬというので、身体の方面に関係を持つ情愛とか、肉感とか、欲望とかいうようなものを邪魔物として、心統一の邪魔の根元たる身体をいじめていかなければならぬ、身体をいじめるといっても、インドでは身に着ける衣類は問題にならない。住居も山の中、森の中であるから、これも問題にならない。居住も衣類も問題ではないが、ただ食物だけは大問題である、食物を食べていると、たくさん食えば食って心統一ができない。飽食暖衣逸居して教えなきの有様になる。食わなければ空腹になって、かえって心もまとまらない、食の加減は非常に関係を有する。そこで、うまくそれを調節して行かなければならぬ。心統一を期して坐っているのであるから、大食はむろん妨げとなる、そこで、減食法によって一日一食に減らして行く、それからしだいに断食する、断食すると死に瀕するに至るから、一麻一米といって、一粒の胡麻、一粒の米、きわめて微少の食を取って苦行をする。とにかく文芸者が一麻一米と形容して書くように、準絶食的の態度を取られた。

それでその辛酷さは容易ではなかった。身体が提供する苦のために、太子は非常に苦しみ困られた、顔色憔悴くらいならいいが、髪もおどろに目もくぼみ、骨と皮とになられた。背の皮と腹の皮が付着するに至った。それ

り、林の外を村の婦人が民謡を歌って通った。心の煩悶も起こり、死も刻々に迫ってくることを、感じておられるその折りも折る方法を尽くしておられた。身体を苦しめたりするわけにはいかないから、坐して冥想の形式は取っておられるけれども、苦行が主である。れた、定印は坐禅の印である。苦行であるけれども、やはり冥想を伴うのである、冥想をしながら、立ったり寝られたか。苦行林の林の中に坐を設けて、樹下に結跏趺坐して、そして法界定印《ほっかいじょういん》という印を結んで、坐ってお苦行を捨ててしまわれ、そしてどうせられたか。それにはその動機を見なければならぬ。どうして捨てる気になければならぬ。それだから、仏の立脚地は全く今までの哲学と違っているのである。冥想を捨ててしまわれ、系の哲学、婆羅門の高尚な哲学、民間の普通な哲学、両方とも捨てられた。そうすると、別に自分の立場を造ら説、多元説の「具の哲学」もまた捨てられた。具の哲学も捨て、起の哲学も捨て、今まであった正系の哲学、邪

天籟・大自然の説法　仏は一元説の正系婆羅門哲学の「起の哲学」も捨てられたが、邪系の民間から出た二元

ということは、「具の哲学」を捨てられたのである。になく、弊履を捨つるごとくに、捨ててしまわれたのである。これはどういうことであろう。苦行を捨てられた沈まれた。その時に、太子は突然苦行を捨てて、苦行林を辞し去られた。捨てるとなると、思い残すことはさらが犬死にで、結果を生じないで終わる、ということになると大問題である。心の煩悶も伴って、身心苦悩の底に

かくして進んでいった結果は、ほとんど死あるのみというような、行き詰まりとなってしまった。しかもそれ

できなければ、この座は動かないと覚悟をきめてかかられた。た。苦行を一生懸命にやられて、今は苦行で道を得るより他に道はないと、死を賭して修行された。もしこれがどの苦しみは、三世の聖者が、かつて経験したことない苦をなめた、と言われたと、後になって仏は明言せられも形容がひどいのかもしれないが、とにかく腹と背とが付着したような感じがしたのであろう。それで、それほ

これは楽山荘の壁画にも描いてあるが、大きな目真隣陀《ムチリンダ》の木がある、その木の下に空座がある、仏が座から立って去られた後である、空虚の座がある。その前を頭に水瓶を載せて、水を汲んで戻る女と並んで、果物を籠に入れて、それを頭に載せて帰る女がある、本当はこれは果物に限るべきではないので、牛糞を頭に載せて帰る方が普通である。インドの人は牛の糞を薪にするのであるから、野原に行けば幾千の牛がいる、その糞をまだ軟らかな間に、手でまるめて、石垣や煉瓦の塀などに打ちつけておく、そうすると、一時間もする間に綺麗に乾く、それを籠に入れて頭に載せて帰る。雨が降ると、困ることもあるかもしれぬ。牛糞はご飯を炊くにも最もよろしい、軟らかに工合よく炊けるのである、また、芋を焼くにもよいそうである。焙烙《ほうろく》で豆を煎るにも、烟が周囲を捲いて香ばしくでき上がる。インド人は、牛糞の汚いということは、毛頭感じないのである。客を招くときには、家の土間には必ず牛糞を塗り、その上に蓙《ござ》を敷き客を坐せしめ、木の葉に載せた食物を地上に置くのである。しかし、牛糞は瞬間に乾くから、臭くもなく汚くもない。この壁画には、子供が、どの婦人の子供か知らぬけれども、踊りながら行っている。婦人が民謡を歌って行き、これに合わせて踊っている。その歌は音楽の絃《いと》のことであった。「絃《いと》が強けりゃ強くて切れる、絃が弱けりゃ弱くて鳴らぬ、緩急正しく調子を合わせ、手振り足振りリズムに踊れ」。これは四十二章経にも「絃急声絶。絃緩不鳴。緩急得宜。楽譜皆諧」となって出ている。今一句あるのであるけれども、略して置く。子供がその歌に合せて踊っている。インドに私と一緒に行った人で、桐谷洗鱗という画家がある。インドの画は自由自在に書き、そういう方面では第一流の画家であるが、それと相談して、二十三面の壁画を作った、その中にある画である。

この歌を聞かれると、太子は突然と立ってしまわれた。その歌を聞いて、なるほどそうだと、思われたのであろう。この辛酷な苦行で、命が絶えてしまったら何にもならぬ。絃が強けりゃ強くて切れる。それなら、こういう苦行もせずに、遊んで午睡でもしておったらよいかというと、それでは物にならぬ。絃が弱けりゃ弱くて鳴らぬ、それだから、緩急正しく調子を合わせ、手振り足振りリズムに踊れ。「音のリズムは踊りの拍子、リズムの波に心も踊る、緩急正しく調子を合わせ、手振り足振りリズムに踊れ」というのが第一句である。これは私の翻訳であるから、そのとおりであったと固執するのではないが、大体、そういう意味の歌があったに相違ない。これは阿含経にも出ているし、他の漢訳にも出ているから、俗謡の意味は、大概こんなものであったと思われるのである。女子供の歌って通った歌ではあるけれども、こちらの心が進んでおられ、その進んだ心で聞かれたから、細かに聞けば、婦人子供の声もまた天籟である。聞き得る耳で聞かれたから、婦女子の民謡でも、これが天来の福音をもたらすのである。これが大自然の説法として聞かれ得るところである。

大自然の説法といっても、富士山が朝晩説法しているように感じ、真理を聞くような耳になるのは、なかなか骨が折れるのであるけれども、太子の心が進んで、その地位に登っておられたから、この民謡を大自然の説法として聞かれたのである。蘇東坡の詩にも「渓声便《すなわ》ちこれ長広舌、山色豈《あに》清浄身に非ざらんや」というのがある。禅の大家や偉い人の心が進んでおれば、見る目、聞く耳、ともにそういうようになる。俗人がちょっと歌をうたったのであるけれども、太子の心から聞いたなら、これこそ天の声である。そういう歌に暗示を得られて、即座に苦行を捨てられたのである。それだから、仏の説法を見ると、一番初めの鹿野園の説法からして、中道を力説してある。一方に偏したら、決して真の結果は持ち来たされない。苦行がよいからといっても、苦行と情死してしまって、苦行のために、身を滅ぼすようになっては、何にもならない。冥想もよいかもしれない、冥想は値打ちがあるに違いない、値打ちがあるからといって、それに固執して、冥想の功徳を朝から晩まで称えて、そのとおりやっておっても、冥想は何のためかといえば、つまり方法にすぎないのである。冥想は禅の問題を解決する方法なのである。

仏の立脚地の中道　問題を解決するために、われわれは心を統一しなければならぬ。心の統一ができなければ、どんなにしても、結果を持ち来たすことはできない。それだから、心を統一して問題を考えるというその方法である。ところが、その方法のために、とらわれてしまうのがインド人である。上に述べたように、止息観といって、息を止めるのがよいというと、一時間息をせずにおっても、一ヵ月息をせずにおっても、覚りは開けぬ。その方法を知れば、それをよい加減に応用していけばよいのである。それだから、高履《こうり》中道というのが仏教である。自分が超越して、普通の人の思想に超越して、中道を行くのが主眼である。中道というと、平凡なようであるけれども、そうでない。この中道が、われわれに実際の結果をもたらすのである。「最初の転法輪」という鹿野園の第一の説法は、中道であった。享楽に偏らず、苦行にも偏らず、真ん中の大道を行くのが中道である。しからば、その中道とは何かといえば、八正道である。八正道は人類の見る道の修行である。

指鬘外道と仏の態度　この苦行をやめられる時の動機は、民謡を聞いて、暗示を得られて、その暗示を仏は終生持っておられたのである。仏の態度はいつも、情にとらわれず、理に走らず、感激性に支配されず、熱狂的態度に出られることはかつてない。人が激して来れば、仏はますます冷静の態度を執られる。かってドイツの映画「アジアの光」を見た。仏がいよいよ覚りを開かれて、最初に説法しておられる場面があった。たくさんの人が集まっており、それに対して、仏が非常に激動した態度で説法しておられる、「諸君よ、諸君よ」というような態度で手を挙げておられる、あんな仏は決してあり得ないのである。たとい刀を自分の首に擬せられても、槍が眼前に現れても、泰然自若として平気で驚かずにおられる。後ろから来ても、前から来ても驚かれない。

指鬘外道《しまんげどう》が九十九人の人を殺して、狂奔しながら刀を揮って、自分の母親を殺そうした時に、仏は突然その間に立たれた。ああ危ないと、他の人が止めようとしたけれども、仏は平気である。指鬘外道が幾人来ても、これには驚かない、母親を殺さしむるに忍びないといって、その真ん中に立たれた。指鬘外道は刀を向けようとするけれども、手が動かない、前に進もうとしても進まれない、余儀なく「沙門止まれ」といった。仏は静かに「我はさっきから止まっている、動いているのは汝ではないか」と言われた。なるほどこれには困った、それでハッと気づいて、狂気のようになっている精神が、われに帰った。それから教えを聞くようになり、弟子となって、教団の支持者として一生を終わった。母親も殺さず、仏身より血を出すこともなく、道に帰したのであるが、仏の態度はいつでもこんなふうである。

指鬘外道というのは、指を首飾りにしたから、この名を得たので、元は「アヒンサカ」（無傷害）という医者であったが、師について学んでいるうちに、師の妻女に懸想せられ、これを拒んだので、かえって讒言せられて、師の床をけがしたこととなった。師は怒って「汝に医術の秘伝を教えるから、この刀をもって百人の人を殺して、その指を取って首飾りにして来い。百人に満ちた時に、秘密を教える」といった。これはその弟子を恨んで、仇を報いるために、そういうことを申し渡したのである。無理な師匠だと思ったが、師の命令なれば、奉ぜざるを得ない。その刀を手にして街頭に立ち、同時に気が狂ってしまった。人を殺して指を取り、九十九人まで取って、最後に一人足らない。家に帰ると、母親が「もう帰るであろう」というので、食事の用意をして待っていた。そのとき突然母親に斬ってかかった。そこに仏が立ち現れたのである。これは白蓮女史が「指鬘外道」という脚本を書いて、市村座で上演したことがあり、楽山荘の壁画にもこれを描いてある。この壁画では、千人の人を殺すために街頭に立ち、九百九十九人まで殺したが、あと一人足らぬこととして描いてある。そこで、身体の前面に見える指が一百二、三十もある、これは百人切りを千人切りとして、画に現したからである。

それはともかく、仏は終始心の平和を保っておられ、動作も常に冷静を表しておられる。どんな事があっても、動かれないのが仏の態度である。だから、その心持がなければ、芝居にしても、小説にしても、仏の性格を顕したものとしては受け取れないのである。私は沢正が「クリスト」を上演した時に、たびたび見に行った。どうかして釈迦如来を演《や》ることはできないであろうか、それまでは、仏を舞台に出すことは、いけないという考えであったが、できる事なら出した方がいい、それで沢正はある性格を現す伎倆が十分であるから、一段の期待を持って、見に行ったのである。しかし、どうしても沢正には仏ははまらない。感激性が強く神経質のヤソを現すには、きわめて適しているが、これと正反対の仏には適せない。顔の形からしていけない。それで、とうとう断念してしまった。

仏教の基調は中道の教え　話は前に戻って、仏が苦行を捨てられた動機というものが、仏の一生の説法の骨子となっている。骨子とまでは行かなくても、骨子を定める基調となっているのである。中道実相ということは、一代仏教の基調となっているのであり、極端を避けて道をふむということが、根本の理想になっているのである。仏教では、中道ということが、真理の変名のようになっている。楽観・苦観の中道、有・無の中道、非有・非空の中道というように、仏教は一言にいえば、中道の哲学である。しかし、中道というような教えは、日本人には特殊な響きがない。中道といえば、いい加減なところを渡っていくように考える。

西洋で極端な国はギリシャ国である、非常な激発性を持ったギリシャ人には、中道の教えは、ことに必要であった。自分の国の人が大統領になったら、必ず殺されるというような、極端な国民たるギリシャ人には、ソクラテスの中正説は、最も強く響き渡ったに違いない。東洋では、シナもずいぶん極端な国である。悪い君主がおったら、それを退けてしまって、天に代わって、無道の紂《ちゅう》を誅するといって、平気な人間である。こういう極端なところがあると、中庸の説はよく響くのである。日本はもとから中和の国である。われわれの頭は、常に中和の性質に養われており、決して極端に行かない国である。それだからして、中道ということの意味が、われわれの頭に響く程度は強くない。われわれが教えられて、頭に響いているのは、中道ということは、真理ということであるくらいである。「一色一香無レ非二中道一」、「柳は緑、花は紅」、ありのままの真相、ありのままの実相であり、その実相というのが物の本性で、物のありのままの相を覚るということが、それが中道だというのであるから、覚りの真理、覚りの真相のことを中道というように感じている。東洋の極端国のシナでも、西洋の極端国のギリシャでも、中道の教えは最も大切で強く響くのである。インドもずいぶん極端な国である、国初以来、征服された人種を徹底的に圧伏して、峻厳な差別主義に立つような国である。これが哲学にまで食い込んで、正統の哲学と民間の哲学と、その行き道を異にするようになった。享楽主義も極端に進み、苦行主義も極端に進み、偏重傾向を生じたときに、仏は世に現れられた。中道実相の説が、最初の説法に現れたゆえんである。日本はもともと極端に行く国でないのである。これは聖徳太子以来、仏教の教えの行き届いたのを示しているかと思うのである。

仏教の継承した諸説と仏の態度　仏は起の哲学と具の哲学、須弥山説、劫滅説、地獄説など、仏の時代にあった哲学説その他の説に対して、どういう態度をとられたか。起の哲学は初めに捨てられた、婆羅門の正系の創造説（造物主説）であるとか、根本原理説であるとかいうものを、ことごとく捨てられた。すべて、一から多が生じたとする一多関係の説は、造化説も開展説も、みなこれを否認せられた。それから具の哲学、初めから多が存在しているものと考えてゆく、多々関係の積集説も捨てられた。存在の起因を考える冥想も捨て、存在を調御してゆく苦行をも捨てられたのであった。ところが、当時あり合わせの須弥山説は、そのまま採ってゆかれた。採られたのではない、別にこれに代わるものを出されなかったのである。実は世界の構造はどうあっても、差当たり関係のないものであるから、このままにしておかれたらしいのである。これを採用せられたといっても、その世界建立説を取って、これを主張せられたのではなく、ただ折りに触れて「須弥山のごとし」と説かれたり、四門の成立や諸天の地位を述べられたり、要するに、須弥山説をそのまま認容してゆかれたものというに外ならないのである。須弥というのは、詳しくは、「蘇迷盧《そめいろ》」（スメール Sumeru 妙高）というので、「妙高山」と訳してある。インドのような最高最大の雪山でなければ、起こらぬ世界説であることは、前にも述べたとおりである。

ところで、世界終滅説の「劫滅説」の方は、この世界が生じたり、滅びたりするのであるから、これを相当に詳しく説かれたらしい。この世間は成・住・壊・空の四劫に分かれて、一々の劫が、小・中・大劫の三期に分かれており、そしていよいよ最後には、一時期が終わって滅して、ついに空劫となる。空劫を除いて、その各劫の期間に一仏が顕れる。一劫に一仏というのが仏教の所説である。一劫の間に、最も優れた人というものは、たくさんあるわけはない。世界が開けている時期のうちに、最も優れた人は、最上無上の大覚位に登った仏である。それと同じ人は、二人出ないというのである。それを一劫に一仏というのである。

劫というのは、詳しくは、「劫波《こうは》」（カルパ kalpa）といい、「長時」と訳してある。長い期間をいうのであるが、時と同時に、処をも意味している、「儀軌《ぎき》」、「方式」、「形式」という字である。時・空ともに開けている長時期をいうのである。劫というと、変わったことのように思われるが、ただ「長時」という意である。富士山でも一劫目、二劫目、三劫目から九劫目まであるが、小三劫、中三劫、大三劫を山の高さに当てて作ったのである。今は一合、二合と、合の字を書いてあるが、それは昔の劫の字を忘れたのである。ついでに「御来光」といって、日の出を拝むことが、山登りの一つの行事となっているが、これも「御来迎《ごらいごう》」で、むろん「御来光」ではない。また、「来光」という熟字のあろうはずもない。仏教には昔から「聖衆来迎《しょうじゅ》」ということがある。われわれの臨終に、仏菩薩がわれわれを迎えて、引接《いんじょう》して極楽に導くという意味が、来迎の字に現れている。日の出や日没を、仏の来迎に結びつけて、この心持ちを画に現したのは、源信僧都（恵心）である。僧都の筆には、化仏来迎の図、二十五菩薩来迎の図など、有名な画が残っている。「御来迎」は、この迷いの世界を離れて、覚りの世界の天使に迎えらるる喜びの心を、闇を離れて東海から昇る太陽に迎えらるる喜びに、擬したものである。そこで、これを「御来迎」と呼び習わせたのである。

「薬師《くすし》が岳」は、元は薬師瑠璃光《やくしるりこう》如来の名をつけた山である。「成就が岳」は、不空成就如来の名をつけたのである。「大日岳」、「釈迦が岳」は仏教名がそのまま残っている。「剣が峰」というのは、多分、不動明王に擬した山かと思われる。みなそういうように、昔は仏教でこしらえ上げてあったのである。こういう仏教時代につけた名は、外にもずいぶんあることと思われる。あるいは「浅間」というのも、「富士」というのも、仏教名ではないかと思われる。梵語で「アサマサマ Asamasama」というのは、「無等等」ということである。これは、なお研究を要することであるが、山を次第に登っていくのを一劫、二劫の時期を過ぎていくのに擬して、登山の道程を示したのであろうと思われる。

とにかく、今の問題たる「劫滅説」は、世界の終末ということである、この学説も、そのまま採用していかれた。次に地獄説も、当時行われておったのを採用せられて、仏教の因果説の中に取り入れられたのである。

仏教の排斥した諸説と仏の態度　以上のごとく、その時に有り合わせの学説は、相当に採用せられているのであるが、当代の正系哲学として、婆羅門教の骨子となっている開展説、すなわち起の哲学は全く捨てられた。その結果は、創造神説もなくなり、根本原理説もなくなったのである。自然に無神説「非造物主説」となるのである。これを一言に、易しくいってみれば、造物主説を根底から排斥せられたのであるけれども、造物主ばかりでなく、世界の本体を論ずる類のものは、一切捨てられたのである。だから、仏の教えは、宇宙の起原、世界の起原、人生の根本原理というようなことは、説いてない。根本原理とか、本体とか、実体とか、いうようなことを尋ねられた時には、仏は決してこれに答えられない。「仏が、もしこれに答えて、私を満足させて頂いたら、私は仏の弟子になりましょう。けれども、私の尋ねる問題が答えられないなら、仏の門下に参ずるわけにはまいりませぬ」と、仏に申し上げた者があった。その時、仏は「そんな無用の問題に引っかかっているような余裕は、汝にもないが、我にもない。かかる哲学的の問題は戯論《けろん》であり、戯れの議論、冗談である。今の急務は、われわれの前途がどうなるか、覚りが開けるか開けないか、という真剣勝負の時機である。そんな戯論に心をわずらわされている余地はないではないか」という説法をせられたことがある。これは「箭喩《せんゆ》経」という経にある毒矢の喩えである。

それは、上に述べたような問題を提供したときに、仏が話された譬喩である。毒矢が自分の身体に当たっており、医者が来てその矢を抜こうとする。その人がいうには、「ちょっと待ってくれ、この矢は、どこから来たか、たれが放ったのか、この矢にはどんな毒があるか、この毒矢をそのままに置けば、どうなるか、この矢を放ったものは何者か、その人はどの階級に属する人であるか。この問いに対して、一々明答を与えてくれなければ、この矢を抜いてもらいたくない」といったら、それを何と考えるか、馬鹿だという外はないであろう。こんな問答をしている間には、毒は全身に回って、その人は死んでしまうではないか。それよりも医者に任せて、まずその毒矢を抜いてもらって、治療をしてしまってから、その後でゆっくりと、そんな問題は吟味してもよろしいではないか。宇宙の起原はどうであるとか、涅槃に入ったら、仏はどうされるのであるとか、劫滅の存在はあるかないかとか、そんな問題は、まじめに言って聞かしても、普通の人には分かるものではない。普通の人間に分からないで、悟った人間しか分からないものを、それを分からしてくれなければ、仏の弟子になることはできない、というようなものは、それは三才の童児が大人に向かって、すべての問題を尋ねるのと同じことである。親はそれに対して答えることはできない。ちょうど毒矢に当たって、毒矢の性質を分からしてくれなければ、矢を抜いてもらわないというようなもので、根底から間違っているではないか。まず教えを聞いて修行するならば、そういう問題は、自然に分かってくるようになる。尋ねなくとも分かってくる。まず修行が第一の急務であって、そんな戯論は急務ではない、というように教えられたのである。それが「箭喩経」という経である。

仏は実際問題を実際に扱っていかれて、かつて彼の哲学問題を教えられたことがないのである。仏はそういう問題にかつて触れたことはなかった。けれども、それはわれわれに対して、説かれたことはなかったといい得るのみで、絶対にそういうことは、説かれなかったと信ずるのは、浅はかな考えである。仏はかつてそういうことを説かれたことがないというのは、われわれに対して、説かれたことはないというのである。一人も聞いたものはない。現に聞かないのだから、本当だったかもしれない。しかし、自分よりはるかに偉い人には、はるかに深いことを教えられたかもしれない。大迦葉《かしょう》、富楼那《ふるな》、舎利弗《しゃりほつ》というような人に対しては、別に消息を伝えられたかもしれないのである。これはただ原始仏教だの、歴史的仏教だのと信ぜらるるものを指して、仏の説かれたものは、たしかにこれこれだと固執している、かかる固執にのみ生きている人のいうことであるから、分からない。一般に対して説かれたことと、別々の人に対して説かれたこととは、その差があったかもしれない。けれども、大体に仏は、非造物主説を採られたということは、たしかである。けれども、そういう哲学上の根本は、どういうように扱われたか、われわれには分からない。ただ形に現れているところだけでは、すべての神を否認し、すべての造物主の考えを否認するということは、事実に現れていることであるから、これだけを、われわれは忘れさえしなければ、よろしいのである。

また具の哲学を捨てられたということは、苦行を否認せられたのである。苦行主義がいけないということで、仏は非苦行主義に傾かれたのである。それだから、いろんな苦行を、自慢のようにやっているというのは、インドの宗教の通弊である、その通弊というものを、仏はしりぞけられた。その他の学説は、まずありのままにやっていかれた、と見てよろしいのであろうと思うのである。

まずこれくらいで、仏教の継承した古教説は終わるのである。仏教が採用していったものは、これくらいであるけれども、仏教が採用したのでなく、これを完成したものがある。次回にはそれを述べる段取りになるのであるが、完成したというのも、やはり元からあったような部分も、あるのであるけれども、既成の説であるというほどに、でき上がっておった説ではないので、原素はあったけれども、まだ完成していなかったのを、仏教が完成したのである。でき上がっておったものを、仏教がそのまま用いていったのは、それが仏教の継承せる古教説であり、次に完成した部分の多いのは、それが仏教の完成せる諸教説という方に入れているのである。次には仏教が完成せる諸教説について述べよう。

第三講　仏教の完成せる諸教説

第一　業力説

仏教が受け継いで完成した古教説に就いて述べたい。

既に完成した古教説を受け取って採用したのはすでに述べた。これから述べるのは、未完成の諸教説を受け取って、仏教が九分までこれを完成したものの話である。その痕跡が、仏教以前の哲学にないというのではない、というぐらいの程度のものを、取り立てて述べたいのである。

身・口・意の三業　最初に「業力説《ごうりきせつ》」である。業というのは、われわれの行いである。われわれの行った行為を業と名づけるのである。一般に行為というのは、範囲が狭いのであるが、仏教で行為というのは、「身《しん》・口《く》・意《い》の三業」といって、身体で行うものを身業といい、口で行うものを口業といい、その上に、心で行うものがある、これを意業と名づけるのである。いずれも業という名がつくのである。普通には、心で計画したのは、意志といって、行為とは、いわないのである。それを倫理学では動機と名づける。意志が定まって決心したのは、普通は行為とはいわないが、仏教では、われわれがこうしようと決心したならば、それがそのまま行為であるとする、すなわち心の行為である。人を殺そうと決心しても、警察が恐く、人目が恐いので、殺さないこともある。

けれども、心に決心したことは、そのままに結果を現さずに、終わるものではない。結果は外には現れないが、内には必ず現れて、精神生活に影響を及ぼすから、将来の人格を形成するに妨害となるのはたしかである。そこで、心で決心したことは、心で行ったのであるといい得るから、行為に顕れる一歩前に意志で決したことも、仏教では、これを意業と名づけて注意するのである。

それからまた、口で言ったことも、それも口業といって、口舌で働く行為とするのである。それからその業の結果であるが、業がもたらす結果を「応報」と名づける。その反応が後に残る、それをも業報というのである。それをはっきりするために「業力」と名づけることもある。それで、仏教で業というのは、業因のこともあれば、業報のこともある、また業力のこともある。「これは私の業である」「前業の現れである」「自分の業だから仕方がない」などというようなときは、因の業でもあればまた、果の業でもあるが、いずれにしても、自分の行為だという考えは、必ず感じているのである。つまり、因と果と現在の動作との三つを合わせて業というのである。

引業・満業　これを時間的にいったら、前の業によって今の結果が現れる、今の結果がまた次の業因を引くのである。引業《いんごう》と満業《まんごう》ということがある、一つの業が連鎖になって次の果を引く、いつまでも因果が続くのである。今は前の結果を味わっているのだからといっても、今は味わっているばかりではない、結果を味わっている中に、次の因となるべきものが、すでに生じて具わっている。あたかも梅や桃の実のようなもので、その実が今結果としてできているが、次に生まるべき種になる核が、その中心にできている。紅葉の葉が落ちて、秋になって淋しくなったと感じているけれども、よく見ると、紅葉の葉が落ちたときには、次の芽がすでに枝頭に形を顕しているのである。すべてそういう工合に、新陳代謝するので、古いのが去ったときには、新しいのがすでに生じている。そういうように、因と果、果と因と相続いている。その連鎖は、いつまでも絶えないというのが、仏教の説である。次の生には人に生まれるか、獣に生まれるか、という大体の方向を決するような行為を「引業」

と名づける。すでに人と生まれたら、善い人になるとか、悪い人となるとか、健康の身を得るとか、不運な人となるとか、その内容を決するような行為を「満業」と名づけるのである。

業力不滅説　生類の業力は、いつまでも存在するのであって、今もし私が悪事を働くとする、その悪い事をした悪影響は、横に空間的に広がる、横にその悪業の結果、すなわち影響を世に広めたならば、それを今度は縦に時間的に、永く責任を負わなくてはならぬ。横に空間的に、悪い影響を及ぼしたものは、必然に縦に時間的に、いつまでもその責任を負わなければならぬ、生まれ変わり死に変わり、どこに行っても、時間的に、その責任を負わなければならぬ。この連鎖は、いつまでたっても絶えないというのが、業力の説である。それが業力ということは、前業の感応力、行為の反応力をいうのである。すなわち、われわれのした行為が、自然の力となって後に残り、それが永遠に続くのである。科学の方面で物質不滅説というものがある、物質は決して滅するものではなく、物質が現にもっている形は、滅するかもしれないけれども、物質の本質は、決して滅するものではないというのであるが、それと同時に、他の学者は、勢力保存説といって、物質が残ると同時に、その固有せる勢力というものは、いつまでも保存せられる。電気が明かりになって光明を発しており、それが消えたら、電気はなくなったように見えても、それは電気が潜勢力となって残っているのである。現在それがなくなったから、それで滅してしまったと思うのは、錯覚である。それと同様に、われわれの行為は滅し去っても、その残した力というものは、決して滅するものではない。これを業力不滅説というのである。

別業感・共業感　そこでその業が滅しなければどうなるか。他日その潜勢力が現れて、縁に触れて、何か結果を現す、それを「業感《ごうかん》」というのである。業の感応力は永遠に不滅である。しかし、これは迷いの結果であるから、ひとたび悟りを開いて、仏となるなれば、業感の勢力範囲を脱出することができる。悟りの世界には、業もなく、業果もなく、われわれを縛すべき業繫《ごうけ》もない。業の繫縛《けばく》を永遠に離れたのを、悟りというのである。

業感というのは、業の感応力であるから、われわれの人生は自業自得で、自分のまいた種子の実を自分で拾うのである。それゆえに善因善果、悪因悪果といって、決して間違いなく、因果はめぐり来たるのである。しかし、われわれの同じ行為であっても、共同の行為もあれば、独自の行為もある。われわれが一人で独立に行う行為を「別業《べつごう》」といい、われわれが共同に行う行為を「共業《ぐうごう》」という。共同の行為で現れるのは、文明であるとか、社会であるとか、すべてわれわれの同働の結果が、現れて来るのを、「共業感」と名づけるのである。また個人は別々の行為を持っている。自分で責任を負うべきものは、自分別個の結果となって現れるから、これを「別業感」と名づけるのである。そこで共同の業の現れと、独自の業の現れと相違があるのである。自身だけの単独の行為が独自に現れて来るのは、われわれの人格の上下、善悪などの結果として現れるのである。善因があって善果が現れるというのは、自身一人が責任を負うべきものである、これが「別業感」というのである。

また別業感でなく、社会だの、国家だの、文明だの、宇宙だの、共同に造り出すものは、共同の責任で、「共業感」である。

因果応報　仏教では、神《ゴッド》が世界を造ったとか、根本原理から開展したとかいうことは教えない。宇宙はわれわれ自身が共同に造ったもので、われわれが共同にこの世界を造ったものというように説くのである。それは共業感と別業感の中、その結果からいう時には、共業感を総報ということもあるのである。すべてに通ずる結果が現れるのを総報とするのである。自分だけに現れる結果を別報という。われわれが人間に生まれるか、獣類に生まれるか、または他の生物に生まれるか、こういうことを大体決める業力を引業と名づけるということは、すでに述べた。今は人間の皮を被っているが、心はすでに獣類になっている、そうすると、死んだ時には、仮に裁きがあるとしても、実際裁きの必要はない、前に述べたように、自己創造であって、自分が自分を造るのだから、因果応報、自業自得で、運命は自然決まっている。そのほかには審判も何も必要がない。神があったとしても、審判の余地はない。自身が決めるのであるから、むしろ自然に定まっているのであるから、結果は自然に判明している。

そうすると、今同じような人間で、中間の人間がいる、これが死んだ時に、上等な犬に生まれるか、下等な人間に生まれるか、どちらに引かるるか、これを決定する業を「引業」と名づける。「彼は引業な奴だ」というような言葉がある。これは、われわれを鬼にするか、禽獣にするか、とにかく、われわれを引っ張りつけるような、強い引力のある決定的の行為であるという意味である。この引業によって、人間なれば人間に生まれるという資格だけは決まって、輪廓はできたとしても、ただ輪廓だけで、人間としての内容は、まだ決まっていないのである。その人格の内容を充実させなければ、本当の人間にはならぬ。その内容を充実せしむる業は、人々みな相違があるのである。甲の人と乙の人は内容が違って、いろいろの事を考えるのに、頭の好い人もあり、何も考え出せないような劣等の頭を持っている人もある。頭は仕方がないとして、身体の不具なものもあり、健全なものもある。健全な身体が邪魔になって、冒険したために生命を失ったものもあろう。とにかく、その内容というものは、自分がかつて決めたものである。それを「満業」というのである。そういうように、業もいろいろに詳しく説かれてあるのである。

われわれの生命への種々相は、学術で教えるように、単に遺伝ばかりで、説明することはできないのである。遺伝は親から伝わる、精神の作用も、病気も、体質も、親から遺伝する。その上に生まれてのち、父母の手によって、いろいろと習慣づけられるものであるから、親の欠点も子に伝わる、縮れ毛のお嬢様が生まれる、縮れ毛のお嬢様ができたら、その親はたえず心配している、毛を伸ばす薬やら、方法やら、常にその事ばかり心配している。ところが、親の心子知らずで、年ごろになると、親に向かって「お母さん、なんでこんな縮れ毛に生んだの」といって母親に迫る。親の心持からいったら、実に堪えられない。けれども、遺伝ばかりでいうならば「なぜこんなに生んでくれたか」といって、親に不平をいうことができる。満業は自業であるとすれば、かかる親の子となるのは、自分の定めた運命であるから、仕方がない。宇宙は神《ゴッド》が造ったとして、人類を造った責任を、造物主に持っていくというようになるのである。

自己創造と共同の創造　ところが、宇宙も個性も、みな自分が造ったのだから、責任の持っていきようがない。遺伝は親が与えたか知れぬけれども、そんな遺伝を受けるような原因は、自分が持っているのであるから、仕方がない。それだから、いかなる病気であったとしても、たとえば、天刑病の親の子になったところで、それは決してその不平を親に持っていくことはできない、自分の責任である。こういうふうに考えるのが、業力の説である、それで、すべてが自己創造である。自己が独自に自分だけを造るのが、われわれの別業であり、満業である。われわれが共同に造るのが宇宙であるとか、文明であるとか、共同の創造である、これは総業であり、共業《ぐうごう》であるのである。とにかく、自分の運命は自分が造るのである。蟹が自分の背に似せて、甲羅に似せて、穴を掘ると同じように、自分が造った身体、それに、ふさわしいように、自分が造った境遇なのだから、よい処に生まれたといって、自慢にならない。昔の人は、どうして西洋人に生まれなかったろう、どうして日本のような国に生まれただろうと、残念に思ったということを聞いたが、今でもこういう人もあるかも知れない、どんな辺鄙な処に生まれても、島国に生まれて、芋ばかり食っているような生活をしても、それは仕方がない、自分の造った責任は、自分で負わねばならぬ。これが業力の免れにくいところである、徹底的に自分の責任である。自分より外に責任者はおらない、これが仏教に説く業力である。

この業力不滅の説は、仏教が初めたのかというと、全く仏教ばかりの説ともいかない。婆羅門教が、仏教以前に、どんなことを説いておったか分からぬ。最も古いウパニシャッドの中に、ただ一度、業の話が出ている。ヤージュニャヴァルクャという大哲学者が、その弟子に秘密に教えたことがある、哲学的の談話をしているうちに、師の仙人は「別室に来たれ、汝に秘密の教えを伝えるであろう」と弟子に言った。別室においての話は、他の何人も知らないのであるが、その話は業の教義であったということである。業の教義の内容が、何であったか分からぬが、業の重んずべきことを話したに相違ない。それだから、これはほとんど全く仏の教説であるといってもよろしいのであるが、たとい一度でも、業の話があるのであるから、ウパニシャッドの哲学が、業の問題に触れているということは、忘れてはならない、ゆえに業力説は、仏教が完成したのであるが、他にも説いた人があった、というくらいにしておかないと、公平を失うことになる。

純正哲学的問題と仏の態度　今一応略して説けば、業とは、われわれの意志で行う行為のことで、この業の力によって、すべてが解決せられる。宇宙の太元も、それで解決できるし、われわれの人生も、それで解決ができる。個性の完成も、人格の向上も、またその堕落も、皆これによるのである。そこで、仏教は、哲学説としては、どんな方面に属するかといえば、主意説である。しかし、これはわれわれ個人にとっては無意識活動で、ほとんど宇宙意志の動きによって、左右されているのである。ショーペンハウエルの宇宙意志説は、大体にこの辺の消息を顕しているのである。

しかし、仏は決して純正哲学に心を向けない、純正哲学からすべてを割り出すというようなことは、仏はかってせられない。仏の弟子が形而上学的に問題を解決せんとするときは、仏は正面からこれを攻撃せられるのである。なぜかといえば、言説《ごんせつ》にかけて説くべからざるものを、言説にかけて説明すれば、必ず間違いを生ずる。「本体」といえば、本体という何か特別の物が存在するように思う。「常住」といえば、永遠に固定の物が存在するように思う。そこで「絶対」を説いたり、「無限」を説いたりすることは、人を誤らせる動機となるのである。前に述べたように、「箭喩経」の毒矢にあたった村人の要求と同じように、純正哲学的の問題は、問うのも誤りであるが、これを教えるのも過ちである。つまり、実生活に寸毫も役にも立たぬものを、議論していることとなり、これは戯論である、冗談である、人生の問題は真剣勝負であるから、かかる閑問題に心を向けてはならぬ、というのが仏の態度である。

第二　輪廻説

輪廻（流転・転生）　仏教で重きをなしている転生《てんしょう》説が、次の問題である。転生とは、生類界のいずれにか分からぬが、常に生々しているということである。仏教では、これを「輪廻説」という。輪廻ということは、輪の回るように、生々死々して巡回するということである。いつも止らずに、生類界に転々して生まれ生まれており、一定の生物の範囲を、われわれは常に流転している、その初めがどこにあるか分からぬ。もともと輪のようなものならば、円輪の初め、終わりはないわけである。今ごろアメリカにも、この説を唱えている人があるということである。「輪廻」というのも、「流転」というのも、同じ意味である。われわれは、今ここに生まれており、ここに頭を出しているけれども、鰻が頭を出したと同じことで、鰻には胴もあり、尾もあるが、これは他処に在って、われわれには見えない。とにかく、ここに生まれる時は、かしこに死する時であり、前の生を去って、今の生に現れたのである。今死ぬるときは、次の生を得て、頭を次に出しており、いつまでも続いていく。鰻が自分の尾を口にくわえるように、続いて存在するのである。

知中者　けれども、われわれは、どこか一処をつかまえているのである。これを「現在」と名づけて、現実に押えている。仏はそれを哀れに考えられた。生類は現在しか知らない、現在のみに固執している、現に生まれているけれども、どこから来たやら知らぬ。死んで行くけれども、どこに行くか知らない。生の因って来たるところを知らず、死の趣くところを知らず、営々として、ただ現在にのみ生きている。鰻の背中をつかんで、喜んでいるようなものであって、尾も知らず頭も知らない、汝らは「知中者」であると、仏は示された。つまり背中だかって、初めてわれわれは有り難く感ずるのであろう、それが仏教の教えるところである。それを明らかに悟る生活は有り難いとも何とも思われぬ。何事もはっきりして、どこに生まれ、どうなるということが、明らかに分そのうえ、暗から暗に生きているのは、いくら生きても、われわれはそれに満足することはできない。暗がりのいが、子に伝えた後も、自分は別個の生命を有していて、自分の生命が子に全く伝わったとは、考えられない。る、遺伝で子々孫々にその生命を伝える、生命は永遠であるという。しかし、子や孫に生命は伝えるかもしれなの永遠の生命は、すでにわれわれは所有している。生物学者はわれわれに教える、永遠の生命はすでに持っていから暗への創造が、無意識の自己創造である。これがわれわれの生命であり、これも永遠の生命である。闇黒界たのである。これを覚悟的に創造し、自己の自由に任せて、輪廻界を突破せしめんとするのが、仏教である。暗に創造している。あるいは、無知覚ともいい得ないかもしらぬが、少なくとも、大悟徹底的の知覚なしに創造し行われない。この流転輪廻は、全く自分の意志から創造したものに相違ないが、無意識とはいえないが、無知覚たるのである。かく無意識に生々死々して、迷いの世界の闇路をたどりながら、自分の意志は、この間に寸分も一大事が、容易に解決ができないので、煩悶しているのであるが、実は過去と同じように、未来も現在となり来何とも思わないが、未来は、これから出て行かなくてはならぬから、大問題であるとする。しかし、この後生の

暗から暗への自己創造　けれども、われわれは、未来も、過去も、別のように考える。過去は過ぎ去ったから、

も現在の続きである。

り、前の現在は、これを「過去」だと名づけている。過去、未来、現在と、三世の生活は実は続いており、しかているのである。いつまで行っても、「現在」のみが続いている。次の現在は、今はこれを「未来」と名づけてお の終末がどうだのというのは、愚の骨頂であると、仏は示されているので、結局、われわれの人生は現在が続いけを知って、頭も尾も知らないと訓えられたのである。それで、哲学がどうだの、宇宙の太元がどうだの、人生

力、悟りの準備がなければ、目標に達することはできない。われわれが自覚して、自覚の光が輝き渡って、われわれの行く道を照らすならば、われわれは明かるみから明かるみに行くのである。闇から闇への生命でなく、明かるみから明かるみへ進む永遠の生命を、希望するのがわれわれである。

輪廻から解放された解脱　これは、われわれが自然に知識欲を本能として持っているゆえんである。闇から闇への永遠の生命を「輪廻」と名づけるのである。輪廻は、われわれを永遠に引きずり歩いている。機械工場に行って、機械に袖を取られたと同じく、輪廻の縛《きずな》は、永遠に逃れることはできない。われわれは一般に時間に縛せられ、空間に縛せられ、因果の綱に縛せられ、生きて幸福に暮らそうと思って、喜んでいるかと思うと、それは煩悩の網に捕われているのである、自分の生活は、自分の意志で営んでいるように思っているが、九分までは煩悩に引きずられて動いているのである。人間の価値は、どこにあるか分からないのである。それを、自分の意志は自由であると思うている。実は自分の意志で、かくまで不自由になったのである。この不覚の状態から自由になるのを「解脱」と名づけるのである。時間からも自由を得る、空間からも自由を得る、永遠の束縛からの完全の自由を得るのを、仏の自覚というのである。

自分の意志で、自由に働くことができるなら、人間にもなってみるがいい、地獄にも堕ちてみるがいい、好きなとおりに、どこになりと生まれるのもよろしいが、やむなく人間に生まれるくらい不体裁なものはない、実に悲惨なものである、それが輪廻の光景である。それを迷いの世界というのであり、輪廻は流転ともいうのである。水の流れのごとく、流れ流れて永遠に押し流されている、また転生《てんしょう》ともいう。

転生の思想は、たいていの野蛮人種にもあるのである。しかし、野蛮人種の輪廻の説は、人間が死ぬると、魂は離れて、木の枝にでも停まっているというような考えである。または、何か微生物になって生まれるというのもある、大きな犬になるというのもある。輪廻の思想は世界的で、どんな人種でも、これを有している。ギリシャの昔にもあったし、インドにも仏教より以前にあった。されど、これを完成したのは仏教である。業力によって、内面的にはわれわれの意志の力によって輪廻する。その意志の力といえば、偉いように聞こえるが、研《みが》いた意志の力でないと、やはり迷いの中の輪廻であるから、蚊帳の中で相撲を取っていると同じようなもので、いくら力があっても、どうにもならぬのである。輪廻の説も、婆羅門哲学では、別に発達しておったようにも見えない程度であるが、仏教に入ってからは、倫理的の価値を認められて、善因は善果を引き、悪因は悪果を得、自業自得、因果応報の結果として、生死流転するのであるというように、はっきりと輪廻の教義が定まったのである。それだから、ただ自覚によってのみ、輪廻界の輪の外へ突破して出ていくのが、仏になるということである。悟りを開くということは、輪廻の縛から自由になることである。やむなく輪廻の渦巻きに引かれていくのでなく、自由に輪廻の圏外に解脱していく、輪廻の鎖から解放せられる。これも意志の力によるに違いないが、意志の力が、自覚の方面に向かって働いたとき、その果が得られる。そこで、これは智慧で進んでいくのでなければ、目的は達せないのである。この点から見ると、仏教は主智説で、智慧によって、万事を解決するのである。

数論哲学の輪廻説　インドでは、この輪廻説を非常に広く応用することも、行われたのである。これは多分、仏教の教義に刺激せられて、起こったのだろうと思われるのであるが、数論《すろん》哲学というのが、その最なるものである。これは一切を理学的に考える哲学派で、きわめて面白い哲学である。物質に重きを置いて、宇宙や個性の展開を、物質の自性の開展であると説くのである。その数論哲学では、われわれが輪廻する範囲は、非常に広く説くのである。仏教は生類だけの範囲に輪廻を限るのであるが、数論哲学は、生物全体はもちろん、鉱物にまで輪廻すると説く。生物といえば動植物全体であって、この全体に輪廻すると説くのは、きわめて理学的である。動物と植物との区別は、われわれが考えるように、はっきりしたものではない。今では心理学でも、生物学でも、同一に取り扱うようになっているのである。植物も、鳥獣類も、――人類も、同じように意識を持っているというのであるから、それまではよろしいとしても、数論哲学は、その上に鉱物にまで輪廻すると説くのである。これは鉱物をも生物界に取り入れた説で、進歩した説である。人間も堕落して、石にもなるというのである。石になったら、容易に人間にまで返って来られないから、石にならぬように注意しなければならぬ、と教える。われわれは意志で自由に働いている。その意志の働きが強く、九分まで意志で、随自意に身心の力を用いている。

ところが、それだけに自分の意志で動くことのできないのが、他の生物である。鳥類よりも獣類が不自由で、なお一層不自由なのが、不動物、すなわち植物類である。植物も不動物ではあるが、生長し枯死するのであるから、部分的には動いている。植物も、その芽立ちからしだいに大きくなり、葉が繁り、枝が栄える、その位置を変えることができないのみで、動ける範囲では動いている。他の生類は、命を取られるという危険なときには、方向を定めて逃げる。蚯蚓《みみず》のような、方向すら分からないようなものでも、必ず逃げる。植物は逃げることはできないが、殺されてよい気持はしないのだろうと思う、切り口から脂《やに》が出る、あれは涙か血を流しているのかもしれない、意識の表示がないということはできないのである。心理学で、植物の意識の働きを実験する、植物の種を一方ガラスの箱の中にまいておく、その芽は必ずガラスの方面に向かって出る、光に向かう意識は、十分に働いているのである。われわれは、鉱物には意識はないと思っているが、実は微弱ながら存在しているかもしれない。ショーペンハウエルは、数論哲学派と同じく、鉱物に意識の存在を認めた、隕石といって、星から石が落ちて来ることがある、隕石が落ちて来るのは、地球の引力に引かれて落ちるというのであるが、ショーペンハウエルは、意志が非常に微弱であるから、われわれは、その発現を滅多に見ないのであるが、幾万年に一度、自意志で方向を定めて、この世界に向かって飛んで来るのではないか、とにかく、一切万有はことごとく意志の現れである、と説くのである。

有情に限る仏教の輪廻説　宇宙意志説も、鉱物輪廻説も、面白い説には相違ないが、人生の実生活に直接に関係ないのである。人間の実生活に方向を与えるというのが最も急務である。そこで、仏は哲学の原理とか、形而上の学説とかいう方面に向かって、かつて心を悩まされない。弟子がそういう方面に心を悩ますことを喜ばれなかった、それゆえに、仏教の輪廻説は、意志によって自由に動き得る生類に限られてある、外形から見ると、これを限定されたのである、どう限定されたか、鉱物にはむろん及ばない、生物の中でも、植物は除外せられてある。ただ情をもって動く生類、すなわち情意で動く生類を「有情《うじょう》」と名づけて、この範囲に限られてある。情意で動くものといったら、動物のみである。情意で動くことのできない、意識はあるが、情意で自由に動くことのできないものを「非情」というのである、非情は植物、鉱物である。仏教では、万有を有情、非情に分けるのであるが、この間に中間動物がある。中間動物といってよろしいか、中間植物といってよろしいか、珊瑚のようなものである、幾分動いている、動いているかと思うと、幾分は固着している。蠅取草のように、蠅が来ると、口をふさいでこれを取る。そういうものは、いずれに属するかと、仏国のギメーという人が、本願寺で尋ねたことがある。パリのギメー博物館の創設者で、仏教の研究に貢献した人である。日本から土宜法竜僧正が仏国に行かれたときに、ギメー博物館の仏像の前で、読経して修法《しゅほう》せられたこともある。日本に来たときに、本願寺で仏教について質問した。その「問対略記」の中に、有情・非情に関する問答がある。動物は有情で、植物は非情であると答えたときに、しからば、彼の中間物は、いずれに属するかと尋ねた。島地黙雷師は、これに対してきわめて楽に答えた。珊瑚樹のごときは、動植物の中間に在るものである、その動く部分は動物であり、その動かない部分は植物であると、きわめて明瞭な答えであった。

仏は輪廻の範囲を限定して、有情に限るものとして教えられた。情意で動くもののみに、輪廻を応用せられたのである。非情、すなわち意志で動くことのできないものには、輪廻は説き及ぼされなかった。情意で活動している動物でも、ことに人間、自己の自由をもって、随自意の活動をする、堕落しようと思えば堕落する、向上しようと思えば向上する、十界の真正中に立っている、いずれにでも向かい得るのが人間である。

輪廻転生の説も、古代より存している。ウパニシャッド哲学書よりは古いかと信じられる「シャタパタ・ブラーハマナ」梵書の中に、輪廻のことが少し書いてある。それで、そう古くあったものということは、信ぜられぬけれども、輪廻説が相当に行われるようになってからは、仏教は、これを有情界に限定して、自己の教義の中心とし、数論哲学は、これを拡大して植物、鉱物、すなわち非情界まで、これを延長して、これを用いたと見るべきであろう。この点では、仏教と数論とに前後を着けるのは、はなはだ面白くないと思う。

第三　苦観説

三界皆苦　「苦観説」が、次に吟味せられなくてはならぬ。苦観説というのは、現世を苦と観ずるので、一口に言えば、悲観説とか、厭世観というようなものである。しかし、現世を苦と見るからといって、決して厭世主義とはいい得ない。全体に現世を苦と観るということは、仏出世の時代に盛んに行われておったのである。ウパニシャッド哲学書の古い時代では、決して苦観の傾向は見えない。たいていは楽観説で、アリヤ民族の楽観的、実観的の本色を維持しているのである。恒河の流域に下がってから、しだいに苦の色を帯びてきたのである。ウパニシャッドの調子とは、著しく違ってきたのである。たとえば、数論哲学のごときは、三苦に迫らるるがゆえに、哲学思索の必要がある、と説き出しているのである。したがって苦行の必要をも認める。ところが、仏教は、すでに述べたように、仏は苦行を捨てられた。苦行は捨てられたけれども、その意味が広くなったので、むしろこの人生そのものが、苦行であり、大いなる苦行の世界である、というような工合に見られたのである。それだから、「三界皆苦《さんがいかいく》」と説かれ、三界は皆苦であって、これを楽と思っているのが、人間の錯覚である。世の人が楽と見ているものは、ことごとく苦に導くもので、ことごとく苦の原因である、というように説かれたのである。

厭世観ではなく忍土観　この人生が苦であると見たのは、厭世観のように思われるけれども、仏教の苦を見るのは、事実が苦であるから、それを苦と見よというのである。苦であるものを楽と見ているのがいけない。苦を苦として、それにぶつかっていけというのである。苦だから、それを避けて行けというような逃避主義を教えられたのではない。苦であるから、これを突破して行け、突破するなら、徹底的に突破せよと教えられたのである。そこで、この世が苦であるというのは、厭世観ではなくして、忍土観《にんど》である。娑婆〔サハー Sahā〕というのは「忍土」ということである、勘忍の世界を忍んで行かなければならぬ、人から侮辱を与えられても、その苦がいくら辛酷でも、これを忍辱《にんにく》の心をもって、堪え忍ばなければならぬ、忍者の精神を発揮して、堪え忍んで行かなければならぬ。苦であるものを、楽しいと思うのは、欺まされているのである、これは錯覚で顛倒《てんどう》の見である。楽しいと思って欺まされていると、苦しい目を見る。生まれたと思って喜んでいると、たちまちに死が現前し来たる、一切の愛欲は、苦を生ずる原因である、愛は苦の源《もと》である。愛欲にくるまれて、夢の国に遊んでいると、ついには苦に入って、苦しまなければならぬ。われわれが愛欲をほしいままにして、享楽主義に浸っているのは、やがて苦悶の炎に焚《や》かれるのである。恋愛は神聖なりと考えて、神の意志に従うものであると、勝手な理屈を付けて喜んでいるやさきに、その愛が苦の源だと教えられたら、驚くのである。

愛欲は苦の源　西洋人は愛が苦の源であるという仏の教義を聞いて、いまさらのように、これは実に大発見であると賞賛している。愛欲は苦の源であると聞いて、今まで恋愛も、財欲も、当然のことと思っていたが、よく考えてみると、なるほど愛欲は苦の源である、かわいい子に別れると、人間は涙より外に慰めはない、愛する妻に別るるのも、夫の死を悲しむのも、恋に悩むのも、情に死するのも、愛欲そのものの変形である。はたして愛欲は苦の源であるとして見ると、これに対する方法を講じなければならぬということになる。そこで、悲観して厭世気味に沈むのではない、苦そのものを苦と見て、これに対抗せよと教えるのである。この世は苦であるから、苦と見よというだけで、苦観は、決して仏の発見でも何でもないのである。事実を事実として見よ、それが理想を実現する動機となるのである。そこで、仏教を厭世主義であるとして、仏教を悪口する人は、仏教が分からないからである。仏教を偶像教として悪口するのも同様で、自分の方が分からないから起こる誤謬である。これはなお「三界皆苦」の問題に入ってから詳しく説明しよう。

第四　禅観説

禅観（坐禅・冥想）　次は「禅観説」の問題である。「禅観」というのは、「坐禅」のことで、前に説いた「冥想」のことである。冥想が、われわれの思索に必要なものになったのは、すでに述べたように、森林生活が、これに導いたのである、森林生活が生んだ秘蔵の一子である。仏も、これを学ばれ、雪山の仙人について学ばれたのであるが、仏の禅の階段でいったならば、初禅・二禅・三禅までは進んでおったが、これ以上進んだものはなかった。その階段までは、仏も進んで修行してみられたのであるが、仏は、ついにこれを捨てられたのである。

捨てられたには違いないけれども、それは坐禅観念のみを自己の本領として、進んで行くということをやめられたのである。坐禅観念は、方法として必要なことは、仏は認められたのであるが、それを目的とすることを捨てられたのである。理論としても、捨てられたかもしれないが、目標として行くことをやめられたので、方法としては、やはりこれを用いられており、決して冥想を軽んじてはおられないのである。これを専門としている哲学派もあるのである、瑜伽《ゆが》哲学というのがそれである。瑜伽〔ヨーガ yoga〕ということは、心統一ということで、心の統一を目的としているのである。仏教では、心統一とはいわぬ、心一境相《しんいつきょうそう》というのである。心を一境に統一して、一点に集中した心境に到達するのである、禅というのも同じことで、禅那《ぜんな》〔ドヤーナ dhyāna〕は「静慮」と訳する。やはり心統一ということである。心統一は何事をするにも必要なことである。専門の瑜伽学派ができる以前には、共通に禅観のことは、行われておったに相違ない。この学派は数論哲学から分かれたのであるが、冥想は一般に用いられておったのである。

禅観法の準備　しかし、仏教がその禅観を最も有効に応用し、有意義に完成したのであるから、少し詳しく述べたいのである。

「禅堂」　坐禅する禅堂は、あまりに明るいのも、あまりに暗いのもよろしくない。明暗よろしきを得た処を選ぶべきである。明るきに過ぐれば心散じ、暗きに過ぐれば心沈む。その中庸を得た処が、最もよろしいのである。

「坐法」　坐り方には結跏趺坐《けっかふざ》と半跏趺坐と二法がある。結跏趺坐というのは、左右の足背を交結して髀《ひ》（もも）上に置くのである。また、これを全跏坐ともいう、趺は足背をいう。半跏趺坐というのは、左か右かの一足を、左か右かの一髀上に置くをいう。趺坐にもまた二様ある、吉祥坐《きちじょう》と降魔坐《ごうま》とである。吉祥坐は、まず左の趾をもって右の股を押し、のち右の趾をもって、左の股を押す、手もまた、右を左の上に押すのである。降魔坐は、その反対で、まず右の趾をもって左の股を押し、のち左の趾をもって、右の股を押す。手もまた、左を右上に押すのである。半趺坐なれば、手も足も右を上に、左を下にするを吉祥坐とし、その反対を降魔坐とする。

坐法を正しくするのは、身体をなるべく安祥《あんじょう》にするのが主眼であるから、あまり眼界に拘泥しない方がよろしいが、一般に目は閉目、開目の間にあるをよしとす。目を全く開けば、客観に捉えられて心が散乱し、目を全く閉ずれば、主観に偏して心が妄想を描くようになる。禅定には、対象もまた必要であるから、対象を引き入れるだけ一線の眼は開いていなければならぬ。身体は、まず直坐の姿勢でなければならぬ。視線は、鼻頭を過ぎて対象を見るようにするか、または二、三間の処を見るか、適宜に整えるがよろしい。全身は堅くならないように、安らかにするを第一とする。

「印相」　手の結び方を印《いん》という、禅坐には必ず印を結ばなければならぬ。禅定の時の印は、法界定印《ほっかいじょういん》といって両手の掌を重ねて、母指と母指とを触れるのである。この定印の左手は、そのままにして右の手を離し、右のひざから前に垂れるのを降魔印というのである。外に三つの印相がある、いまはこれを省略する。

数息観　以上の方法によって、身体を整え、坐法と印相とを正しくして、さて冥想に入らんとすると、そこに邪魔が起こる。第一の邪魔は気息である、出息、入息の動きのために、身体が動いて、安定を保つことができない、この身体の動くのを止めるために、数息観《しゅそくかん》という準備観念をする、出入の息を数える方法である、出る息か、または入る息を数える。一から十まで数える、決して二十、三十、四十と数えてはならぬ。今のは三十であったか、四十であったかと考えるとき、心はこれに捉えられて、安定を失うようになる。いつも一から十まで数えているうちに、息の動きは少しも感ぜないようになる。これは、婆羅門教では数息観でなく、止息観《しそくかん》として行うのである。まず母指をもって右の小鼻を押え、次に示指をもって左の小鼻を押え、ついに両小鼻を同時に押えて息を止め、十分、二十分、三十分と練習して、ついに気息を止めながら、数時間を経過し得るよう修行する。これはたしかに苦行である。仏教は、決してこういう方法を取らない、単に身体の動揺を止むるための練習として、数息観を用いるのである。

不浄観　数息観によって、身体の動揺は止め得たとしても、精神の動揺は容易に止め得ない。身体は安静となり、気息のために動かさるるようなことはなくなったとしても、心の底には妄想が起こる、その妄想の起こるのを止めるために不浄観を修行する。不浄観というのは、男女のきれいな姿を描いて、これを壁に貼り、これに対して観念する方法である。九相に分かちて観ずる、一には死想、死んだ時の相を心に浮かべる、二には脹《ちょう》想、死んでからしだいに脹れて醜相を現ずる、三に青瘀《しょうお》想、青く膨れて腐敗せんとする姿である、四に膿爛《のうらん》想、膿が流れただれた姿である、五に壊《え》想、いよいよ腐敗して壊れかかる姿である、六に血塗想、敗血に染まった姿である、七に虫噉《ちゅうかん》想、うじ虫の生じて食い尽くす状態である、八に骨鎖《こっさ》想、骨の連結したもののみ残る姿である、九に分散想、肢骨分散する姿である、こういうふうに、いちいち分解して観念する。これがために、美人を見ても執着を起こさぬようになり、自身の身体を貴重に感ずるあまり、愛着のために未練の行いをするようなことがなくなるのである。美人を見ても、たちまちに白骨と見るようになる。ある人が女を尋ねて行く道に羅漢に逢い、女の行くのを見なかったかと聞いたら、羅漢は、女は見なかったが、白骨が歩いていた、と答えたという話がある。不浄観が完成すると、生きた人を死骨と見ることもできるのである。

十一切処　不浄観が完成すると、次には十一切処《いっさいしょ》という禅観を修するのである。十一切処とは、十種の一切処〔カシナ kasiṇa-āyatana〕で、万有を十の一切として観ずるのである。十は地・水・火・風・空・青・黄・赤・白・光、または青・黄・赤・白・地・水・火・風・空・識の十である。一切というのは、十の中のどれかに一切をまとめて観ずるのである。世界を青の一色と見て、心をこれに統一し、または白の一色として観念を集中する。世界は人類もいる、獣類もいる、草もある、木もある、そういう千差万別の世界を一つの色、または一つの物と見る。一をもって一切を摂する一即一切の観法である。我他彼此の別もなく、青か赤かの一色の世界となるのである。世を火と見ようとするなら、その結果は、一切の差別は、みな空ぜられて、自他ともに、主観・客観の区別もなく、ことごとく炎々として燃え立つ火の世界となる。世界を水と見ようとすれば、自他の差別なく、世界は滔々として流れる水の世界になるのである。この観法が成就すると、一定の相〔ニミタ nimitta〕が眼界を満たして、他の物は何も見えないのである。

玄奘三蔵がインドに行ったとき、白人が来たというので、玄奘三蔵を捕えて、神に対して血祭りにせんとして、引きすえた。三蔵は坐せるまま定《じょう》に入っておられた。賊は刀を目の前に突きつけた、目は開けているが、何とも感じないようである、偉い人があったものだ、刀を目の前に突きつけても動かない、こんな人を殺したら、かえって神の罰を受けるだろうと考えて、三蔵を解放して許した。玄奘三蔵の方では、定に入って外の物を観じている。禅の境地は、この自由があるので、測るべからざるものがあるのである。宇宙を空と見れば、ただ空間の世界のみである。有を空と観ずることもできる。一切はわれわれの心であると見れば、万法唯識の実観に入ることができる。物を心に摂することができる。一を一切とする観法が、自由自在にできるようになって、それから初めて問題を考えるようになるのである。日本の禅宗で、公案をもらって坐禅して思索し、さらに入室し独参して、問答するようなことは、この準備観念の後に来なければならないのである。一般には、こういう予備知識は得ないで、直ちに問題について運心工夫するようになっている。真言宗の瑜伽《ゆか》三密の修法では、数息観、不浄観、十一切処の型を行うこともある。この外にも幾種かの観念の方法がある。以上述べた観念の方法を合して、業処〔カルマ・スターナ karma-sthāna〕と名づける。「行為の基礎」というような意味である。われわれの一切の行為の根本として、これを練習せねばならぬのである。

五神通　坐禅観念の至極したときには、その結果として神通《じんづう》というものが得られる。「五神通」といって、五つの神通力である。「他心知通」はその一であって、他人の心を読むことができる。他人の思想を知ったら面白いことであろうと思う。人の考えていることが、言わないうちに明らかに分かる。人が虚言を語ると、心にもなきことを言っていることが明らかに分かる。次は「神足通《じんそくつう》」という、いずれにも自由自在に行くことができる。ロンドンに行こうと思えば、歩いて行かなくとも、ロンドンの現状が眼前に映ずる。次は「宿命通《しゅくみょうつう》」である、自分の前生がことごとく分かる、前生のことは本生《ほんしょう》と名づける。釈迦如来は自己の本生五百生の間の事実を語って残された、これを本生話といって、五百五十話ばかりある。次には「天耳通《てんにつう》」である、われわれの耳には聞こえないものがある、至って微なるは聞くあたわず、至って大なるは聞くあたわず、爆裂弾でも放たれたら鼓膜は破れる、いかなるものでも自由に聞こえるのが、天耳通である。それから何でも見えるのが「天眼通《てんげんつう》」である。われわれも肉眼では見えないものが多い、至って遠きは見るべからず、至って近きも見るあたわず、至って大なるは見るあたわず、至って小なるも見るあたわず、天眼通は、これを自由に見ることができるのである。

この天耳通・天眼通・宿命通・神足通・他心知通、この五つが五神通であるが、これに「漏尽智通《ろじんちつう》」といって、煩悩が無くなって、顕れる正見の智力がある。これを入れ「六神通」ということもある。

定（三昧） 以上の禅観を修行した後は、心の定相《じょうそう》を得る、これを「定《じょう》」と名づける。入定とか、出定とか、禅観のことを定と名づけるのは、心を一境に置き、定心を得るために、禅定を修するからである。「定」は、梵語では三摩地《さまじ》または三昧《さんまい》〔サマーディ samādhi〕といい、翻訳して「定」ともいい、「等持《とうじ》」ともいうのである。平等に心性を保持し得るをいうのである。

「定」は心の足である。定あれば、三界いずれでも行き得るのである。地上を歩むには二本の足で歩む、しかし空中を歩くには、もう二本の足は役に立たぬ、これは二枚の羽でなければ歩めない、空中には空気があるから、羽で飛んで行ける。空気があるやら、ないやら、分からない無色界《むしき》〔形の無い世界〕に行ったら、もはや歩むことはできない、そこに行っても、歩むことができるのが「定」の足である。これが十分にできて、坐禅の力ができたら、どこでも歩くことができる、定は心の足である。それだから、仏教では、これを最も大切なものとして取り扱うのである。

以上は仏教の禅観を説いたのであるが、これは婆羅門教と仏教と相呼応して、進んだようであるから、どこまでが婆羅門教で、どこからが仏教と、界線を引くわけにはいかぬ。仏は、苦行林に行く前に、冥想を捨てられたのであるから、捨つべき冥想があったに相違ないのである。

第五 解脱説

自然法の束縛からの解放 第五に「解脱説」に関して述べたい。解脱というのは、輪廻の束縛を脱することである。束縛は仏教の語では「繫縛《けばく》」という。時間・空間・因果の束縛、これは自然法の束縛である。自然法の束縛ばかりでなく、自分の心の中から出る迷い心、これを惑といい、惑から行う行為、これを業《ごう》といい、業から生ずる苦、これは、われわれが本能と名づけているものは、たいていこれに入るが、この内から出る惑業の束縛と、他から来る自然法の束縛と、この二つの束縛から解放されるものを解脱というのである。前に述べた婆羅門教の一元説では、万有は根本原理から出てきたというのだから、それを解脱するということはおかしい。神から出て神に還るのは解脱ではない、合一である、それで梵我帰一の教えもあるのである。われわれは果を脱して因に帰るのである、それだから、一元説でも果を脱するという点からして、解脱といい得ないことはない。しかし、正式に解脱といい得るのは、二元説、多元説で、物心の二元が合一しているものを、心の部分を物質の部分から解脱する。数論哲学では、我が永遠に自性《じしょう》から離脱するのを解脱というのである。自然界の根本たる自性と、個性界の根本たる自我との永遠の離別が、すなわち解脱である。

愛欲の繫縛からの離脱　仏教で解脱というのは、そんな、ものが合したり、離れたりするのを、いうのではない。われわれは愛欲の煩悩に繫縛されている、その愛欲から離脱するのを解脱というのである、それで、この解脱を「愛尽」とも名づける、われわれは愛欲のために生きている。人生は生命欲の発揮である、愛欲と名のつくもの一切無くなったのを、解脱または愛尽というのである。それで、解脱の境地をわれわれは「涅槃」と名づけているのである。涅槃とは、火を吹き消したようなもので、火を吹き消したら、炎々と燃えている炎が全滅する、それが涅槃である。涅槃にも二様ある、心だけは煩悩を脱しても、身がまだ存している、これを「有余《うよ》涅槃」と名づける。身もなくなって、身心ともに煩悩を離れたのを「無余《むよ》涅槃」というのである。

この解脱の説も、各哲学に皆あるのであるから、仏教以前に、すでに存在したに相違ない。仏教がこれを受け取って完成して、ついに涅槃の思想にまでに導いて進めたのである。涅槃のことは、根本教義のところで、なお詳しく説きたいのである。

第四講　仏教の根本教義――四法印

第一　実体の否認――無我説

仏教の根本教義というべきものは、多々あるのであるが、その中で、重要なものを問題として述べたいのである。今まで述べたのは、多少仏教以前の思想に関連をもっているのである。今から述べようとするのは、仏がことに説かれたものである。仏は「起の哲学」を捨て、「具の哲学」をも捨てられた。ことにこの両哲学の実践の方面として、思索の方法たる冥想と、修養の方法たる苦行とを、自己の主義とすることを中止せられた。一口にいえば、冥想と苦行とを中心とすることを廃せられたのである。しかし、この二つは、解脱に達すべき方法として、採用せられたのに相違ないのである。論理としては、今まであった「起の哲学」も、「具の哲学」も捨てて、婆羅門教の正系も邪系も全部、捨ててしまわれた。さすれば、仏には自己独特の哲学の立場がなければならぬ。今までの哲学を捨てるのには、独自の立場がはっきりしておらねばならぬ、自身の根本の教義がなければならぬ、この立場のみが、仏の根本思想と見らるべきものである。

人生問題に限る仏教の立場　仏は、一般に宇宙に関する問題、すなわち形而上学という方面のものは、問題とせられない。つまり、世界の哲学者が問題としているものは、仏は、これを問題とせられない。形而上学というのは、純正哲学の問題であるから、純正哲学の問題は、日常の生活にはあまり影響しないのである。それだから、人生の実際方面を主として行かれる仏は、哲学に説くようなことは、先ず一般に除いて行かれた。比較的緩慢な問題の、形而上学とかいうようなものは、捨ててしまって、形而下であるところの、ことに実生活を主として行かれた。これが仏教の立場であり、人生問題ということに限って、教えていかれたのが、根本教義と称し得るのである。

哲学者の過ちは、やはり通俗の俗人の過ちである。哲学者の本体とか、実体とかいっているものは、やはり通俗の俗人も、固定的のものが、われわれの人身の中にあるように思う。我《が》の本体が自分の主人公のような感じをもって、これに対する。人間の霊魂というと、玉のようなものが、われわれの身体の中にあるように思い、常住不変のものが、われわれの身体の中にあるように思う。それだから、これを哲学上の宇宙の本体であるとか、個性の本体であるとか、いうようなことを問題としなくとも、通常の人が、やはり哲学者と同じような考えを持っている。仏は、宇宙の問題、形而上の問題は斥けられたけれども、やはり哲学者と同じ過ちが、普通の人の脳底にあるから、ここに自分の思想を第一に現された。それが最初に出した「実体の否認」である。

「諸法無我」　実体、または本体というのは、存在するものではない。理論として哲学的にもむろん存在しない。それは分かっているが、実際において、自我というもの、自己というものほど、かわいいものはない。その自我の中心があるように思い、それを霊魂であるように考え、それが自己を持ち続けていくと考えて、それを生命と名づける。そういうふうに、自分で自分の存在を認め、人も認めるように考える。つまり宇宙にも、本体とか実体とか名づけるようなものは無いが、個性にも、実体とか本体とか名づけるようなものは無い。したがって、常一主宰の神というものも、存在しないという思想を、実体の否認というのである。仏教の語では、これを「諸法無我」というのである。仏教の教義をいろいろに説明して、まわりくどく説き出すよりも、仏教語を直接に習った方が早い。「諸法無我」という語は、実に簡単で要を得ている。ここで「法」というのは、「もの」のことである。しかし、いつでも「もの」と解しては、時に間違いを起こすこともあるから、一応説明しておこう。

法の意味　「法」ということは、最も広い意味では、理想ということである。「仏法」というのは、仏の大人格に現れた理想である。「説法」というのは、仏が自己の理想を言説にかけて説かれたのを説法というのである。「転法輪」というのは、仏が自己の理想を、車の輪を回すごとくに、社会に実現せられることである。それだから、法というのは理想である。仏法で法というのは、理想そのものを指すが、また理想の実現されたものをも指すのである。理想をも法といい、理想が現実化せられたものをも法というのである。われわれが「もの」といい、事というものは、みな法と名づけるのである。「諸法」というときは、いろいろのものということで、すべてのものは無我であるというのが、諸法無我というのである。万有の何ものを見ても、我《が》というものは無い、我《が》というのは自我である。自我の中の自我というような意味で、本体とか、実体とかいうことを我《が》と名づけるのである、かかる我《が》というようなものは、決してあるものでは無い、諸法は無我である、われわれ個人には、我が無い。我と霊魂とは、同じことであるから、人には魂も無い、我《われ》の中の我《われ》たるものは、無いということになるのである。しかし、諸法に我《が》が無いということは、単に人に魂というような固定物が無いと、いうばかりではない。我ということは、絶対ということであるから、万有には、絶対と名づくるものは無い、宇宙の本体というものも無い。自然現象の動くものの中に、何か動かぬ不変のものがあるように感ずるのは、結局、われわれの錯覚である。火が炎々と燃え上がるといえば、その火の背後か中心かに、火の神か、火の本体かが、あるように思う。こういうふうの考えは、何もかもすべてひっくるめて、万有の中には絶対は無い、本体は無い、実体は無い、実我は無いとして、諸法無我を説かれたのである。

我・我所の見　ここに他人より別な個人がある。他己よりは変わった自己がある。これを指して「われ」といっている。これは、仏教で「仮我《けが》」と名づけて、決してその存在を否認しない。しかし、仮我を実我と思って、我他彼此の差別をなし、自我の見が起こり、自己中心の考えができる。そうすると、我〔われ〕が、ついに私〔わたくし〕となり、真に私有物があるように考える。これを我見に伴う我所の見《けん》というのである、我所とは、自我の所有ということである。この我・我所の見は、われわれの個人主義の中心であって、利己主義の発展の基をなすものである。自分の所有があれば所有に心を悩ます、田があれば田を憂え、宅があれば宅を憂え、自分のものと思うから心配する、愛妻愛子、自分のものと思うから愛着の心が起こる。所有ですらそうであるから、自身は最もかわいい、そこで、我愛というものが起こって来る、我愛はついに自利を計るようになる、自利主義から我利我利亡者になる。利害関係を生ずると、人と人とは、ついに我利と我利の突き合いになる、これが人類分裂の根元となるのである。我愛をほしいままにすることを、自我を実現するとか、生命を発揮するとかいっているのであるが、実に剣呑なことであるといわねばならぬ。諸法無我ということは、哲学的にいっても事実であるが、実践倫理的にいっても、有意義のものである。仏教として銘印を打った四法印の一として、諸法無我は大切な問題である。

仏は、かくのごとく、その宣教の出発点において、諸法無我を標榜せられた。それはこれまで世に幅をきかしていた婆羅門教は、永い間の実験によって、外に向かって宇宙の中心を求め、ついに「梵」を発見して、これに安心の地を得、さらに内に向かって個性の中心を尋ね、ついに「我」を発見して、これで安定の境に入った。この自我の発見は、婆羅門哲学の極地といってよろしいのである。自我哲学が、婆羅門哲学の全体といっても、よろしいくらいなものである。

仏の無我哲学の主張　ところが、仏教は、我の哲学に対して、無我哲学を主張せられた。正系の哲学派、邪系の哲学派と全く異なった特殊の主張を発表せられたのである。我の哲学に終始している正系学派の主張たる宇宙我、すなわち大我も否認し、個性我たる小我も否認した。梵我不二説で終わりを告げたウパニシャッド哲学は、梵我ともに、仏教のために否認せられたのである。婆羅門教は、つまりその中枢を失ったのである。仏教が個性我を否認するということは、結局、万有ことごとく無我であるという意味である。我の哲学の宇宙はことごとく我〔われ〕であるとして、個々の我〔われ〕というものを仏は否認して、哲学的にも、無我の理想を推し立て、倫理的にも、無我の大人格である。自己だけ責任を持って終わるなら、自利主義になり、自我主義に終わるのであるが、これが無我の大人格を完成し、ここに、宇宙大の人格が実現せられる、これがすなわち仏陀である、これが宇宙全体の責任を持つということになれば、これが大覚位の仏である。われわれは個人だけの責任を持ち、仏は全世界の責任を持つ。自分の活動している社会だけの責任を持つのは菩薩である。

仏の宇宙大の人格　聖徳太子は日本だけの責任を持ち、日本を中心として全体を統理して行かれる、何事も日本中心である、太子は菩薩格の人である。仏は全人類に対しその責任を持たれる。インドに出てもインド中心ではない、そこで、インドの習慣は顧慮せられず、インドの法典は捨てられ、インドの階級は認められず、インドの神は否認せられる、仏は宇宙の責任を持たれる、それだけ範囲が広いのである。宇宙全体をもって自己とせられてあるから、結局、無我の大人格となるのである。そこで、仏教者は自我もないが家もない、「三界無住」、また「三界無家《むけ》」というのである。自己の所有がない、仏者は「無所有」である、「無一物」である、三界無住で、無一物で、それなら何ものもないかというと、宇宙を自己の家としている。法華経に仏が言われた聖語がある、「三界はこれ我が有なり」と。我が所有はないといわれた仏が、「三界はこれ我が有なり」といわれる、「その中の衆生はことごとく皆我が子なり」と言われた。羅睺羅《らごら》は自分の一子であるが、「我は二子の親とはならない」といわれた仏が「三界の衆生はことごとく皆我が子なり」と示される。宇宙の人をみなわが子としていつくしむ。だれでも自分の子を愛するが、人の子は死んでも生まれても痛痒を感じない。しかるに、仏は三界の生類をことごとくわが子なりとして、一人も残らず真実の子としていつくしむ、宇宙大の人格でなくては、できないことである。無我の大覚位に在って、初めてでき得ることである。

個人として霊魂が無いというのには、不快を感ずる人もあるかと思う。これはわれわれの個性の中心、個性の本体というごとき、不変性の霊魂が無いという意味である。われわれの身心結合の全体が霊魂であって、常に変化しつつあるものである。われわれの業力は滅しないから、どこかに何らかの形を持って存在している、この存在は永遠である。別に霊魂というものは無くとも、全体は永遠に持続するのである。

第二　常住の否認——無常説

「諸行無常」　第二は「常住の否認」で、「無常説」というのである。すでに実体は無いとしてみれば、万有の中には、常住のものは無いわけである。実体があるから、それで常住不変のものがあるということになるのである。されど、すでに実体が無く、本体が無く、我という固定のものが無いとなってみると、常住不変のものは、あるはずはない。常住不変のものが無いのは、理論の上でも無いのであるが、実際においても、あるはずはない。我も我所有も常住のもので無く、宇宙も常住で無い、宇宙間何物も、永遠性を持って不変性であるものは無い、すべてのものが常住では無いということを、「諸行無常」という、すなわち常住の否認である。宇宙間のどこの一点を捉えてみても、常住のものはかつて無い。諸行というのは、万有というと同じことである。「行」というのは、「行くもの」ということである。生まれるもの、死ぬるもの、変化するものを「行」というのである。そこで、諸行というのは、万物というと同じことで、宇宙のもの一切を指すのである。一切の物はみな無常であり、常住のものは一つも無い、諸行は無常なりと教えるのである。

刹那生滅　人間は五十年か、百年か、生きている間は、変わらずに存在しているように思う。それが突然死ぬると、「無常の風が吹いた」といって、初めて無常を感ずるのである。それまでも生きている間は、常住のように見える。しかし、永遠ではないから、これをインドの哲学では「暫住無常《ざんじゅう》」と名づける。暫《しばら》くは住しているけれども、後には無くなる、それで暫住無常というのである。仏教では、そういうあやふやなことはいわない。人生五十年、その間どんどん変わっていき、五十年の暁には、とうとう壊れて死ぬる。これは五十年を経て、突然変化するのでなく、時々刻々に変わっておらなければならぬ。このごろの生理学の説明でも、そうでありましょう、われわれの細胞は、常に新陳代謝している、七年たてば、細胞全部変化するという。ギリシャの哲学者も瞬間的生滅を唱えている。仏教は、これを「利那生滅」と説く。一瞬間ごとに、われわれは生滅を続けている。その小さい生死が連続した形が、われわれには、停止しているように思えるのである。あたかも水が流れているように、同一の流れがずっと続いているように見えているが、一瞬間前に流れた水は、もう永遠に流れ去って無い、昨日の水は今日の水ではない、朝の水は夕には無い、しかし、その去来の水が続いているから、一つの川が流れているように思っている。われわれの身体も細胞は変わっているが、変わりながら形式が似ているものであるから、同じものが永続しているように思って、これを暫住無常といっている。五十年は同一のものが存在していると思っているが、その存在は、暫住ではなく、利那利那に生滅している。

利那とは瞬時、秒時ということである。一瞬一瞬に変わりながら進んで、その結果が大々的に現れたとき、われわれはその変化に気がつくのである。

人生の無常　それで仏教では、暫住無常というような、あいまいなことは説かない、利那無常で、一瞬一瞬に変わっているとするのである。利那生滅とは、利那利那に古きは去り、新しきは生ずる、生滅の有様が続いているのである。利那生滅が日々続いて、五十年くらいたつと、大きな滅が現れる。それで、大きな一段落がついたと思うと、そうではない。死は次の生に導く序幕であるから、それをもう一層長い時間の生命の死に比べると、人間の死ぬるということは、蜉蝣《かげろう》の生死、孑孑《ぼうふら》の孵化と同じことである。そういうように、大きい無常の中に小さい無常がある、小さい無常の中にも一層小さい無常がある。人世は無常で組織せられているのであるから、仏教の「諸法無我」と同じく、「諸行無常」が力説せられたのである。「諸法無我」は、万有の体《たい》について説いたのであり、「諸行無常」というのは、われわれの上に現れる相について説いたのである。婆羅門教は、動くものの中に、動かぬものを発見して、常住を説いた、その常住説を、仏は全然否認してしまわれたのである。

第三　安楽の否認――皆苦説

「三界皆苦」　第三に「安楽の否認」である。人生は楽しいと思い、楽観している心地が錯覚である。すでによりどころとなるべき本体が無い上に、一切が無常である。無常であるとすると、喜んで受くるものも、決して喜ぶべきものではないかもしれない。生まれたと喜んでも、死ぬる源《もと》であるなら、喜ぶべきものではない。自己も無常であり、自己の所有もみな無常である。愛すべきものを愛して喜んでいるけれども、愛は苦の源である。一般に愛欲は幸福の源であると思っているのに、仏はそうでなく、愛欲は苦悩の根元であると教えられる。祇園精舎に在住せられた時に、ある信者がその子を亡くした、一人っ子が亡くなったので、仏の前に出で慰安のために教えを請うた。「どうしても子供の亡くなったことは、あきらめることができませぬ。どうかご教化を頂きたい」と申し上げたら、「愛が苦の源である」と明らかに教えられた。まことに簡単な言葉で、何のことか分からぬ。愛欲は、われわれの幸福の源であると思っているのに、愛は苦の源であるとは、心ならざることを、仏は説かれると思った。

仏の教化に不満を抱いて、その話を波斯匿王《はすのく》に言上した。波斯匿王はそれを聞いて、仏にも似合わぬことを言われる。愛慾は楽しみの源でなければならぬのに、苦の源であるとは、仏にも似合わぬことであると考えた。ところが、王の夫人は末利夫人《まりぶにん》といって、菩薩のような偉い人であった。王は仏の説法の意味を夫人に聞きただした。末利夫人は王に向かって、「王は私を愛してくださいますか」「むろん、愛している」「もし私が病死いたしましたら、王はいかがお感じになりますか」「悲嘆にくれるであろう」「愛が深ければ深いだけ、王の悲しみも深いことでありましょう。この金剛女《こんごうじょ》〔後の勝鬘夫人《しょうまんぶにん》〕は王の最愛の子でありますが、もし金剛女が病死したら、どうなさいますか」「聞くもおぞましいことである、さようなことがあったら、予は悶死するであろう」「まことにごもっともであります。愛が深ければ深いだけ、苦も一層深いではありませぬか。もし他人の子が死し、他人の妻が亡くなったとしても、王は何のお感じもありますまい。仏はその意味をお説きになったのであります」と、丁寧に説かれたので、王も納得せられた。愛着心が起こるのは、ただ人間にだけでない。家があれば家についての心配が起こる、金が欲しければ欲しいについて煩いが起こる、得れば失うまいという煩いが起こる。すべてそういうように、われわれの愛には苦が伴うて来るのである。王は「仏語に虚妄《こもう》なし」といって、得心せられたとのことである。これを楽山荘には、金剛女を中に、王后の対話の場面を壁画に描いてある。そうすると、われわれが楽しいと思う愛欲が、それが苦の源である。これが「三界皆苦」、もしくは「一切皆苦」という仏説である。

人生の四苦　三界というのは、われわれの世界は欲の世界であり、次には天上界であって、天上界は、これを色界という。「色《しき》」というのは、仏教では「形」のことである。形はあるが欲はないが、形だけある世界である。その上に無色界がある、われわれの目に見えるような形がない世界である。この三界が、われわれの存在し得る世界である。三界皆苦ということは、三界のあらゆるものがみな苦である、当面の苦でなくとも苦の原因である。今楽しいと思っているのは転倒で、われわれがそう思って喜んでいるのは錯覚である、結局、苦に導かれるものである、三界皆苦とは、こういう意味なのである。しかるに、われわれはこれを楽としている。そこで、仏がそれを一々分けて、生まれたことは喜びとしている、誕生日を祝った、その生まれたという喜びは、すなわち死ぬる苦の源であるとすれば、喜ぶべき理由はどこに在る。蜉蝣《かげろう》のようにただ一日の生として見れば、朝生まれて晩に死ぬのは、生ということもあまり喜びではない。老いて年が寄る、敬老ということもあるから、敬われるのも喜びかもしれないが、年が寄るということは、ずいぶん苦の種である。それから病患の苦しいことは、だれも知っている、それ以上に死ぬるのが苦しい、生・老・病・死の苦しみは、だれも分かりましょう、これを四苦と名づける。

人生の八苦　愛に浸って喜んでいる、それがいつ別れなければならぬか分からぬ、これを愛別離苦《あいべつりく》という、愛するものに別離する苦しみという意味である、それは実際にあることである。親子一緒におっても、夫婦一緒におっても、いつ別れるやら分からぬ、夫婦別れをするようなことはないとしても、死んだら別れるのは必然である。次には怨憎会苦《おんぞうえく》という、敵と思い憎いと思う人に出くわしてしまうことが多い、そのいやさは言うまでもない。次には、所求不得苦《しょぐふとくく》というのがある、金をもうけようと思っても、なかなかもうけられない、飯を食おうにも食うことができない、求むる所を得ることのできない苦しみである。それから五蘊盛苦《ごうんじょうく》というのがある、五蘊というのは、身体の成り立っている要素である、五つの集まりということである、色・受・想・行・識の五つである。色とは、形ということで、この肉体のことである、受は感覚で、感受する心の作用である、想は心に相が浮かぶので、哲学で観念というと同じことである、行は意志と同じようなもので、善悪行の動機となるもの、外行為でなく、内行為というようなもの、識は一切を識別し、後までも続いていく心である。識は心王であって、受・想・行は心所《しんじょ》といって心の臣である。

三界の中でも欲界、色界は五蘊があるが、無色界は色がないから四蘊所成《しょじょう》である。身体の成り立っている五蘊が盛んになるのは、勢力旺盛で有り難いことである。身心ともにしっかりしていることは、喜びでなければならぬ。ところが、深刻に修行をしようとしてみると、この五蘊の盛んなということが、最も苦の原因となる。心を統一しようとしても、身体の方が精力盛んなために、心を統一して静かに修行することができない。心力、身力が強いために、修行をなし修養をすることが困難なことが多い。修行を主として見ると、身体の精力はかえって邪魔になる。また、身体の強いために、大怪我をするような場合もある。自分は身体が強く柔道二段であるというように喜んでいるかと思うと、ある事情のために、運動を廃するようなことがあると、ついに肋膜炎で死んだというようなことは、よくあることである。この愛別離苦と、怨憎会苦、所求不得苦、五蘊盛苦、これを四苦というのである。それから前にいった生・老・病・死の四苦があるから、八苦というのである。

苦土を忍土とする　それだから、この世は苦土である、苦の国土である。それだから、われわれはその苦を忍ばなくてはならぬ、忍ばなければならぬように、できている忍土であるという感じを持って、苦しみにぶつかっていかなければならぬ。苦を我慢していかなければならぬ。それだから、仏は言われた、「苦を苦と見よ、錯覚を生じ妄想してはならぬ、真実に苦しいものを楽しいと思ったり、苦しみを含んでいるものを、喜んで握ったりするのは、それはついには失望を招く根本である、非常なる絶望の淵に沈まなければならぬ時が来る、その覚悟をしなければならぬ」、そこで「三界皆苦」の教えが与えられたのである。三界皆苦といったら、これを厭世主義といえばいえないことはないが、人生の実際苦を逃避する意味ではなく、これに対抗して、歩武を進める覚悟をなすの教えである。自分は楽天主義であるといっても、苦は苦であるから、いつも楽天主義で行くわけにはいかない。それだから、楽天主義で行くということが、転倒なのである、妄想転倒である。その反対に、厭世主義で現世をいとい、現生活を捨てて仙人気分に合流することも、仏教の望むところではない。この楽観・悲観の中道を濶歩するのが仏教である。

第四　愛欲の絶滅――涅槃説

転倒の見の原因は愛欲　第四に「愛欲の絶滅」が問題で、愛欲というものを、根底から絶滅しようというのである。これはちょっと心細いような感じがするかも知れない。愛欲は人間として非常に大切なものと思っているのに、これを絶滅して、なくしてしまうというのであるから、それは困ったものだという考えが起きるかしれぬが、われわれはすべて転倒の見《けん》にとらわれておる、我《が》の本体は無いのであるのに、これをあると思い、自分の所有があっても、それが永続するものでないのに、それを永続さるるものと思って、常住の感じをもっておる。実際は苦であるものを楽と思って喜んでいる。これがみな転倒なので、ただわれわれの心の迷いだけである。我でないものを我と思い、常ならざるものを常と思い、苦であるものを楽と思っているのであるから、転倒の見を有しているということは分かっている、その原因は何であるかというと、愛欲である。その愛欲が苦の源であるということが分からない、この分からない心が無明煩悩である、万有の真相に暗いから起こるのである。愛欲というものは、われわれの心の欲望、要求である、それを仏教では「渇愛」とも名づけるのである。渇愛というのは、咽の乾いた時に、水を欲しがるような要望の心持ちである。この渇愛によって、生まれもし、生命も続き、生活も営んでいるのである。この愛欲のために、われわれは煩悶する、心が煩い、心が悩む。だからこれを「煩悩」と名づけたのである。われわれの心の要求、心の欲望、男女の恋愛でも、利欲でも、食欲でも、皆同じである、五欲とは色《しき》・声《しょう》・香《こう》・味《み》・触《そく》の五境を望む心をいうのである、その渇の光景、渇して苦しむ光景に在る心作用を、煩悩と名づけたのである、煩悩というのも、愛というのも、渇愛というのも、同じことである。

人間の六煩悩　愛欲の絶滅ということは「涅槃説」であるが、その涅槃説の第一分たる煩悩について述べたのである。煩悩ということは、煩擾悩乱《ぼんじょうのうらん》ということで、われわれを煩わし悩ますものをいうのである。われわれは何事をも、妄想、転倒で、真理を見究めることができないで、迷暗界に彷徨しながら、いろいろの愛欲をほしいままにしている。その愛欲は、渇したものが水を求めるようなもので、非常な乾きを感ずる、それでこれを渇と名づけ、また「渇愛」ともいうのである。そしてその渇愛のために煩わされ、悩まされ、そしてこれに煩わされ悩まされながらも、その煩い、その悩みを、そのまま持ち続けて楽しんでいるのである。それを煩悩と名づける、その煩悩がどんなものであるかということを、ちょっと吟味してみる必要がある。

煩悩に、貪・瞋・痴の「三毒の煩悩」というのもあるけれども、六つの煩悩が最も根本になるのである。少し横道に逸れるが、「宂宂」、これは煩悩という字の略字である。仏教は速記術を非常に早くから発明したもので、「縁覚」という字は、縁という字の上と、覺（覚の旧字）という字の上だけ取って「ヨヨ」と書く、「声聞」という字は、どちらも耳があるから「耳耳」と書く。まだ簡略なのは、菩薩が「ササ」、菩提が「ササ丶」、それから涅槃という字は「卌」、これは仏が八十で涅槃に入られたからである。

さて六煩悩は、われわれの心なのであるから、心の対象というものは何であるかというと、色《しき》・声《しょう》・香《こう》・味《み》・触《そく》・法《ほう》、この六つがわれわれの心の対象、すなわち境となるものである、見る色と、開く声と、匂う香と、味わう舌と、触れる身と、第六に法というのは、意の対象となるもの全部を指すのであって、諸法というと同じことである。その媒介となる機関は、眼《げん》・耳《に》・鼻《び》・舌《せつ》・身《しん》・意《い》である。われわれの持っている眼が色を見る、耳が声を聞く、鼻が香を嗅ぐ、舌が味わう、身が触れる、意は、われわれの意識であるから、一切のものを縁ずるのである。法は一切のものであるから、精神的のものもあるし、物質的のものもある、仏教では、これらの媒介機関を「六根」というのである。仏教では、五感の上に第六感の意根を立てる。眼・耳・鼻・舌・身の五根は、おのおの別々に、自分の境を縁ずるのであるが、意根は、どれをも縁ずるのであるから、法が対象である。このごろの人が「あの人は六感が働く」というのは、心が働いているというので、何も珍らしいことはない。

あの人は六感が利く人だというのは、意識の鋭敏な人だというのである。世間では、五感を説くのみであるから、意識を別物としてあるのであるが、仏教では、初めから第六感なしには、何事も完全に感ずることはできないとするのである。六境〔色・声・香・味・触・法〕、六根〔眼・耳・鼻・舌・身・意〕、六識〔眼・耳・鼻・舌・身・意〕を説く。六識の対象として、六境がある。六境を縁ずるために、六根の感官がある。根・境・識、この三つが合して、初めて心作用が起こるのである。その対象について、見たり聞いたり味わったり触れたりすると、そこに煩悩が起こって来る。意は、一切を総括して意識作用を起こし、これを自己の所有とせんとする欲が起こる、これを得るために、欲望の矢を放って、それを自分のものにしようとする〔欲〕、それを自分の所有として、これはおれのものであると考えて、たしかにこれを抱持しておりたい、これをこうして維持していこうという所有欲が起こる〔触〕、所有すると、自己の所有であると考えて、愛着の心が起こる〔愛〕、もし人がこれに手を触るれば、承知しない心も起こり、これを所有することを自慢する心が起こる〔慢〕、これを欲・触・愛・慢の四心という。真言宗では五秘密というものがある、金剛薩埵《さった》が中心に坐している、欲金剛は弓の矢を手にしている。触金剛は両手をもって中尊の体を抱いている、愛金剛は愛の魚幢をかざしている、慢金剛は両拳を腰に当てて、自慢の相を示している、これは金剛薩埵に対する信仰を、人間の愛情に擬して密示したものである。

煩悩の働きの三様　われわれの煩悩は、また常に三様に働くものとする。常に生存することをのみ望む生々の欲望がある〔有〕、既に存在すれば、これに愛着の情を感ずる〔愛〕、もし心に契わざるものあれば、その滅亡することを望む〔滅〕、一切の物に対して、われわれの煩悩は、かくのごとく三通りに現れる、それが六境に対して現れるから三六、十八煩悩となる。ところが、これが内と外とある、自分の心にも外境の写真が映る、内外に心の対象が現れる。心ばかりでなく、自身の形にも煩悩は現れる、おつくりでもして、姿をよくしようと考える、黒豆でも食って声をよくしようと考える、香水でもつけて香をよくしよう、珍味を献げて機嫌をとろうというふうに、何事にも自己を欲望の的とせんとする、これも内に起こる煩悩である。かくのごとく、煩悩が内と外と両方に働いている。これが内外各十八で、三十六煩悩になるのである。

現在に現れるばかりでなく、過去に向かっても現れる、未来に向かっても現れる。それだから過去・現在・未来の三通りになって現れる。それで三十六に三をかけたら百八になる。これが「百八煩悩」というのである、祇園精舎の鐘の声は、百八煩悩を退治するための百八声であるというのである。その外、煩悩はたくさんあるけれども、たいていの煩悩は、みなさまお持ち合わせであるから、私が詳しくいわなくともよかろうと思うのである。こういう工合に、煩悩はわれわれの心の中から働き出る。一口にいえば、これが愛欲である、愛欲の根本である。

明来暗去・暗去明来　われわれは、かくのごとく、愛欲をほしいままにしているのである。それで初めから煩悩を捨てよといえば、それでは仏教に入りたくないという人が多いのであろう。それだから、不断煩悩得涅槃というのが大乗の立脚地である。そうでなく、煩悩を切りきざみ、煩悩をなくしてしまって、そして涅槃を得るというのが、小乗の立場である。小乗・大乗ということは、今は詳しく説かぬが、大略をいえば、小乗は煩悩を断じて涅槃を得るとする。大乗の趣意からいえば、そんなことはできるものではない、先に煩悩を捨てよといっても、捨てられるものではない、涅槃を得れば煩悩は自然に離れ得る。たとえば、われわれが暗黒におって困っている。その黒暗を除いてしまって、それから光を迎えようというのは、馬鹿な話である。光を迎えれば、暗は自然に無くなるのである。暗を除くためには、光は必要であるけれども、暗を除かねば光が出ないという理屈はない。光を迎えれば暗は自然になくなるのである。そこで、大乗は煩悩を断ぜずして、涅槃を得ると教えるのである、実は断煩悩の当体は、そのまま得涅槃の姿であるから、先に煩悩を断じて涅槃を得るというのも、涅槃を得ると同時に、煩悩はなくなるというのも同じことである。光が来ると同時に暗はなくなるのであるから、結局、同時である。「明来暗去《みょうらいあんこ》、暗去明来」ということがある、明が来た時には暗が去る、暗が去った時には明が来るのであるから、去来同時である。どっちにしても、悟りの境地には、百八の煩悩は存在しないのである。人間の片寄った心、偏見を捨てて、自我という邪見がなくなって、宇宙をもって自分の家とし、三界の人類をことごとく自身の子のように、いつくしんでいくことは、煩悩のあるものには、できないのである。

その煩悩のなくなったのを「愛尽」と名づける、愛欲の滅したものである。われわれの内部に満ちている煩悩はわれわれの目を通じ、口を通じ、身を通じて、外に漏れ出でつつあるのである、われわれを、「有漏《うろ》」と名づけるのである。それで煩悩を持っているわれわれを、「有漏の凡夫」とか、「有漏の穢身」とか名づけるのである。煩悩がなくなってそれから、この煩悩のなくなったのを「無漏」と名づけ、または「漏尽」ともいうのである。煩悩がなくなってしまって、愛欲の絶滅に至ったのが涅槃である。われわれが非常に大事に感じている愛欲がなくなっては、生きている甲斐がないように感ずる。生きておれば煩悩がある、煩悩があるから生きている。煩悩があるから生きんと生まれ出るのであるから、それがなくなるということは、淋しいような感じがするであろう。これは人間の錯覚で、これがなくなるのを淋しいように感じても、これがあるために、どれくらい淋しくなり、永遠の孤独となるか分からない。

「涅槃寂静」 常住から安楽、実我までも、みな否認されても、涅槃は常楽我浄の内容を具していると示されてある。真の常住、真の安楽、真の実我が得られるのである。それだから、煩悩がなくなるといい、愛欲がなくなるということは、その実、われわれの心の平和を得るのである。煩悩、愛欲によって心が悩まされ、煩わされ、忙殺されておったために、神経衰弱となるだけであったが、今度こそは悩まされない、悩みの原因がなくなって、心の平和を得るのである。心の平和を得られると同時に、肉体の平和も得られる。漏尽の聖者、愛尽の聖者は、平和の体得者である。もし愛がなくなっては淋しい、人を愛する博愛の心がなくなり、仁愛の心がなくなってはいけないと考える人があるなれば、それは愛の意味を取り違えているのである。愛は愛だが、煩悩の愛は「染愛《ぜんあい》」であり、染まった愛である。一点私心を混ぜない慈悲や、同情のように人を愛する愛は「浄愛」といって、清らかな愛である。愛だからといって、どれでも同じように思うのは、人間の錯覚で、仏教では、愛にも染愛も浄愛もある。善にも染善も浄善もある。

われわれ人間の愛と神の愛と、同じように考えるのはヤソ教であるが、仏教の考えは違うのである、自己を中心として自己は愛するけれども、人は愛しないというような愛は、それは我愛で染愛である、染まった愛である。そうでなく、人を愛する慈悲、同情の愛は、浄愛で清らかな愛である。それだから、社会事業をするにしても、人にパンを与えるから、偉い人だというわけにはいかない。善をなすからといっても、その善が浄らかな善か、染まった善か、ということを吟味するのが仏教である。染愛と浄愛とは違うから、染まった善をいくら行っても、功徳にもならん、利益にもならぬ、覚りのためには役に立たないのである。つまり、今日も人を助け、明日も人を助けているけれども、自己中心に、自己の利を主として助けているのは染善である。また人を助け助けて、ついに迷いに沈ましめ、悪性を奨励するようになるのも、これを排斥するのである。それだから、事がよろしいといっても、夢を見ているのでは何にもならぬ。悟った善に一歩でも近づくのでなければ、何にもならないのである。それで漏尽、愛尽となったら、染まった愛はなくなる。煩悩がなくなると、淋しく感ずるかもしれないけれども、それに代わるべき浄愛が生じて、一切衆生をことごとく善友として、無蓋《むがい》の慈悲といって、蓋《おお》うところのない、すべての人に一様に恩を施すような、平等の慈悲の心地と変わるのであるから、それが、すなわち心の平和、したがって身の平和となるのである。

心身の平和を、仏教では「涅槃」と名づけるのである。涅槃（ニルヴァーナ nirvāṇa）は、翻訳すると「寂滅」とか、「寂静」とか訳すのである、それで「涅槃寂静」というのである。涅槃は火の消えた姿である、燃えている火を吹き消したような工合に、涼しい心地になる。愛欲の絶滅といっても、それが少しも悲しむべきものでない。ところが、ここに問題がある、涅槃は、いつ得るのであるか、それは覚りを開いた時が、すなわち涅槃の時である。けれども、われわれが生きて人間にいるうちに、それが得られるか、得られないか。たとえば仏のように、身体はまだ人間として存在しておられるうちに、涅槃を得られたか、八十一になって亡くなられたときに、初めて涅槃を得られたのであるか、そうではなくして、もうすでに菩提樹下の成道といって、菩提樹の下で覚りを開かれたときに、涅槃に達せられたのか。もし覚りをお開きになったというけれども、実際まだ涅槃の心の平和に達しておらないというのならば、仏はまだ覚っておられないのである。その時にすでに、心の平和に達しておられるなら、八十一まで待って、涅槃に入られなくとも、いいのでないであろうか。

有余涅槃・大般涅槃　それだから、この涅槃の区別は明らかにせねばならぬ。心は涅槃に入られたけれども、心の平和は得られたけれども、肉体がまだ残っているのだから病気もある、あたかも水草が水に浮かんでいるけれども、その根を断ち切ってしまってあるなら、再びその結果の芽を吹いて、善因善果、悪因無果という業力に化けて出るようなことは、ないはずである。しかし、煩悩の根はすでに切られている、けれども、身体が残っている。煩悩の毒の身が残っているのだから、煩悩の根底はなくても、煩悩があるのではないか、というように感ぜられることが、仏についてもある。しかし、仏の場合では、心の平和を得られ、肉体の平和に達しておられるのであるから、仏が怒られたとしても、瞋恚の煩悩が、そのまま今出ているというのではないけれども、悪事をなした弟子を戒むるために、怒りの顔を見せておられるかもしれない。それだから、心の平和には達しておられるけれども、肉体はまだ残っているから、病にもかかられる、その残りの境界がまだはたらいている。それで生きているうちに、心の平和に達したのは、それは同じ涅槃でも「有余涅槃」というのである。

有余涅槃というのは、身体がまだ余っている、それがいよいよ八十一歳で、仏が涅槃に帰せられたときには、身の余りも亡くなった。しかし、仏が亡くなられたとはいえない。普通の人ならば、亡くなられたというのであるが、そうでなく、仏は仏身としてなるべきようになられたのである。人間界で五十年で亡くならねばならぬような身体は捨てられたけれども、仏は永遠に存在すべき真の解脱に入られた。仏は仏のなるべきようになられたのである。それだから、そのときが仏の真の涅槃だといってもよろしいのである。仏の本体に帰られたといってもよろしいのである。もし仏の本体というものがあるならば、本体に帰られたといってもよろしいのである。

けれども、こっちからいえば、余りが無くなった、これを「無余涅槃」と名づける。身体が無くなってしまったので、完全に涅槃に入られたのである、これを「大般涅槃」というのである。「般」という字は「ハッ」と読む。これは梵語のマハー・パリニルバーナ mahā-parinirvāṇa の翻訳である。パリ pari（般《はつ》）というのは「完全に」ということである、大いに完全に涅槃に入られたのである。大般涅槃に入られたので、もう愛欲性を持ち、煩悩性を持った人間の身体は、完全に捨てられたということになるのである。平常から同じであるから、仏の場合には、肉体は問題にならぬのであるけれども、普通のわれわれにしてみると、肉体のあると、ないとは、よほど変わっているのである。

仏教の根本教義〔四法印〕　以上の四法印が、仏教の根本思想として見らるべきものである、実体を否認する「諸法無我」、常住を否認する「諸行無常」、安楽を否認する「三界皆苦」、最後に愛欲の絶滅である「涅槃寂静」である。この諸法無我・諸行無常・三界皆苦・涅槃寂静、この四つを「四法印」というのである。法印というのは「仏法たる印《しるし》」というのである。仏教の仏教たる証拠物件というような根本教義である。この四つがなければ、仏教とはいえず、この四つを離れたら、仏教ではないという意味で、四法印というのである。

ところが、時にはこの「三界皆苦」を除くこともある、三界皆苦はあまりに事実である、それだから問題ではない。それはだれでも信ずる事実であるし、またこれは、インドの宗教の全体に、ほとんど通ずるようになってきたのである。仏以前は楽観主義で、インドの婆羅門教哲学、ウパニシャッドでも楽観主義が多い。けれども、仏教が出てから以後というものは、どの哲学も、どの宗教も、多少苦観主義になっており、三界が苦である、この世が苦である、ということを、認めないものはないようになった。インドの宗教が一般に苦行主義に赴いたのも、この苦観に基づいたものである。仏教の特別の教義ということが、いえないようになったからかしれぬが、「三界皆苦」ということは、時には除いてしまって、そして「諸法無我」・「諸行無常」・「涅槃寂静」のこの三つを、「三法印」というようになったのである。それだから、法印は、四法印というときと、三法印というときと、両方あるのである。この四法印が仏教の根本教義である。

実はこの四法印の意味は、前に述べた業力説、輪廻説、苦観説、禅観説、解脱説というような話をしたので、大体はもう話は分かっているわけである。二重に根本教義を話したようなことになっているのである。正面に仏教として説き出すべきものは、この四法印である。ところが、この四法印から割り出されたものが、たくさんあるのである。

四諦《したい》、十二因縁、八正道《しょうどう》、七菩提分《ぼだいぶん》というようなものがある。これは普通の人が根本仏教として挙げるものである。しかし、これらは根本主義が定まったら、みなそれから割り出し得るものである。それだから、仏教の特質はといえば、この四法印が根本になっている。これが根本教義であるといって、出して差支えないのである。これまで来るために、仏は、従来存在した教義を、あるいは採用したり、あるいは完成したり、あるいは作り変えたりせられて、出されたのである。これらも准根本教義といっても差支えないのである。業力の説も、輪廻の説も、苦観、禅観、解脱の説も、みな准根本教義である。なるべくわかるようにしなければならぬから、仏以前にあったものは、以前にあったのに相違ないが、どのくらいの程度に仏以前あったか、それを仏が、いかに取り入れて、扱われたか、ということを述べたのである。実際は前からあったものも、後にできたものも、ともに仏の教義となっている。そこは取りよう説きようで、私がこういうように述べていった全部を、根本教義として説く人もあるのである。ただ私の説き方は、根本教義を狭くして説いたのである。

平等の宗教　以上説いたところは四法印であるが、社会にとって大事な教義は、みなこの中からひき出される。たとえば、自我を捨てるという教えは、結局、無我の大人格を押し立てられたので、自己を捨て一切の生類を扱うに、我他彼此の差別を設けない、自他の区別を設けない、真の平等の大宗教を押し立てられたのである。平等といえば、仏自身をも取り除けない真実の宇宙平等の教えである。宇宙平等ということは、ヤソ教の説くことのように思ったら間違いである。

ヤソ教は宇宙平等ではない。われわれがどんなに神を信じても、われわれが神に成るものではない。神はわれわれを造った、造った神と、造られた人と、同一位になることは、絶対にできない。神人差別の教えであって、神と人とは、絶対に別のものである。この神人差別の教えは、宇宙平等を説いても、神だけは取り除けである。天は人の上に人を造らず、人の下に人を造らず、されば、万民は万民みな同等の位であるということは、立派な平等主義に聞こえるが、神だけは造物主として全く別とする。おれだけは別だ、自身だけ取り除けだということは自我主義で、何人《なんぴと》も賛成しない。一切の人が平等主義を飲み込んだときは、独立のもの、特別のものは、ことごとく否認するのである。ついに差別に座った神は否認する、みな無神主義になるのである。

それだから、おれだけは取り除けだ、汝らは一斉に平等だということは、真の平等ではない。仏は、一切生類を一人残らず覚らせよう、自分と同じように覚らせようとせられる、自覚覚他、覚行窮満《かくぎょうぐうまん》、というのが、仏の地位である。仏は自覚せられた、自分が自覚すると同時に、一切生類を同じように覚らしむる、自覚覚他、この両方面の働きがある。仏自身が覚られたと同じように、他の人をも覚らしむる、覚行窮満、覚りについての行いも窮極まで達している。覚も行もともに円満である、仏は最上無上の自覚を開かれた、仏自身を決して除外せられない、自分と同じように、一切衆生を覚らしむるというのが、仏の本願である。自覚覚他、覚行窮満ゆえに、名づけて仏となす。この完全な根本的の宇宙平等の宗教というものは、諸法無我ということを徹底的に、理論でも哲学的に標榜し、実際でも宗教的に実現せられた。宇宙大の人格になられたのであるから、自覚の内容が広い、宇宙大であるから、我というものは無い、我と人との区別はない、それが仏の平等の大宗教である。

平和の宗教　仏は心身の平和を主として行かれた。身も心も真の平和に帰する、心身の寂静を期せられた宗教であるから、根本的の平和の宗教である。相手を見ておれば、競争もある、戦争もある。神聖戦争も、十字軍も必要であろう。けれども、排他的の見解が毛頭ないのであるから、徹底的の平和の宗教である。もし徹底的の平和の宗教を要するといえば、仏教より外に推薦すべき宗教はないのである。それだから、平等の宗教で、平和の宗教で、今までの実在主義をすべて否認せられた。実在主義というものは、得てわれわれを惑わす。その惑いの根本である実在というものを、全く否認せられ、それに代わるべき理想主義を押し立てられた。

理想の宗教　それは純粋の理想主義で、われわれの心に実在主義を当てがって、われわれの霊魂は永遠に滅びない、変わらないものだというような見地は、仏は全く捨てられた。われわれは生滅生滅して、始終生き死にしながら、永続しているという根本的な非実在主義の宗教である。かかる純理想的の宗教を押し立てられた。ウパニシャッド哲学までは、全く自我哲学であったのである、これを無我の哲学にせられたのが仏である。無我とは非実在ということである、徹底的の理想の宗教である。

人格向上の宗教　この宗教によって、ついに大自覚位に到達するのである。われわれが自覚に到達したときは、われわれの智の方面も十分にこなしてゆき、情の方面も十分にこなされてゆく、人格の構成要素たる智・情の方面がこなされる、普通の科学、哲学は、われわれの智だけをこなすのである。普通の哲学や科学は、智だけをこなすのであるから、いくらこなしても、情だけは取り残されているのである。智の鏡がいくら光っておっても、情の方から息を吹きかけたら、鏡は全く見えなくなる。智は曇らざるをえない、智はどんなに輝いておっても、情が吹きかけた息で、智慧の鏡の功能は全く失われる、理由も聞き教えを受けて、よく分かっておりますという、智はよく分かっておっても、情の方が「しかし」といい出したら、ついにこれに引きずられる。「しかし」(but)という字は真理を妨げる。ある西洋人は、「バット」という字を、字書の中から取り除けよといったことがある。「バット」が真理を妨げる、「バット」は、字書の中から取り除けられるかしれぬが、これをわれわれの心から取り除けるわけにいかない。「バット」は、われわれの個性界の半分を占めている。どんな学者でも智は研《みが》くが、智はいくら研いても、人格は必ずしもよくならぬ。われわれの人格を構成している要素たる智と情との両方面が、十分に養われていないからである。智もこなされ、情もこなされ、両方面が十分にこなされて、初めて人格が上がったり下がったり、向上とか堕落とかいうことがあるのである。

智の障り、すなわち智慧の分からない方の障《さわ》りは所知障《しょちしょう》という、情の障りは煩悩障という、両方ともわれわれは所有している。その智慧の障りは、哲学や学術で取って除けられる。情の障りが、一方に残してあっては、結局、人格が劣等の域を脱することができぬ。ところで、智慧の障りと、情の障りを両方とも、十分にこなすというのは、情の障りは修養で除き、智の障りは知識を研《みが》くことによって除く。両方こなされていって、煩悩障、所知障、両方ともなくなったのを、仏教では智というのである、普通の人のいう智と、仏教の説く智とは、この違い目があるのである。実は、もう智ではない、仏教の智は慧《え》である。慧というのは、活躍智で、自由自在に活躍し、活用し得る智慧である、束縛されている情も自由にし、智も自由にする智慧を、仏教は慧というのである。

仏教は智を進めて慧とする、学問の行き道と同じである、学問には違いないが、学を覚にするのである。学びの道を進めて、覚りの道にするのである。学術の智は分析智である、哲学の智は思索智である。けれども、どっちも認識智である、われわれの認識から得る智である。仏教の智は、認識からばかり得るのではない、同時に情の方をこなして、修養の方からも得るのだから、仏教の智は自覚智である、自覚智は智ではない慧である。自覚というのは、情の障りもない智の障りもない、両方の障りのなくなったことをいうのである。それだから、完全なる人格向上の教えといえば、仏教である。人格が向上して、仏と同じ人格まで行くのである。すなわち、仏と成るのである。おれと同格にはなれないという教えとは、相違があるのである。徹底的人格向上の教え、徹底的の理想の教え、徹底的の平和の教え、徹底的の平等の教えであって、この上に望むべきことはないのである。これが根本教義からして現れる結果である。

第五講　仏教の特質

四法印は教義として、他の宗教に一頭地を抜きたる超越宗教を抽出したのであるが、さらに教団の実際方面に向かって驚くべき優越性を示している。四法印から実際に産み出された、仏教の特質というべきものを述べてみたいのである。仏教の特質として出した中には、すでに述べていることもあるのである。

第一　自己創造――無神主義

因果応報　仏教は徹底的に自己創造の教えなのである。造物主の考えは、毛頭仏教にはない。自業自得、因果応報で、善因善果、悪因悪果、ちゃんと決まっている。これが決まっている以上、創造の主神、造物主としての神、ゴッド God というものは、毛頭その存在を認めない。また、われわれを審判する裁きの主、審判者としての神、ゴッドは毛頭認めない。また、われわれの運命を支配する全権を持っている主宰者としての神、ゴッドというものも毛頭認めない。一口にいえば、無神主義である。けれども、無神主義には、もう少し広い意味もあるのであるから、仏教は自己創造主義という方が明白でよろしい。これはすでに述べたので、仏教は自己創造主義で、造物主の説も、根本原理説も一切信ぜないということが分かれば、これを略してよろしいのである。

第二　布教の創始――無階級主義

五群比丘の帰仏　第二は布教の創始ということについて、お話を進めたいと思う。仏出世の前、紀元前五百年ごろ、今から二千五百年前ごろには、世界中どこを尋ねても、布教というものはかつてなかった。インドにはなおさらない。こういうように布教せられることになったのは、仏が覚りを開かれて、鹿野苑《ろくやおん》に行って、初めて中道の教えを五人の仙人に説かれた。この仙人はもと仏の同行者であった。苦行林で仏が苦行を捨てたのを、堕落したものと思って、太子を見捨てて鹿野苑に去って行った。苦行林で悉達多太子は、女の捧げた乳糜《にゅうび》を貰って食した。菩提樹の下に行って、金剛宝座に座を占めた。五仙は、かくも堕落した奴には、われわれは再び会っても、ものを言うまいと約した。五人は鹿野苑の仙人の住処に行って修行しておった。悉達多太子は、悟後第一に、同学の友のことが気にかかったので、悟後第一の遊行の足は、自然に鹿野苑に向かった。

五仙は、たとい太子が来ても、ものを言うまいと、森の中で修行していると、仏が鉄鉢を抱えて威風堂々としてやって来られた。その心の平和の有様が、顔にも目にも現れて、身体にも光明が現れており、かつて痩せこけておった悉達多太子とまるで変わっている、その豊かな、堂々たる相を見て、びっくりしたのである。そこで、その中の年長の憍陳如《きょうぢんにょ》が、まず頭を下げてしまった、頭を下げると、あいさつをしなければならぬ、あいさつすれば、どうしているかと尋ねられる、答えもしなければならぬ、問答も必要である。汝らはまだ覚らぬか、と尋ねられると、覚りとは何か、と聞かなければならぬ、覚りとはこういうことだ、というような工合に説いていかれた、説いていかれるのを聞いて、憍陳如が、第一にその説に服して、弟子となった、外の四人もついに弟子になった。そこで、この五人が最初に入門したのである。

そうすると、教えを聞いた弟子が五人できた、これを五群比丘と名づくる。そして教えられた法が、中道実相の教えであった。ここに仏・法・僧の三宝ができ上がった。それだから、仏教では五人いなければ、会議は開き得ない。今ごろは三人おれば、公衆というものが成り立つとする。けれども仏教では五人おらなければ、公衆は成り立たない。鹿野苑で五人の仙人が初めて仏教に帰した、それが後に五群比丘といわれて、始終、仏教の教団の先達となっておったのである。その五人の教団ができたことを聞いて、鹿野園の在る所の婆羅奈《ばらな》城の長者の息子の耶舎《やしゃ》というものが、教えを聞きに行った。聞きに行くなり仏門に入ってしまった。この時には、まだ規則ができておらぬから、俗人のままで、入門していたかもしれない。他の五人の比丘は行者であるから、仙人で修行しておったので、制度によって、入門したかもしれぬが、耶舎青年はそのままで、弟子になってしまったので、規則も何もなかったろうと思う。そうしたところが、それが新婚の青年であったので、細君が、自分の夫たる青年が仏門に入ったというので、あとから追っかけていった、追っかけていって、これも仏門に入ってしまった。それからその長者も、大事な息子が仏門に入ったというので、長者夫婦が、あとから追っかけて行った、これもまた、そのまま仏門に帰してしまった。金持の長者が親子四人とも、仏の門下に集ったというので、大評判になった。そこで、今度はその青年の友達が、五十人ばかり相率いて、鹿野園に尋ねていって、これも仏門に入ってしまった。それで、すべてで六十一人になった。

六十一地方への開教　その時に仏が一同を呼んで言われるのに、六十一人のものは、おのおの自分の教えを聞いたとおり、その教えを持って、六十一の地方に行け、二人が一地方に行ってはならぬ、六十一人おのおの異なった方面に向かえ、おれも一地方に行くであろう。わしの教えた法は、初善、中善、後善である、初めも善である、中も善である、後も善である、初めを捉えてみても完全なもの、中を捉えてみても完全なもの、後を捉えてみても完全なものである。わしの教えたのは、どこに出ても、決して人にひけを取るようなものではないから、これを持って各地方に行って、わしの教えたとおりに教えよ、とこういわれたのである、つまり布教師を出したのである。そして六十一地方に向かって、それを差し遣わせられた。

三迦葉の入団　釈尊自身はどこに行かれたかというと、もと修行をせられた苦行林から仏陀伽耶《ぶだがや》に向かわれ、菩提樹下で覚りを開かれたのであるから、その地方に向かって行かれた。そして、三人の兄弟の迦葉《かしょう》を教化せられた。葉という字は、人間の姓になった時には「しょう」と読むのである。迦葉兄弟が三人おった、一人は一千の弟子、一人は五百人、一人は三百人の弟子を持っておった。これがおのおの仏の布教のために、弟子になったのである。優螺頻羅《うるびんら》迦葉は、仏が毒蛇の室に入って、これを退治せられたのを見て、仏門に帰した。那提《なだい》迦葉は、仏の水中の不思議を見て入門した。伽耶《がや》迦葉は河下に住しておった、祭具の流れて来るのを見て、両兄はすでに仏門に入ったと信じて、入門した。

布教の創始　仏は、かくして布教を始められた。この布教は、インドにはかつてなかったことである。インドにもないが、紀元前五百年、今から二千五百年前であるから、おそらく、世界中のいずれにも、布教はなかったことであろうと、思われるのである、仏がこれを発明せられたのである。インドには、それまで布教ということは、かつてないというのは、インドの婆羅門族は、生まれながらに婆羅門教者である、この種族は自然に教権を持している、すなわち宗教の権利を自分が握っている、他のものは教権を施行することはできないのである、婆羅門族だけが教権を独占している。それからその次の王族、すなわち士族は、その婆羅門の教えを奉じて行かなければならぬ、婆羅門に奉仕しなければならぬ。その次の農商民は、婆羅門と王族とに奉仕しなければならぬ。それだから、最後の奴隷族は、宗教を信ずる権利もない、神明を祭る権利もない、宗教の神を拝む権利がないのである。それだから、むろん宗教的教育を受ける権利もない。奴隷は、全く四姓の仲間に入っているが、上の三族に仕える。奉仕するだけの権利を与えられている、信教の権利はない。王族と農商民とは、宗教を信ずる権利と上族に奉仕する義務を持っている、その他にどこに布教の必要があるか。それ以外のものは、インドの四姓階級以外のもので、外道でありますから、そういうものは相手にしない。今でも四姓以外のものは、みな宗教の圏外に放り出しているわけである。

インド旅行の経験　われわれ外国人も、このとおりに扱われるのである。それゆえに、インドに行って泊まるといっても、人の家に宿泊は許されない、家の中で寝ることは許されない、ようやく軒下を貸してもらって、そこに藁を敷いて、その上に毛布を敷いて寝るのである。もしも外国人や外道が、家中に入って食事をともにするとか、食事を見るとかすると、その家の主人は、今まで持っている階級を一段堕落するのである。そして、元の地位に戻ろうとするには、五百生の間生まれ変わらなければ、戻れないというのである。外国人と食卓をともにすることもできないが、同じ処に泊まることもできない、また井戸の水を汲むことは、われわれには許されない。もしそれを汲んだら、その井戸はたちまちに埋めてしまうのである。外人や外道に汚された井戸を用いることはならぬ。そこで、家の人に水を汲んでもらって、水瓶にためておきこれを用いる。翌朝出発するときには、まだみな寝ている、寝ているから、汲んでもらうわけにいかない。

それで、われわれは五人連れであったが、五人がコップ一杯ずつで、口をすすぎ、顔を洗って、そしてその残りの水でご飯を炊く、汁を煮るというふうで、なかなか困難したのである。それで、なかなか他の階級に宗教の権利を与えるとか、宗教を他の種族に広めるとかいうことは、ありえないのである。宗教の権利は、婆羅門族が、生まれながらに得ている、そして独占なのである。自分が使っている奴隷にも、神を拝むことは許さない。それだから、布教などということはありえない。

無階級主義の教団　ところが、仏が教団にだれでも同じように迎え入れる。奴隷も来い、王族も来い、農商民もよろしい、婆羅門もよろしいというふうである、だれが入って来ても、同じように扱われる。教団の内では、決して階級を認めない、一味平等なのである。いったん仏教の中に入ったら、富があっても、生まれがよくても、階級が高くても、職業が劣っておっても、そういうことは、何の考慮もない、智慧次第である。仏教を学んだ智慧の次第で順序は決まる、智慧は入門の年数で量られる。

法臘を重んずる仏教　入門の年数を法臘《ほうろう》と名づける。入門以後の年が何年になるか、ということを調べなければならぬ。入門以後の年の数の多いものが上座に坐る、宿房に入ると、法臘を吟味する、階級がないのだから、四姓の順序は用いられない、奴隷も、婆羅門も、区別はない。宿房にて一同が会すると互いに吟味する。「あなたは法臘何年でありますか」「私は法臘三年であります」「私も法臘三年であります。それでは何月に入門せられたか」「私は二月に受戒いたしました」「私も二月に受戒しました」「二月は満月前でありましたか、満月以後でありましたか」「私は満月の日に受戒いたしました」「私も満月の日であります」そうなると、どっちが上座に坐ってよろしいか分からぬ。「それでは、満月の日の午前何寸に受戒せられましたか」「私は午後二寸に受戒いたしました」「私は午前三寸に受戒いたしましたから、失礼ながら上座に坐ります」というふうに順序を定める。正午を量る量影尺がある、太陽が東に在れば西に影が映ずる。太陽が西に在れば東に影が映じる、東西に映じる影を量って、午前一寸、二寸、午後一寸、二寸と量るのである。それだから、入門すると直後に、影を量ることが必要である、年、月、日、影が明記してある度牒《どちょう》を所持するのである。

日本でも度牒というものがあった。時には度縁ともいう。今は文部省であるが、昔は治部省から度牒を与える、得度したときにこれを受ける、それが僧侶たることの証拠物件である、これは教団の戸籍法である。インドでは戸籍などは夢にもあるはずがない、今でも自分の年を知らぬ、インド人に年は幾つかと問うと、少し白髪にでもなっていると、七十だと答える、若い人は若く答える。普通は「私の年齢は私は知らぬ、お母さんは先なのだから知っているだろう。お母さんに聞いてくれ」というのである。そういう人間であるから、戸籍などは決してない。

インドに歴史を　ところが、仏教が起こってくると、法臈次第であるから、戸籍法が自然に行われるようになった。仏教は戸籍のないインドに戸籍を与えた、それがおいおい盛んになって、歴史のないインドに歴史を与えた。インドでは歴史を何とも思わぬ、常に宇宙だの、永遠だの、というような問題ばかりを、取り扱っているところへ、「何年何月何日、誰某が勲何等に叙せられた」というようなことは、インド人の頭には入らない。インドが三千年の歴史を持ちながら、歴史は一冊もない。それだから、われわれが調べるインドの歴史は、ギリシャのアレキサンダー大王の遠征や、ペルシャのダリウス王の侵入や、唐の玄奘三蔵の西域記の記録や、いろいろ外国の史実で、歴史を組み立てているのであるから、百年や二百年は、どっちに違っても、インドの人には何の感じもない。永遠の時・空に比べれば、百年が千年違っても関係はない。ヒマーラヤ山に登って、外界を見ているような仏の境地へ、史料編纂の詮索をして、時日を争うような必要はないのである。

教権の均霑　しかし、仏教では必要に迫られて、漸次に記録の観念を生じたのである。仏教では自分の智慧の年齢は、きわめて必要である。人格向上の道標であるから必要である。しかし、素性は何であるか、階級は何であるか、士農工商のいずれに属するか、そういうことは、仏教の中では毛頭必要はないのである。一味平等に仏教を信受し、智慧の区別は必要であるが、血統の区別は毛頭その要を認めない。そこで初めて、布教の必要が起こり、各階級を通じて、各地方を通じて、各国土にわたって仏教を宣布する。婆羅門族に対しても布教する、長者に対しても布教する、農商民に対しても、奴隷に対しても、布教の必要がある。心に契うものは来り、心に契わざるものは去る。奴隷は、教権に均霑《きんてん》することが、できるようになったのであるから、今まで教権の圏外に置かれたわれわれが、その権利を均霑し得られるということは、有り難いと考えたら、快く入門するものが多かったに相違ない。持律第一と称せられた優波離《うばり》尊者は散髪業者であった、散髪業はインドでは奴隷の仕事である、その奴隷が入門して、持律第一の上座になった、戒律では最上の権威者となった。

優波離講　この話を高野山でしたところが、高野山の梶原涼風という散髪業者で、きわめて特志な、しかも俳味のある信者で、「それは面白い、われわれの先祖にそういう偉人があったか」というので、優波離講という講会を作って、優波離尊者の像を絵に描いて、これを本尊にして、毎年一回、優波離の供養会を行っておる。それが奴隷の中から出た人である。宗教が血統の使命を主とせず、智識の使命を主とするところに、布教の動機もあるのである。それで仏は決して、階級打破など唱えて、説法せられたわけではないが、仏教の教団の中では、自然に階級打破の結果になってきたのである、階級は少しも認められない、仏教は一味平等の教団である、これが美しい平和の教団ができたゆえんである。布教ということは、インドにもない、世界のいずれにもないのである、布教は仏の発明である。これが無階級主義の行われた理由である。

第三　二重教団——僧伽

第一、比丘教団（無住無所有）　第二、優婆塞教団（在家奉仕）

互施の二重教団　無階級主義の教団は、いかなる内容であったかというに、これを唯一の教団であったと思うのは謬見である。「僧伽《そうぎゃ》」というのが、仏教の教団のことである。普通「僧侶」というのは、比丘衆のことで、これはみな三界無住で、自分の家を捨てて出家したものである、所有の財産はない、無所有である。無所有で無住で、一味平等で、互施《ごせ》というのである。家もないが、自身の家がないので、共同の家は寺院というものがある。自分の所有はないけれども、共同の所有というものは寺の財産がある。現在でも寺の財産は、自分が私有物として扱うことはできない。それで、仏教教団は最初から二重教団であった。

第一（比丘）教団・第二（優婆塞）教団　その二重の教団というのは、第一が比丘・比丘尼の教団である、比《び》丘《く》（bhikṣu）は乞士と訳する、比丘は男子、比丘尼《びくに》（bhikṣuṇī）は女性であり、むろん托鉢によって、その日を送る僧衆である、比丘・比丘尼の教団が第一教団で、同時に別に第二教団がある、第二教団は優婆塞《うばそく》・優婆夷《うばい》の教団で、優婆塞（upāsaka）というのは奉仕男、または信男というのである、優婆夷（upāsikā）は奉仕女または信女である、この第二教団は全く俗人である。第一教団は家もない所有もない、無所有無所住である。優婆塞・優婆夷の第二教団は在家奉仕である、家に在って第一教団を助けて、これに奉仕するのである。

第一教団の奉仕　ただし仏教の奉仕は必ず相互的である。一方のみが他方に奉仕するというような、婆羅門教の奉仕とは違い、明らかに相互的に奉仕が規定されてある。第一教団の方からは、第二教団に対して法を施すのである、これを法施というのである。法は理想であるから、第一教団は理想を説き与えるのである。第二教団に対して人生の理想を示すのである、これが第一教団から第二教団に奉仕する方法である。

第二教団の奉仕　第二教団は、第一教団に向かって食物を供給する、食施《じきせ》をするのである。毎日朝食と午食を施す、午前の食事を時食《じじき》〔おとき〕といい、午後の食事は非時食といって許さないのである、一食あるいは二食である。ところが、食施ばかりでは足らぬ、今お話したように寺院というものがある。寺院は共同の財産を持っている、共同の森林がある、共同の田畑がある、共同の園林があれば材木もある、果実もある、下草もある、それらは比丘・比丘尼が、それを経営していくことはできない、それは俗人の第二教団がするのである。俗人は各自その技能をもって奉仕する、例えば、耕作をなしうるものは、耕作をもって奉仕する、樵伐をなし得るものは、樵伐をもって奉仕する。法会の時には、歌舞音曲をもって奉仕するものもあるのである。比丘・比丘尼としては歌舞音曲は禁ぜられている。音楽を禁ぜられて、仏教は非常に淋しいもののように思っているが、そうでない。玄奘三蔵がインドに行かれたときにも、大法会が開かれて、戒日王は自分で劇を作り、これを演出せしめられたこともある。また寺院を作り、仏殿を荘厳し、僧房を装飾し、病室を作り、無常室を構え、井亭を作り、庭砌を整える、彫師も絵師も必要である、石工も、大工も、左官も、手がそろわなくてはいかぬ、すべてその技能をもって奉仕するのを巧施《ぎょうせ》というのである、食施と巧施が俗人の奉仕である。後には財施も必要として行われるのである。かくして、第一教団は法施、第二教団は食施、巧施、財施をもって奉仕する、これが教団の互施である。

僧伽〔四衆の二重教団〕　第一教団が比丘・比丘尼、第二教団が優婆塞・優婆夷だから、全部で四衆の僧伽である。四衆で成り立っているのは、経文にもその例が見えている。比丘・比丘尼のみが、教団を形づくっていると思われているが、事実はそうでない、教団というものは、優婆塞・優婆夷も僧伽の一部である、教団のことを「サンガ saṁgha」すなわち教団というのであって、それが第一教団と第二教団をまとめて僧伽という。俗人は僧ではないと思うのは間違いである。それで、比丘のみをさして僧というのは誤りで、一人では僧とはいえない。僧伽とは「集会」のことで、団体ということである。昔から僧伽を「和合衆」と訳している。

帰依僧の意味　それだから、南無帰依僧、僧に帰依するということは、教団の主旨に添うということである。われわれも教団の一員である、教団の公共生活の中にいる以上、公共の趣旨に従うということが、僧に帰依するということである。法に帰依するというのは、仏の理想に従うということである。仏に帰依するというのは、教主たる覚者に従うという意である。「自ら至心に僧に帰依し奉る、願わくば大衆を統理して一切無礙《むげ》ならん」、大衆を統理していって、一切無礙ならんということが、僧に帰依するということになるのである。僧に帰依するというのは、頭を剃り衣を着てお経を読んでいる、その人に帰依したのでは、大衆を統理して、一切無礙ならんということには、ならないのである。これは教団に帰依するということである。

教団の主旨　教団の主旨は、公共生活の教団を、真実の和合団体として、完全ならしめんとするのである。それだから、理想どおりに行っていくのが、比丘・比丘尼の第一教団である。第二教団は、比丘・比丘尼のようにはできないが、ある程度まで教えを守って、その理想を理想として仰いでいこうということが、俗衆の趣旨である。理想は確かに理想だから、その理想を実行している人を助けようというのが、第二教団である。まだ外に第三民衆がいる、大衆がいる。大衆の上に第二教団があって、その第二教団は、大衆に向かって、やはり理想を与える、それだから、三重になっている。俗衆と比丘衆とが、合して僧伽を形成している。第一教団の生活と第二教団の生活とは、離れることはできない。仏教は、かくのごとき、和気靄然《あいぜん》たる一味和合の団体である。

寺院の位置　そこで、女人禁制だの、山の上の宗教だのというようなものは、インドには存在しない。シナに来て俗生活を離れた僧生活が興ったのである。聖徳太子のときは、正しくインドの理想が、そのままに行われている。聖徳太子のときには、山の上の宗教はない、聖徳太子の建てられた二十一の寺院は、ことごとく村里に設けられてある。民衆の信仰する処である、決して比丘・比丘衆のみ修行する処ではないのである、僧生活者ばかりの修行する処ではないのである、二重の教団が、互いに相助けて行かなければならぬのである。たとえば、仏が二十余年在住せられたという王舎城の霊鷲山《りょうじゅせん》も、城内とあまり隔たってはいない、霊鷲山といえば、大きな山かと思われるけれども、愛宕山を今少し高くしたくらいのものである。その下に旧王舎城の市中がある、仏は、山上から毎日托鉢のために下山せられる、それだから、教団の生活は、決して市街を遠く離れた処に在るのではないのである。

衣はどういうものを着たか、町外れの塵溜めに襤褸《ぼろ》が捨ててある、捨ててある布切れを集めて、これをつづり合わす、長いのもあり、短いのもある、色もそれぞれに異なっている。それを縫い合わせて、赤土で塗って色を一様にする。色の異なった襤褸を赤土で鈍色《にびいろ》にする、それで、黄色または紅色の袈裟を造る。布切れが五条あれば、五条の袈裟といい、二十五条あれば、二十五条の袈裟というのである。それから、襤褸を横につなぐと、自然に山の形ができる、遠山《とおやま》袈裟というのである。その塵溜めは町外れにあって、高い山の上や、女人禁制というような人里離れた処には、塵溜めはないのである。

仏が二十余年も在住せられたという処が外にある、舎衛《しゃえい》城の祇園精舎である。これは全く野原にある、舎衛城が野原に在って、城外二十丁ばかりの処に、今では小高くなっている丘地がある、これは実際山でも丘でもない。北方の端にはこの祇園精舎があり、南方の端には霊鷲山がある。仏はこの両処の間を往復せられたのである、その足跡を印せられた処が仏跡と称するのである。

仏教の両教団は相助けて、民衆と離れず、部落と不即不離の間に在って、道を伝えるのである。おいおい帰依者が多くなって、王者長者が帰依すると、たくさんの衣を寄付する、大きな樹林を寄付する、田園を寄付する。そうなると、塵溜めから布切れを拾って、衣をこしらえなくともよろしい、舎衛城の波斯匿王《はすのく》が、阿難に五百領の袈裟を贈った。そうすると、阿難はそれを受けないかと思ったが、案に相違して「有り難うございます」といって受け取った。王は、無所有を標榜している僧団の一人が、五百領の衣を受けるとは、不都合だと思った。そこで、阿難に向かって「五百領の衣をお受けになりまして、いかがなさいますか」と尋ねた。すると阿難は「私の仲間には、衣が古くなって困っているものが、たくさんありますから、それらに分けてやります」と答えた。

現前僧物・四方僧物　これは教団の規則であるから、ついでにお話しておくが、そういう時には、それを半分わけにする。半分は現前僧物《そうもつ》として、そのとき教団にいる人々の用に供する、半分は四方僧物として、他から来る人々のため、また、衣の施与を得られないときに、だれにでも与え得るため、いわば、備荒貯蓄のようなものにする。米をもらったとすると、半分は現前の僧衆の食べるために用いる、半分は貯蓄して、四方の僧のためにする。無所有の僧衆は、共同でなければ、貯え置かれない。衣を五百領もらって、二百五十領は現前僧のため、二百五十領は一般の僧衆のためにする。

王はさらに尋ねて、「破れた古い衣は、何となさいますか」「破れた古い衣は、縫い合わせて、寝る時の敷布にいたします」「それが破れたら、何となさいますか」「それが破れたら、解いて、小さくして、座布団にいたします」「その座布団が破れたら、どうなさいますか」「それは割いて雑巾にいたします」「雑巾が用いられぬようになったら、何になさいますか」「解いて細かく刻ざんで、壁土の中に混ぜる「スサ」といたします」といった。「スサ」は、壁に塗る土の中に入れる壁代の材料である。かくまで廃物利用を考え、無所有の教団にも、経済はあるのである。どうしても、こういう心がけでなければ、経済はできないのである。われわれにも参考とするに足るといって、波斯匿王も感心した。

二重教団の意義　こういうような心得は、教団にもあるけれども、教団を経営していくということは、第一教団自身ではできない。そこでシナ以来、儒教の人が仏教を評するのに、こういうことをいうのである、「仏教は家を捨て、親も子も、みな捨てる、子を捨てたのは、捨てた子が残っているから、よろしいけれども、子のないうちに出家するのだと、みな出家してしまったら、人種はなくなる。これは不倫な教えであって、社会に容れることはできない」というような仏教排斥論があった。

日本の儒者も仏教を評するに、この評語を用いたものである。家族があるから、われわれの国家は成り立っている。全部が全部、その家を捨てるようなことは、決してない、仏はそれもよく知っておられる、この理想に向かって、民族が、全部家を捨てるようになれば、まことに有り難い話であるが、決して、そういうようにいくものではないということを、仏はよく知っておられる、それで、第二教団を造られた。第二教団がなければ、托鉢しても、食を施してくれるものがなければ、第一教団は飢え死にしなければならぬ、それだから、初めから第一教団、第二教団というものを、こしらえてあるのである。これを忘れたら、仏教は山の上の宗教か、女人禁制の宗教かになってしまうのである。

それだから、道元禅師は女人禁制は非仏教的である、こういう恩愛のない宗教というものはない、女を疎外するような教えはあり得ないと、極力それを排しておられるのである。それだから、この禅宗、ことに曹洞宗の授戒には、比丘尼がおらなければならぬ、その儀式の一つになっているのである。とにかく、仏教の二重教団というのは、比丘・比丘尼、それから俗人、信者の男女が、みな組織の中に入っているようにできているのである。

第四　会議法――羯磨　読会作法（白二羯磨・白四羯磨）　投票作法（秘密投票・顕露投票・伝意投票）

第一、読会作法　仏教の教団の一切の事件を処理するのには、仏は会議法を教えられた。すべての事を受理するのには、会議による。その会議は、五人おらなければ、開くことを許されない、五人で公衆が成り立つとせられてあるのである。しかし、どんな会議が開かれても、仏はかつてこれに列せられない、これが有り難いところであると思うのである、一度も、教団の議長になられたことは、ないのである。しかし議長制度であるから、会衆中の最長老が、上座といって議長となるのである。この会議によって、すべての事を処理していく。

まず事を議する時に、議案が提出せられるときには、第一読会から第二読会、第三読会まで次第を経て、第三読会を終わって、決めるのが本式である。ところが、第三読会まで順序を経ず、急を要するときには、読会を経ず即決することがある。今の衆議院の議事規則以上に詳しく定められてある。これが西暦紀元前五百年代、今から二千五百年前に教えられたのである、世界中に、かかる会議法の行われているところはない。インドは君主国であって、何もかも専制でやっておった専断主義の国であった。そこに、会議で決めるということを、教えておられるのである。三読会を経て、正式に決するのを白四羯磨《びゃくしこんま》という。白は提案のことである、会衆の前に議案を表白《ひょうびゃく》すること三度、そして別に異議なきに至ったら、第四の表白は、そのまま決定議であるから、白四作法と名づける。即決法は白二羯磨といい、一度会衆の前に表白して、第二度の表白は、そのまま決定議であるから、白二作法と名づける。羯磨は作法ということである、作法は、手続きというような意味である。

第二、投票作法　次に投票法が教えてある。投票の初めは、竹の篦《へら》のようなもので投票する、そこで、これを籌《ちゅう》といった、投票のことを投籌または下籌《げちゅう》と名づけた。しかし後には紙札を用いるようになった、今の投票と同じようなものである。その投票に秘密投票がある、これを隠密作法という。また公開投票がある、これを顕露作法と名づける。今一つ耳語《にご》作法がある、耳打ちする、教団の一大事という時には、長老が、いずれに投票してよろしいかを伝えて、投票せしめる伝意投票である。

公開投票・秘密投票・耳語投票の三つの作法に用いる投票は、色で分かれている。今は白票と青票との二通りになっている。議論が区々に別れると紛糾するから、ただ二つにまとめ、原案賛成説と反対説と両方にして、決を採る、面倒を避けるためには、結構であるが、実は不条理なのである。比較的多数の賛成を有する発案が、幾つもあるとすると、仏教では、三案でも四案でも五案でも、これに相当する色票を作る。これを行籌者《ぎょうちゅうしゃ》たる書記官が幾人も、色票を盆に入れて持って、会衆の前に行く、一同は思い思いにそれを採る、採る票数を端から計算していくから、行籌者が戻った時には、赤いのが幾つあり、白いのが幾つあり、青いのが幾つあるということが、明了に分かる。かかる投票法が、今日われわれが行っているのと、大差なきものが、今から二千五百年前に、仏から教えられてあったということは、興味あることである。

この会議法は、仏滅後の教団の一味和合のために、教えられたのであるから、仏自身は決して議長になられない。これには、非常な意味のあることであると、私は思うのである。教団の和合を破ることを破僧事といって、最も重い罪とせられてある。和合が永久に破れないために、仏はいろいろに注意を払っておられたらしいのである。

第五　法　典――戒本・律註

個人法〔戒本〕・団体法〔律註〕　教団の個人および法人の標準となるべき規定が必要である、これが仏教の法典である、これを戒律と名づけるのである。教団の個人に関するものは、戒本と名づける、「戒本」の条文が仏在世のときに、明らかに定まっておったのである。法人団体に関するものは、会議法、受戒法、懺悔法、調順法、監視法、別住法、看護法、温室法、安居《あんご》法、遺産処分法、破僧法、破門法などは、みな「律註」の中に、在昔の実例とともに示されてある。この個人法と法人法とが、合して法典となっている。法典は、いずれの国の法典でも、その国の歴史や習慣が取り入れてある。仏教の法典は、インドで行われたにかかわらず、純粋に理想から割り出してある。一方は個性完成の理想から出ており、一方は団体和合の理想から出ている。もしも、法典というものは、理想から編み出していくのが、本当であるというなら、仏教の法典が、最も進んだものであるということを、花井卓蔵博士はいっているのである、少しもインドの色彩が着いていない、インドの習慣の影響を受けていない、それだから、いずれの国に持っていっても、適用し得るのである。

正風派〔小乗〕・正意派〔大乗〕 しかし、強いてインドの色の着いたものを捜してみれば、たとえば、素足で歩くというような規則もある。それを雪の国に持っていって、そのまま行ったら、雪の中をも素足で歩かなければならぬようになる、小乗は形式主義である。小乗の形式を捨てたのが大乗である。正風を重んじて、仏が素足で歩けといわれたから、われわれはぜひとも、素足で歩かねばならぬといって、インドで修行した人が、日本に帰っても素足で歩く人がある。それは非常に危ない、日本では何が落ちているか分からぬ。雪のないインドと違って、日本には霜も雪もある。梅雨のほか滅多に雨のないインドと違って、しばしば雨に悩まされる日本では、事情を斟酌せねばならぬ。細かい規則までも、釈尊の正風として、固守していくのが小乗である、これは正風派といってよろしい。そうでなく、釈尊の理想をのみ込んで、その理想をたどっていくのが大乗である、これを正意派と名づける。釈迦如来は「わしが涅槃に入った後には、在世中に示した少小の戒は、これを捨つるも不可なし」といわれた。そういう特別なものは捨てて、精神をよく心得て、理想を忘れるな、というのが仏の主旨であったのである。

仏在世時に完成していた無字法典　それで、法典は仏在世にすでに完成しておったので、滅後直ちに一切経を結集《けつじゅう》したときに、律蔵も集成せられたものだと思ったら、間違いである。それは既に仏の在世中に存在していた。しかし、文字には書いてなかった、書物にしてはなかった。文字は全くないわけではないが、受け取りや手紙などにのみ用いた。神聖な仏の教典などを写すためには、決して用いなかった。文字はバビロンから、仏より少し以前に輸入したばかりであるから、実用には用いたが、神聖なものは文字に書かない、画にも描かない風習であった。全体文字に書くのは、忘れないためである、文字の助けを借りて、記憶に存しておこうというのである。そういう卑屈なことは、インドの学者は行わない。今でも婆羅門教の聖典（ヴェーダ Veda）は、一語も紙葉に書写するということはない、みな記憶に伝わっているのみである。それを伝える職分の家がある、「自分の家は一ヴェーダの家である」「自分の家は二ヴェーダの家である」と自慢話にするのは、記憶で聖典を伝える家であることを誇りとしているのである。日本に昔あった語部《かたりべ》のようなもので、お経を覚えて伝えるのである。婆羅門教では、十万頌の聖典をも記憶するような、優秀種族の世襲であるから、できるのであるが、仏教では、全くその趣を異にしている、奴隷もいる、学問のないものもいる、商人もいる、士族もいる、王族もいる、むろん、婆羅門族の学者も入っている、そういうものの雑居している衆合教団であるから、万事意のごとくにはならぬ。それでも、仏の説法を五百年の間は、文字に写すこともなく記憶した、五百年の間は、無字の一切経を持続しておったのだが、五百年経つと、だんだんと忘れるものもある、間違うものもある、ついに紀元前八年ごろに、師子洲《セイロン》のバッタガーマニ王の命により文字に書いた。婆羅門教は、今日までも文字に書かない、そういうように、脳髄を聖典の記憶にのみ使用するような人間だから、文明が進まない、人間の天才が、みなその方に向かってしまう。

しかし、記憶力の働きは驚くべきもので、世親菩薩の時代には、論議をもって雌雄を決するというようなことが、しばしばあった。敵者の言論を静かに聞いておって、いちいち記憶して、これを反駁するぐらいは、普通の論師のやることであった。それができなければ、インドの論師とはなれない、速記を調べて返答するから、というようなことは、インドではできない。仏教には、ずいぶん偉い人もおったが、性鈍の人もいる、一味平等の和合衆団であるだけに、不如意の点もあった。そこで、ついには一切経を書写して伝えた、無字の一切経の時代が五百年あった。経典の言語は、パーリ語という語であるが、経文を書く文字は、何国の文字でもかまわない。セイロン島では師子洲字《シンハリース》で書く、ビルマ国ではビルマ字で書く、カンボジア国ではカンボジア国字で書く、シャム国ではシャム字で書く。新しいところでは、英国ではローマ字で出版しているのである。

以上は、小乗仏教の形式主義から出た成り行きであるが、大乗仏教では、そういう形式や文字に拘泥しない、一切経も、かつて結集したこともない、主意さえ徹底しておれば、だれが書いても、どんな文章でもかまわないのである。これが仏の説法のとおりだといっても、その説法のとおりと信じているのは、つまり自分の覚えておったとおりなのである。説法のとおりではない、自分が了解したとおりを、覚えているだけのものである、忘れたのもあるかもしれない、とにかく、五百年の間書いてなかった。書いてなかったのが、本意であるということを忘れなかったら、文字に書いてあるからといって、威張るわけにはいかないであろう。

仏在世時の説戒会　少し脱線したが、仏教の法典は、仏在世時代において、これを毎週一回、会衆の前で読む、これを説戒会《せっかいえ》という、または布薩会《ふさつえ》ともいう。布薩会は斎会ということで、その日に、例の会議法によって、戒本を読み、戒条に触れる行いをしたものは、衆人の前で告白して懺悔するのである。それで説戒会と名づけるのである。

この毎週一回の説戒会は、法典の演習であって、これが仏世の日曜学校である。西洋の日曜学校は、これと同じようなのだから、不思議である。ユダヤ教では、日曜学校ではなく、土曜学校であった、モセスの法典を毎週一回読んで復習しておった。これがヤソ教になって、日曜学校の起源となった。それからまたヤソ教にないことが仏教にある、夏期学校というものがある。インドでは、雨が三ヵ月降る、七、八、九月ごろである、その間に安居《あんご》をやる、安居は、または坐夏《ざげ》といって、この間は托鉢にも出ず、寺にこもっている、または雨安居《うあんご》といって、雨宿りの永いのである。この間に経典、法典を復習する、研究もする、修行もする。これは今の夏期学校であって、一年一度の雨期を利用して、学校を開くのである。なお夏期大学や講習会というような、すべてのことを行うのである。かような方法を設けて法典を復習し、正式の作法を忘れぬようにする。

第六　一体三宝——仏宝・法宝・僧宝

帰依僧の意味　仏・法・僧の三宝ということをお話する順序になった。三宝といえば、だれでも知っていることである。シナ、日本には三宝鳥といって、「仏・法・僧」と鳴く鳥すらあるのである。高野山の三宝鳥は、真の僧宝がなくなったために、仏、法と鳴いて、僧の字をいわない、との評判が行われておった。私は五年の間、毎夏高野山に行っていたが、最後の夏初めて三宝鳥を開いた、確かに「仏・法・僧」と三声、鳴いた。ただし仏・法は陽に鳴くが、僧は陰に低く鳴いた。僧という字は鳴くのにもむずかしいが、了解するにもむずかしいと見える、僧は「和合衆」の意であるから、団体、教団、組織体であるべきものを、一個人の名と間違えて、平気で、「愚僧」「師僧」などと言っている。僧に帰依するということは、教団組織の一員として、教団全体に信を置くということである。「智度論」の巻三に「一々の比丘名づけて僧となさず、一々の比丘を除いてまた僧なし、諸比丘和合せるが故に、僧の名生ず」と見えている、僧の意味の間違いは、よほど古くからあるものと見える。今はこれを還元して、仏在世の意味の、仏と法とを信ずる組織（教団）という意味に、還元したいと思うのである。

教団に入る最初の誓言が、三帰文《さんきもん》というのである。

ブッダン　サラナン　ガッチャーミ　　自帰依仏（Buddhaṁ Saraṇaṁ Gacchāmi.）

ダンマン　サラナン　ガッチャーミ　　自帰依法（Dhammaṁ Saraṇaṁ Gacchāmi.）

サンガン　サラナン　ガッチャーミ　　自帰依僧（Saṅghaṁ Saraṇaṁ Gacchāmi.）

これを一度唱え終わって二度唱えて、三度唱え、帰敬の式を終結するのである。自ら仏に帰依し、自ら法に帰依し、自ら僧に帰依するという意味である。僧に帰依するということは、自身もその組織の一員であるから、団体に帰命するということである。自らその団体の決議を重んずるということになるのであるから、きわめて重い立派な教えになってくるのである。それを一人、二人の比丘に帰依するというように考えると、個人たる比丘には帰依しても、全体としては既成教団はいけない、寺院仏法はいけないというようなことになるのである。

精神界の転輪聖王の理想　三宝ということは、どうして起こったかというと、釈迦如来は菩提樹下で大悟徹底せられてからは、精神界の転輪聖王《じょうおう》をもって、自ら任じておられた。転輪聖王というのは、天下を統一した皇帝である。転輪の輪というのは、輪宝《りんぽう》で、車の輪のような小さい輪である。金輪《こんりん》といって、金の輪の宝である、それは聖王の武器である。聖王がその武器を投げると、到るところ敵を破砕しながら、四方に転輾して、ついに自分の手に還る。こういう理想の皇帝がインドに現れて、インド人の苦痛を救うというような信仰が、昔から存在しておったのである。それは政治上の皇帝であるが、仏は政治界の皇帝ではない、仏は精神界の転輪聖王をもって自ら任ぜられた。それだから、最初に生まれられると、仙人が占うのには、「王子が、もし国に止まって、王位に登られるなら、転輪聖王となられるであろう、もし出家せられるならば、精神界の法王として、天下の信仰を維持せられるであろう」といった。そういう話をお聞きになったから、自然に思想もこれに向かうわけであるけれども、精神界の転輪聖王をもって、自ら任じておられたということは、鹿野苑における最初の説教を、自分が名をつけて、「初転法輪経」とせられた。輪を転ずるというのは、武器を転ずるのである。

その輪宝を転ずるのが、転輪聖王の任務であるけれども、仏は、そういう武器を転ぜられるのではない、法、すなわち理想の輪宝を転ぜられる、そういう意味で、転法輪経という名を与えられた。自身が、いまだかつて転ぜられたことのない法輪を転ずるといって、説き出されたのが、中道の教えであったのである。これは、初めの五群比丘に対して説かれた。その五群比丘が入門してきたから、僧が初めてでき上がった。能説の仏と、所説の法と、能護の僧と、三つが初めて具備した、仏・法・僧の三つが、そろったときに、三宝という名を与えられた。転輪聖王は、七つの宝を所有しているのが特質であるが、それを七つの宝でなく、三つの宝とせられた、これが三宝である。やはり転輪聖王の理想が、仏の思想の中にあったからである。

仏教の三宝　その三宝というのは、第一は仏であるから、仏自身を指したものである。第二は法であるから、仏自身の説かれた法、最初はただ「初転法輪経」のみであった。これに中道、八正道が説かれてある、それが仏教の全体であった。第三は僧であるから、仏を奉じ、仏の法を護持する団体、すなわち教団である。この教団は、初めは五群比丘が五人あったのみである。以上の三つを宝とせられた。しかし、七宝と三宝とは異なった点があるのである。転輪聖王の七宝は、輪宝であるとか、珠宝であるとか、馬宝であるとか、象宝であるとか、主蔵臣宝であるとか、玉女宝であるとか、主兵臣宝であるとか、七つの宝とせられてある、これは転輪聖王が所有している宝である。

ところが、仏教の三宝というものは、これは所有しているのではない。仏教の三宝は、三宝そのものが自身である。仏自身でもあり、仏自身の理想でもある。またこの理想を守る団体自身が三宝の中にいる。宝といっても、自身の持っている宝ではない。能説の主たる自身も、能護の主体たる自身も、所説所護の法とともに、三宝の中に在る。つまり三宝は、天下が宝としなければならぬものである、そこが相違点である。

仏が、転輪聖王をもって、自ら任じておられたということは、最後に仏が、いよいよ涅槃に入られる時、「却後《きゃくご》三月我将に涅槃に入らんとす」と仰せられた。随行しておった阿難が、後事についてお尋ねをする。その時に最初に尋ねたのが「仏涅槃後の葬式は、どんな式法によったら、よろしゅうございましょうか」ということであった。仏は「転輪聖主の葬法をもって葬れ」と答えられた。転輪聖王の葬式の法をもって、自分を葬れといわれるのは、そこにも精神界の転輪聖王をもって、自ら任じておられたということが、明瞭に現れているのである。誕生直後の卜占といい、初転法輪の名といい、それに三宝の創始といい、転輪聖王葬法の適用といい、みな精神界の転輪聖王をもって、自ら任ぜられたということを、明瞭に表明しているのである。

別在も内在も三宝は一体　この三宝は、理想を与えたものも、与えられた理想も、理想を受けたものも、ともに入れてある篋《はこ》であるから、三つが、ばらばらに離れてはいけない、仏を一人切り離しては何にもならぬ、理想を与えない仏は何にもならぬ、これはわれわれに無関係である、われわれに無関係の仏もあるのである、それは辟支仏《びゃくしぶつ》というのである。この辟支仏は縁覚《えんがく》とも訳す。縁によって独り悟る、仏の説法なくして悟ったものである、また独覚とも訳する、独り悟り自己のためにするのみで、他のものに教えを伝えない、そんな仏は幾人あっても、世のためには何にもならぬ。その仏の説かれた理想があって、初めてわれわれの奉ずべき標的があって、有り難いのである。それから法だけあっても、これも役に立たぬ。世にはいろいろの理想がある、ショーペンハウエルの理想もある、ゲーテの理想もある、ヤソの理想もある、マホメットの理想もある。そんなものが幾つあっても、何もならぬ。この理想は、仏から出たものだから、有り難いのである。

また、団体とか、教団とか名づけるものも幾つもある。しかし、仏を離れた教団なら、われわれには何の役にも立たぬのである。この三宝は相関のものである。一世に一仏といって、世界における唯一人者、第一人者として仰ぎ奉るべき大恩教主の仏と、その仏の説かれた法と、その仏の説かれた法を護持すべき団体と、この三つは相離れてはならぬ。われわれは、仏と法とを永遠に維持しようと努力しているが、法を中心として見れば、法は、能説の仏からいえば、所説の法である。能護の僧〔教団〕からいえば、所護の法である。相離れないのはもちろんであるが、これは三宝の三つは別在しているものと見ての話である。三宝は、各一宝の中に含まれて、内在しているという意味で、三宝は相離れないとする。これは一体三宝と名づける、別在の三宝としても一体三宝であるが、内在の三宝としても一体三宝である、法の中にも仏もある、僧もある。仏の中にも法もある、僧もある。僧の中にも仏もある、法もある。これを一体三宝というのである。

第七　修行三道――見道・修道・無学道

仏法修行の三道　仏法修行の三道というのは、第一に見道、第二に修道、第三は無学道である。これは仏の教えられた修行の方法である。これは仏教の特質の一つになるのである。いずれの宗教でも、修道ということを大切にする、修める道を教えるのである。修養の道はどの宗教でも教える。この修める方の道ばかりを比べてみたら、仏教の修道よりも深刻な、深い修養の方法もあるかもしれない。しかし、いかによろしい方法があっても、単に修道のみであっては、これは仏教では承認しない。その修道の模様からいったら、ヤソ教でも非常に貴ぶべきものがある。

ヤソ教の修道　ヤソ教の中には、北海道にある修道院のように、決して物を言わぬのがある。インドにもそういうのがある。なんぴとでも物を言いたいのである、言葉は意志の発表である、意志のあるように発表したい、嘘が言いたい、あったことを誇大に表現したい、人を言いくるめたい、人の非を鳴らしたい、怒りたい、議論がしたい、歌が歌いたい。とにかく、口は禍いの門であってみれば、これがなかったら、みな美しい人間であろうと思われる。これがあるために、衆議院の騒擾も起こるのである。それを修道院の生活では、黙って一生を暮らそう、バターを作って売る、パンを作って売る、チーズを作って売る、そのバターも、パンも、チーズも、他の商店よりは良いとすれば、その実物が物を言っているので、結局、無言の言葉である。「パンをください」といえば、窓からパンを出す、「幾らですか」といえば、値段付けを窓から出す。商売はしているけれども、一言も物は言わない、全く不言実行で事足りている。修道院の中には入れないが、たまには入れて見せる、見せても一言も声は出さない。他人には不愛敬かもしれぬが、本人にとっては、なかなか善い修養だろうと思われるのである。

聖心派というローマ教の一派がある、白金に聖心女子学院を建てている、これは教育を主眼としている一派である。失恋の婦人や、寄辺のない女性が、自分の財産を投げ出して、教育に使用する。日本に聖心女子学院を建てるときは、そういう宗教の団体の学校だから、文部省が容易に許さない。それで、私と寺島誠一郎伯と二人で顧問になって許された。許されるや否や、他の学校と違って、宗教的に教育に専注していくのだから、今では東京第一の女学校になって、多数の華族のお嬢さんは入学しているように見えている。天理教の組織でも、なかなか仏教の及ぶところではない。大本教の修養にも、ずいぶん見るべきものもあるのである。いずれも教理は、いかがわしい点があるかしれぬが、その修道の方法は、立派なものもあるのである。そうすると、ただ修める道を教えるばかりが宗教であるとすると、仏教よりは、はるかによろしいということもある。

見道を伴ってこそ宗教　しかし、仏教からいうと、そんなものは真の宗教ではない、修める道も必要であるが、見る道が最も必要である。見る道と、修める道と両方がなければならぬ。修道というのは、道を歩くのだから、道を見分けて、歩かなければむだである。見る方は見道、歩く方は修道である、道をはっきりと見分けて、これが正しい行くべき道であると決まって、それを歩くのはよろしい。正否を見分けず、自分の好みに応じて、むやみに歩いておったら、どこに行き着くか分からぬ。「数ある小道をみだりに行くな、初めの一歩もついには千里」ということもある。それだから、見る道と合わせて、歩く道を教えるのが仏教である。

こういうように、はっきりと双方を教える宗教はない。見る道は、いろいろの哲学者が見極めた以上の道を教える。いよいよ正しき道と見極めると、その歩く方法も、また他の宗教が容易に企て及ぶことのできないように、詳しく歩くべき道を教える。だれでも道は見分けている、これが正しいと思えばこそ、これを行くのではないかという人もあろう。そういう、ぼんやりしたことではいかぬ。正しき道をはっきり見分ける、常識にかけても、哲学にかけても、論理にかけても、いずれの方面から見ても、誤りのないような道を見分けて、そしてその見極めた道を歩く方法を、一歩一歩に誤らぬようにするのである。目と足と別れておっては、物にならないのである。

盲者と跛者の二人旅　昔、インドの広い野原に捨てられた人が、二人あった。一人は跛《あしなえ》で足がない、一人は足は立つけれども、盲であった、それが広野に捨てられた、インドの広い野原に捨てられては、死ぬより外ない、一人は足は立つけれども盲である、一人は目は見えるけれども足が立たぬ、この二人が野原に捨てられた。一方は目があるから、見当はつけているけれども、その方向に行くことができない。一方はむやみに歩くけれども、目が見えないから、方向の見当がつかぬ。そういう不具の二人が、偶然にぴったりと出会った。「お前はどうしたのか」「おれは捨てられたのだ」「いやおれもそうだ」「この野原に捨てられては、死ぬばかりだ、二人協力して、この野原をしのぎ切ろうではないか。お前はおれの背中に乗れ、そして右に行け左に行けと指図しろ、そのとおりに、おれは歩いて行くから」というので、その足の立つ盲の背に、目の開いた跛が乗った。そして、二人一緒になって方向を定めて、広い野原をしのぎ切って、助かったという話がある。

修道の修める道ばかりやっているのは、盲であって足が立つと同じで、どこに行くやら分からない。見道の目は開いておったとしても、足が立たないなら、それもまた困ったものである。世には哲学者のようなものがある、理窟は天地を飲み込むような理窟を立てても、理想を実現する方法を知らない、哲学を哲学するとかいって、思索に日を暮らしている。これを仏教では戯論《けろん》と名づけて、不具者として擯斥する、修道の歩く道は教えられない、智はこなされておっても、情がこなされておらないから、人格は向上しない。智慧だけは研《みが》いたけれども、実際が伴わない。右の手は高く上がったかしらないが、左の手が低く下がっている、それでは全体が平均して上がっていることにはならぬ、死んだら、それきり未来に持っていくわけにいかない。双方が両全しなければ、真の宗教でもなければ、真の哲学でもないというのが、インドの哲学、宗教の立場である。両方があって、初めて目もあり足もある、正しい道と、正しからざる道とを、見分けて、そして、それを十分な足取りで、踏んでいくというのが、見・修両道である。

仏教の修道の方法　その修道の方法は、前にも述べたように、仏教では坐禅観念をもって中心とするのである。禅観によって得る定心、すなわち三昧が心の足である。禅観の方法が、仏教に用いられるのは、心の足を定め、心の足取りを教える意味である。坐禅はつまり方法である。坐禅を目的と思っていると、野狐禅ができて、坐禅をやりさえすれば、それでもって、非常な結果を得たように思っている、それはむだである。禅はいくらよくできても方法で、覚りとは別である。しかし、これによらなければ歩けないのだから、大切な方法である。大地を歩むには二本の足で歩く、これは地界だけの話で、空界になったら、もうこの足はきかない、空界を歩くには、両の翼でなくてはならぬ、これも空界に限るので、無色界という、形も姿もない心ばかりの世界になったら、もう羽もきかぬ、ここになったら、心の足より外にきくものはない。禅定の力より外によるべきものはないのである。

われわれの肉眼で見るのも、そのとおりで、見分けることは、だれでも見分ける。「私は両眼を具えております。これぐらいのことは見分けます」というであろう。目のないものが見えないのは、まだよろしいが、目の開いた盲の間違いほど、骨の折れるものはない、どうなるやら分からぬ、今の堂々たる哲学者は、みなこの類である。目が開いているから、自分の光が邪魔になる、自分の光が邪魔になって、とうとう電気灯も入れることができない、他の光を入れることができない、ホタルのように、自分の身体に光をつけているから、他の光と相容れないようになる。それだから、学者も、哲学者も、いずれも自分に相応の光があるために、仏教を入れることができない。そのために、どれくらい、その人にとっては、不幸になるか分からぬ。

肉　眼　そこで、見道と修道と両方を、教えるということが、最も大切となるのである。見道は目を与えるのである、われわれは目を持っている、どんな目を持っているかというに、肉眼を持っている、この肉眼のあるのが邪魔になって、真の見方をすることができない。「私は、そんなに馬鹿にせられるような、年寄りではない。遠い処も見えるが、近い処も見える」そんなら近い処は必ず見えるか。至って近きは見るあたわず、顔にぴたりと喰《くっ》付いたら、見ることはできない。遠い処は見えるが、至って遠きは見るあたわず、それでは、いい加減の処しか見えないのだから、いい加減のことしか、考えられぬということになる、それでは困ったものである。

それだから、われわれの目というものは、肉眼だけでは足らない、それでも、前にあるものは、どんなものでも、見えると思う。どんなものでも、見えるといっても、至って大いなるは見るあたわず、至って大いなるものに対すると、壁に喰《くっ》付いたようなもので、決して見ることはできない。盲が象を見るようなもので、足をつかまえたものは、象というものは柱のようなものだと思い、耳をつかまえたものは、大きな箕《み》のようなものだと思い、胴体をつかまえたものは、大きな壁のようなものだと信ずる、いろいろ批評しているが、一部分しか見ていない。

心　眼　けれども、目を開いておったら、象は見ることができても、至って大きなものであるなら、見ることはできない。至って大なるは見るあたわず。しからば、小さいものは見ることができるか。至りて小なるは見るあたわず、顕微鏡でも、望遠鏡でも、外に向けてやっているから、心の中は見ることはできない。顕微鏡を内に向けてこしらえたら、便利なものであろうと思う。それだから、われわれの肉眼の欠点というものは、とうてい言い尽くされぬほどである、この壁の向こうは、もう分からぬ、それでは目的は達せないから、その次に天眼《てんげん》というのである、天国の人が見る目である。これは至って小なるも見える、至って大なるものも見ることができるのである。至って遠きも見る、至って近きも見る、天眼はこれである。

しかしながら、これも生まれついた目であるから、われわれの肉眼を持っていると同じことである。ただ遠い処が見える、近い処が見えるというだけの話である。ただ見えるのみで、われわれが望遠鏡で見るのと、同じくらいなものである。しかし、われわれの肉眼より天眼の方がよく見える、遠く見えても高く見えても、われわれの思想が高まらなければ何にもならぬ、そこで、われわれの思想の根元を与える慧眼《えげん》を与える。慧眼というものは、宇宙の理を見ることのできる目である。

理を見るとは何であろうか、花が散る葉が落ちる、これを見て、自然に世の無常の理を覚る。リンゴの落ちるのを見て、地球に引力のあることを覚る。理は見るけれども、理を見ただけでは、これもまた何にもならぬ。何でも知っている、物理に関することは、尋ねに応じて答えるという人間が、案外役に立たぬ。理を見ても、実際に応用することができねば、何にもならぬ。理は研究しても、理学の大家にも馬鹿ものがいる。理も見れば実も見る、実際に応用して、人を救済することができる、かかる実用の眼を法眼《ほうげん》というのである。

法眼は菩薩の目である。その上が仏眼《ぶつげん》というのである。仏の眼はもう、一層広く見る、広く救済の光明を発揮する、仏眼は今まで述べた一切の目を具足している。肉眼の見るようにも見ることができる、天眼の見るようにも見ることができる、法眼は声聞、縁覚の目であるが、声聞、縁覚の見るようにも見る。菩薩の見るようにも見る。仏は法眼、慧眼、天眼、肉眼をみな一様に持っている。その上に、自覚智を発するような仏眼を持っている。以上を五眼と名づけるのである。肉眼を除いて以外の眼は心眼である。この五眼を与えるということが、仏教の見道を教える道なのである。五眼を与えるといっても、自分がその地位に至らなければ、この五眼は得られないのである。

第八　八聖道――見道の修行

正しい人生の道　見道修行の第一歩は八聖道《はっしょうどう》である。八聖道は見道の修行法である、八聖道は正しい人生の道を示したのである。これは仏教の倫理だといって、片づけてしまう学者もあるが、倫理でもあるが、自覚への道である、ゆえに、これは仏教全体の標目である。

八聖道				
目	正見			
	人格要素		生命要素	
	正思惟（意）	心	正念	血行系統
	正語（口）	肺	正精進	呼吸系統
	正業（身）	胃	正命	栄養系統
足	正定			

正しく見るべき目　八聖道というのは最初に正見《しょうけん》がある、われわれの見方を正しくする、正しく見なければならぬ、正しく見るというのは、われわれに目を与えるのである。八聖道は、われわれの身体のようなものであろう。目は前に向かって付いている、背後に付いていると前方は見えない、これが頭の上に付いていると、上は見

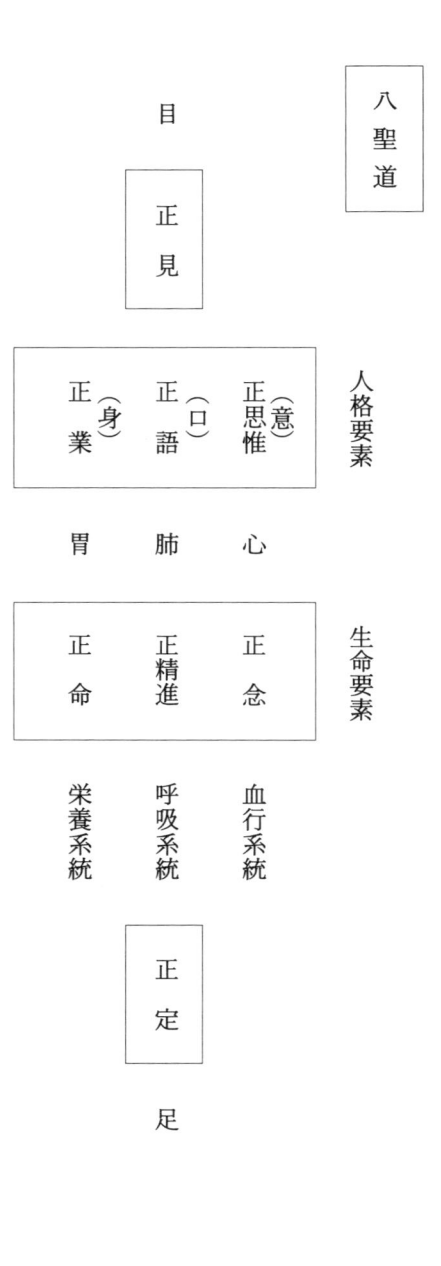

えるが下は見えない。上下左右と前方を見て、方向を定めるために、前の上の方に付いている、見るべき目を与えるのが正見である。次は人間の人格の要素たるものを与える。

人格の要素　第一が正思惟《しょうしゆい》である、われわれの思慮を正しくする、意志を正しく、動機を正しゅうすることである、意業《いごう》を正しくせよとの義である。第二が正語《しょうご》で、われわれが言葉を正しくする、口業《くごう》を正しくするのである。第三は行為を正しくする、正業《しょうごう》である、身業《しんごう》を正しくするということである。身・口・意の三業が正しく行われると、これは人間が正しくなるので、人格が正しくなる要素ができたわけである。

生命の要素　ところが、これだけではいかにも薄っぺらで、正しいものが並存したとても、何にもならぬ。それだから今度は、これに生命の原素を与える。正思惟ができて、正しく考えることができたとしでも、意志が正しく定まったとしても、行為が正しくできたとしても、その正しいものが、続いていかなければならぬ。続いていけば、決めた正しい初一念が続いて、念相続になる、いつまでも続いていく、それが正念である。正語は自分の言葉である、意志を発表するのである、沈黙をもって自分の修行としているような人は、言葉がなくとも済むけれども、われわれは言葉で意志を発表する、発表したことが、そのままになれば嘘になる、それだから、意志を言語で発表したら、努力して、これを実行しなければならぬ、その努力を正精進《しょうしょうじん》というのである、努力して発表した意思を行って、続けていくのである。

正業は、われわれの正しい行いであるが、正業が一つ一つ断片的に出ても、何にもならぬ。それが続いて、正しくならなければならぬ、われわれの生活が、正しくならなければならぬ、正命《しょうみょう》は正しき生活ということである。われわれの人格全体と生活全体とが、正しくならなければならぬ、それだから、悪い事を働いて生活するのを邪命《じゃみょう》というのである。邪命と同じく邪念もある、邪精進というのもある。五戒の中でも殺生、偸盗《ちゅうとう》、邪淫、飲《おん》酒《じゅ》は、みな邪業である、妄語は邪語の一つである。かかることを思い続けるのを邪念といい、かかることに努力するのを邪精進といい、かかることによって、生活するのを邪命というのである。

正定は心の足　いろいろの正邪を見分けるために、目が真っ先になって、行くべき正道を定めなければならぬ。八聖道の最後は正定《しょうじょう》である、これが心の足である。八聖道は見道修行の目足なりといって、道を見定め、道を行くべき道標を与えるのが、八聖道である。いよいよ行くべき道を行き終わるまで、歩き得べき足を作り上げたのが正定である。われわれの心を統一して、禅観の心の足を健全に保ち得て、それから足取りを正しくする。それが次に出てくる、修道の進修法である。これはさしあたり、われわれに必要がない。これは悟りの目標に向かう足取りであるから、修行の道に入らないわれわれには、分からない。

修　道　この修道は七菩提分というのである。われわれには不要とはいいながら、ここに七菩提分の名目のみを出しておく。択《ちゃく》・進・喜・安・念・定・捨の七支である。いずれも心の傾斜を正しゅうする標目である。道を歩く時に、心が浮いている時には、うっかり足踏みをする。心が沈んだ時には、物にぶっつかる。こっちに寄ったり、あっちに寄ったり、道草を食うような調子になる。それを正しく歩むのが修道である。見道は、見惑といって見地の迷い、智の迷いを断ずるものである。修道は、思惑といって思調の迷い、情の迷いを断ずるものである。われわれの空疎な心からいったら、智慧の障りと煩悩の障りとを除くための見・修両道である。

無学道　見惑もなくなり、思惑もなくなり、見道・修道の修行が終結すると、無学道に進むのである。無学道まで修道の足で行けば、覚りの目標に入るのである。普通、われわれの言葉でいえば、無学というのは、学問のないということであるが、仏教で無学というのは、学ぶことのないということである。学ぶことのあるのは、有学《うがく》というのである、有学地《うがくち》といえば、まだ学ぶことがあるのであるから、これは学生である。無学の聖者《しょうじゃ》といえば、もう学ぶべきことのない聖者である。

八聖道と身体各機能　八聖道をわれわれの身体に擬して説いてみよう。頭のところに目がある、これが正見である。次に正思惟《しょうしゆい》、正語《しょうご》、正業《しょうごう》がある、正思惟はまず心臓と見る、われわれの身体の胸の部分にある心臓である、正語は肺臓である、正業は胃の腑である、この三つは、われわれの身体の要部を占めている。これは人格の要素たるべきものである。心臓も血を出したばかりではだめである。肺臓も気を吐いたばかりでは、これもだめである。胃の腑も消化したのみでは、結局、だめである。心臓が血を出したら、血液の循環を完全にして、血行系統の全体が健全に持続せねばならぬ。肺臓が気を吐いたら、全体の呼吸系統が健全に持続せねばならぬ。胃の腑も消化しただけでは、何にもならぬ、全体の栄養系統が、健全に持続せねばならぬ。正思惟の心臓から出る血を受けて、健全な血行を続けるのが正念《しょうねん》である、念は憶念である、念相続である、初一念を持続するのである。正しい思惟、すなわち正しい意志があっても、これを持続していかねば、何にもならぬ。正思惟の永住性を保持するのが、正念である。正語は肺だといった、肺が正しい息をしたとて、これが持続して、身体中に酸素を送り、身体の全部を健全に保つのでなければ、何にもならぬ。身体全部の呼吸系統が正調に行かねば、健全とはいえない。呼吸は、口と鼻とでのみするものと思うは、大きな誤謬である。全体の皮膚にも呼吸がある、もし半身以上を火傷したら、結局、死に至るのである。

関東大震災の時に、東京・本所の被服廠跡に逃げ込んだものは、幾万人あったか分からぬ。四万人ばかりは、たしかに死んだのであるが、いよいよ火事が鎮まったときに、一同「万歳」を叫んだ、その声は、たしかに二、三千の人の声であったと、その中におった人から聞いた、その後、一週、二週、一月、二月と過ぎ、最後に生き残ったものは、わずかに二、三百人であったという。これは半身以上、火傷したものは、早晩必ず死に至るのであるから、数千の傷病者があっても、数百の生存者となるわけである。全身が呼吸しているのに、その呼吸が止息すれば、たとい口や鼻で呼吸したとて、生命は保てないのである。かかる呼吸系統が、すなわち正精進《しょうしょうじん》である。正語《しょうご》が意志を発表しても、これを実際にする努力でなければだめである。

正業もそのとおりで、正業の胃の腑が、たとい消化を正しくしても、これの続く腸の部分が健全でなくては、何にもならぬ。腸が滋養分を吸収して、全身に配布するので、栄養系統全体が健全に赴くのである、これが正《しょう》命《みょう》である。正しい業《わざ》がなされても、断片的では何にもならぬ。それが続いて、正しい生活となって、初めて栄養が完成するのである。

以上の正念、正精進、正命の三は生命要素であるから、これによって、人格をいつまでも持続していくことができるのである。これで目もあり、心、肺、胃もある。万事が完成したとしても、飛行機関がなくては、飛行することができぬ、そこで最後に正定が与えられて、定心が正しく定まれば、これが足であるから、三界を随自意に飛びまわることができるのである。これで、見る目も、歩く足も、人格の要素も、生命の要素も、みな完成して、健全に永遠に、光明界に生活することができるのである。

宗教の初門・終門　世間には、八聖道と聞くと、直ちに、それは小乗の教えであるとして、排斥する人もある。また、これは聖道門の教えで、浄土門には要らないことだという人もある。そういう人は正しい目もいらぬ、正しい意志もいらぬ、正しい生命もいらぬというのであろうか。これは、われわれに要るものをことごとく、ここに出してあるのである。それだから、どの宗旨だから要るの要らぬのということは、ないのである。世間の人に仏教と仏教にあらざるとを問わず、みな要るものを出してあるのである。それを倫理に取ろうとするなら、これを仏教の倫理として教えても差支えはない。これが倫理でなかったら、仏教ではないのである。世間に向かっては倫理であるが、出世間に向かっては宗教である。宗教の初門でもあるが、宗教の終門でもある。

八聖道は修道の根本で、この道をたどって、正定まで行ったときには、心の足ができて、覚りの方に進んで行く道が開けるのである。歩いて行きさえすれば、無学道の覚りを開くのである。そういうようにできているのが、仏教の妙処なのである。以上で、仏法修行の三道たる見道、修道、無学道の全部を説明したのである。

第九　自覚による救済

自覚を与える仏の救済　次は自覚救済である。自覚救済というのは、自覚による救済という意味である。自覚による救済というのは、深酷に考えると、仏教では、救済ということは、ないのである。救済は、他の宗教でも、必ず説くことであるし、ヤソ教などでは、ことに救済ということが、盛んに説かれるのであるから、それで救済ということをいうのである。仏教の救済は、自覚による救済である、自覚を与えるということが、そのまま救済となるのである。実際は、自覚を与える他に、救済はないのである。仏自身が覚られて、最上無上の覚位に登られて、それを隣の人に及ぼし、さらに隣の人に及ぼす。随従して来ることのできない人間には、その方法を示さるる。あるいは歩く道を教え、あるいは見る道を教え、いろいろ道を教えて、随いて来るようにせられた。そんなに道を与えられても、歩いて来ないものは仕方がない。歩いてくる人には、自覚を与えられた。仏が蠟燭の火を持っておられた、そして隣の人に蠟燭の火を分けてやり、さらに隣の人に分けてやり、一切の人が明るくなって、蠟燭の火を持っているようになったら、それはどうであろう。皆からいうたら、蠟燭の火は自分にはなかった、真暗であったのが、仏の明りをもらって、自分も明るくなったと、その有り難さをいうから、救済というのである。自覚せしめるということが、すなわち救済だと、われわれから見ていうのである。それだから、仏の慈悲ということは、覚りを与えられるより他にないのである。

仏の智活動と悲活動　そうしてみると、救済だとか、恩寵だとかいうような工合に、普通に飢えたものに、食物を与えるようなもの、と考えておったら誤りである。仏は自覚を与えて救済するのである。ところが、その与えるということは、半分与えられることもあろうし、全部与えられることもあろうし、自分自分の器量に従って与えられる。ただ暗示に止まることもあろう、ただ警覚に終わることもあろう、自覚を理想として、全部の人に与えられることもあろう。その与えられた結果からいえば、有り難くもあり、慈悲でもあり、救済でもある。けれども、仏からいえば、自己の自覚を他己に与えて、拡げられるだけであるから、仏が自覚を与えるということは、仏自身の智活動に止まるのである。これに対して救済するということは悲活動である、慈悲による活動である。

そう分けてみると、仏は智活動をしたり、悲活動したりするのではない。いつも智慧の活動が、本体となっているのである。自身が覚って、それを人に及ぼされるので、智を横に広げるだけである。自分は理想を実現せられている。それだから、仏の理想といっているが、仏自身でいえば、理想ではない、もう現実となっているのである。仏は悟りを開かれた、覚りは現実になっている。それだから、仏の理想といっても、仏の上では理想ではない、すでに実現せられたのであるから、現実である。けれども、われわれから見ると、われわれが将来において、到達すべき純粋なる理想である。その理想の光を、われわれに与えられるだけであるから、そうすると、全部与えられることもあろう、半分与えられることもあろう、導きとして、ただ提灯を与えられるときもあろう、自力で進んでくるものには暗示を与え、他力でなくては、進めないものには、光明を与えられる。すべてにおいて、自覚を与えて救済するということは、間違いないことである。

親鸞聖人の純他力・仏力　親鸞聖人は、仏教の型を破ることの名人である。仏教の型をことごとく破ってしまわれた。戒律を守らず、法規を守らず、自分でもって無戒名字の比丘といっておられる。無慚無愧の身で、箸にも棒にも、かからないものだ、と自分で卑下しておられるのである。何も彼も、仏教の型を崩しておられるのである。自力修行の型を崩された。見道も、修道も、見る道も、歩く道も、それを見分けることはできない、見る目もない、歩く足もない。「手も足も折れて霜夜のきりぎりす」、宗教界の自力修行の道に向かっては盲滅法で、なんともすることができなかった。そこで親鸞聖人は、全く型を破って、全他力、純他力、絶対他力によって目的を達せられた。一切の型を破られたにもかかわらず、この自覚を与えて救済するということだけは、破っておられない。仏の理想をもって理想とする。全く仏の理想に体托するので、少しも自分の力を交えない。仏の理想の全部によって、仏位に登る教えである。

親鸞聖人のように、仏教の型を全く壊した人でも、これだけは壊しておられない。仏の自覚をもって、われわれの自覚とし、仏の理想をもって、われわれの理想とし、仏から与えられる信念をもって、われわれの信念とする。われわれの信念ではない、仏の信念である。一切衆生を一人も漏らさず、救うことができるという仏の信念が、そのままわれわれに映って、われわれはその仏力に催されて、有り難うございますと、お受けをするのみである。自身が歩いていくより他に、方法はないのであるけれども、歩いていくべき足もない、道を見分ける目をも、与えてもらわねば、行けない。その目も足も籠めて、われわれに光明を与えられるのが、弥陀教の大要である。われわれが、たとい自力などといったところで、自力で行けるわけはない。仏力の助けを、どこかで得ているから、一歩一歩に進んでいるのである。子供が歩いているように、自分で行けるように思っているが、どこで転ぶか分からない。それを知らずに歩いているから、親が、背後から知らぬように、助けているのである。手を添えれば、子供がきらうから、見えぬように背後から保護して、転ばないように注意している。それは、非常な恵みであり、助けであるけれども、本人は自力で行くと思っているのである。陰にもなり、日向にもなって、われわれを光明界に導いておられるのである。そこで、結局は何人《なんびと》でも他力であるけれども、どうしても、自分の力を用いたいから、ことに純他力、絶対他力を教えるのが、親鸞聖人の教義である。

そんなに、他人《ひと》の力によって、行かなくともよろしい。自分でやりさえすれば、よろしいではないか。他力によって、行けという教えがあるから、それで依頼心が強くなって困る。そんな卑屈なことではいかぬといって、他力教を謗るものもある。他人の力と思うから、卑屈となるのであるが、他人の力ではない仏の力である。この大理想を発せられた仏の力によるのが、どうして卑屈であるか。仏より外に、われわれの行くべき道を、教え得るものはない。この仏の教えによってこそ、われわれは人格向上の道を窮極まで進み得るのである。

もし他力というのがきらいなら、他力といわぬがよろしい、仏力といったらよろしい。他力というと、他人の力のように感じていけないのである。仏力によらなければ、われわれは道を見分けることもできない。仏力によらねば、われわれは進んで行くこともできない。それは自覚による救済であるから、救済といってよろしいが、自覚によるということが、最も必要なのである。仏の自覚による救済である。仏からいえば、自覚によって、われわれを救済するのである。われわれからいえば、仏の自覚によって、救済せられる。程度問題で、自力とか他力とかいうことであるが、いずれにしても、仏の力でなければ、われわれは進むことはできない。自覚といっても、自覚の光景が違うから、これを一つ心得ておいて、いただきたいのである。今ごろ世にいう自覚ではないのである。

世間の相対的自覚　今ごろの自覚は、相対的自覚である。婦人の自覚ということがある、それは男子を向こうに回しての婦人の自覚である。

「男子の横暴は極まりない。自分勝手に造った法律を、婦人に当てはめようとする。教育は男子を主としての教育法である、教育の機会均等を与えよと主張する。普通選挙というのは、その実は、婦人を取りのけての普通選挙である。婦人を除いて普通というのは、男子の専横である。普通選挙といえば、女子にも男子にも、通じたものでなければならぬ。女子は日本の半数を占めているではないか」こういう工合に、婦人の自覚は、男子を向こうに置いて、その男子と平均して、同じように取扱われれば、それでよろしいと、満足するのである。少数民の自覚もそのとおり、多数民に対しての不服である。労働者の自覚もそのとおり、資本者に対しての不満である。そういうものは、みな相手を見て、その相手に対して、対抗心が起こったのを、自覚というのである。

仏の絶対的自覚　仏教の自覚は、そんなものではない。その相対的値打ちでいったら、釈尊の自覚は、最上無上の大自覚であって、もうこれ以上の自覚はない。われわれからいえば、比べるにも比べるものはない。いろいろの宗教の理想、どれと比べてみても、比べものにならない。それだけの高い覚りを開かれながら、他を見下げる心持ちもなく、自身の誇りを感ずることもなく、自分がそれほど高いにもかかわらず、一切生類を、自分と同じ高さに、引き上げようとせられる、それが仏の自覚である。一切を一人も残らず、自分と同じような地位にならしめようというのが、仏教の教義の中心である。これは自覚といっても、相対的自覚ではなく、絶対的の自覚を得ておりながら、その絶対的の自覚まで、一切を導こうというのだから、これは有り難いわけであるから、救済と名づけても、よろしいわけなのである。

それだから、普通の自覚と、仏教の自覚とは、その程度が違うということを、心得ておいていただきたいのである。その自覚によって、一切衆生を救済するのが仏教である。その救済の結果は、生仏一如《しょうぶついちにょ》といって、生類と仏と同じようになる、また、同じように見るのである。一如という語が出ても、むずかしく考えてはいけない。一の如しであるから、ただ一つのようになるのである。それで、結果をいったら、衆生と仏と同じようになる。一切生類を仏にするというのであるから、衆生と仏と一如になる、仏教はどんなものかといったら、生仏一如の結果を、現そうというのである。ここでしばらく「如」の説明をしておきたい。如の説明は、したがって、如来の説明をすることになるのである。

第十　如来の理想

仏と父浄飯大王　最後に如来の理想ということを挙げておいた。如来という言葉の起こりを、お話しなければならぬ。インドの恒河《ガンジス》の流域に、未曽有の大怪物が現れたのである。西洋紀元前、今（昭和六年）からいったら、二千四百九十七年の昔に、雪山の裾野の迦毘羅《かびら》城に大怪物が現れた、何ものやら分からなかった。今までかつてない大怪物が現れたのであるから、みな不審に思った。そこで、あなたはいかなるお方でありましょうか、と尋ねたら、「わしは如来だ」と答えられた。如来ということは、仏自身が自身に名づけられたのである、これは仏の尊号のように思ったら間違いである。如来という名は、どうして起こったか。

仏が悟りを開かれてから、その次の年に、仏は故郷に帰られた。父の浄《じょうぼん》飯大王や妃の耶輪陀羅《やそだら》姫は、直ちに王宮に帰って来られるだろうと思っていた。ところが、迦毘羅城に帰って来ることは来られたが、王宮には近寄らないで、城外の尼拘楼陀《にくろだ》の林という森がある、その樹林に仏は逗留せられた。そして、弟子どもと一緒に鉄鉢を持って、城内の市街に乞食に出られた。父の浄飯大王は、これを聞いて、実に困ったことをしてくれると心配せられて、さっそく自分で仏の所に行って、「何ゆえに王宮に帰って来ないで、こんな森林の中に棲んでおられるのか。その上に鉄鉢を捧げて、城内に乞食するとは、驚き入った。わが甘蔗族は日氏の後裔である、(インドには日氏と月氏と両民族があった、日氏が最初に全盛を極めたらしい、その日氏の後裔である、そしてこの釈迦氏は甘蔗族の中でも最も偉い人種で、雪山地方を鎮している)、かつて自分の祖先を汚すようなことを、したことはないのである。しかるに、太子は自分の一子である、太子と生まれて、この王統を継ぐべきものである。行者となったからといっても、品位だけは保ってほしい。それに城内に出て、王宮に奉仕する臣下や奴隷の家にまで行って、乞食をするのは、甘蔗族の名を汚し、釈氏の名誉をきずつける、どうか、それだけはやめてもらいたい」と話された。

すると仏は「それはまことに有り難い仰せであります。私が太子として王位を継ぎ、王者として王国を領するならば、あなたのお望みどおりに、太子としての義務も果たしましょう。けれども今は、私は王統を継ぐものではありません。かつてしばらくお暇を願って、入山修行の道に出かけたのであります。行者の身として、私の悟った道は、王道とは全く別であります。私は、私より前に聖者となって道を教えた、その聖者の系統を継ぐものであります。その聖者の系統は、何時も是《かく》の如くにしておりました」と、こう答えられた。

如住・如去　その「是の如くにしておりました」ということは、正しくいえば、如是住《にょぜじゅう》というのであるが、こういうふうに、鉄鉢を持った乞食の姿でやっているのが、私の系統であると、いわれたのである。是の如くにして住しておった、というときの言葉が、タタアガタ（tathāgata）というのである。時には多他阿伽陀とも音訳する字である。「こういうふうにしている者」ということである。その言葉をそのままに、自分の名にせられたのである。こういう習慣を持った人間、というのと同じことである。ちょっと、分からないようであるけれども、決して難しいことでも何でもない。「是の如くに住するもの」という意味で如是住、さらに縮めて如住《にょじゅう》という。そして、そういうようにして住んでおった者が、ついに涅槃に入って、八十一で現世から去られた。とうとう「是の如くにして去った者」となった。これは如是去《にょぜこ》、または略して如去《にょこ》という。こういうふうにして、鉄鉢を持って修行しておられたが、覚りを開かれ、そして、ついに涅槃に入って、去ってしまわれたという。その後姿を見れば、去られた仏であるから、如去の仏である。

同じタタアガタという言葉で、「是の如く住する者」でもあり、「是の如く去った者」ということにもなる。如住という訳は少ないが「金剛仙論」には「如住」としてある。如去は古くあるが、弘法大師は、「如去」という名を、如来よりも多く用いておられるのである。経論の中にも、如来ということの代わりに、如去が使ってある。これは釈迦如来は元は人間であったが、これがこういうふうに、仏となって教えを垂れて、そして去って行かれた、涅槃に入られた、こういう信仰になる。これを人釈迦《にんしゃか》の信仰というのである。釈迦如来を人間と見る、元来人間であったのが、悟りを開いて覚者になられた。そこで、釈迦如来は人間として、人間の宗教を教えられたのである。けれども、信仰であるから、釈迦如来は人間で、われわれの先達となって、そして去って行かれた。その背姿《うしろ》を見た人は、如去の仏として合掌しておったのである。

阿難の悟り　その去って行かれた道を、そのとおりに履んでおれば、われわれも覚りを開けると思って、それで千二百五十人の弟子が、そのとおりやってみた。けれども、釈迦如来は五十一年教えておられた後、いよいよ涅槃に入られたときには、悟りを開いたものが、四百九十九人しかなかった。一千二百五十人の中で、半分も悟りを開いたものはない。四百九十九人しかないので、五百人に一人欠けておった。仏に朝夕随行しておった阿難が、まだ悟っていない。阿難は、朝から晩まで仏に常随しておって、仏の説法を聞いている。仏の説法を聞いて聞いて、一切聞いて覚えておった。もっとも五十一年ではない。二十年たったときに、阿難は入門したのであるから、三十年くらいはお側におったのである。仏の説教を聞いて、参考にするためであるから、「聞の教義」と名づける。これは「如是我聞」と書き出してある。阿難が聞いたのを伝えたのである。耳に聞いただけで、記憶しておったが、心に聞かないから、悟りは開けない。聞の教義は聞き尽くしているが、まだ悟りを開くことができないので、いよいよ明日、一切経を結集する会議が、王舎城の南山の石室で開かれるというときに、阿難は、仏のおられる間に、今少し注意して、聞いておけばよかった、あまり側におって贅沢に考えておったためか、この有様は何事ぞ、と非常に煩悶しておった。

煩悶しているうちに、夜も明けて会議の時間も迫ってきた。時間は来ても、自分は覚っていないから、五百羅漢の仲間に入ることができぬ。とにかく、会議に出てみなくてはならぬと思って、寝床から起き上がって、まだ足は地に着かないが、体は起きている、腰はまだ寝床にかけておった。立ってもいない、寝てもいない、坐ってもいない、歩いてもいない、寝床から下りて、立ち上がろうとした途端に、悟りを開いた。行住坐臥の態度を離れて、悟りを開いたのは歴史の上で阿難一人である。遅まきながら悟りを開いたので、阿難は大威張りで出かけた。

一切経の結集　四百九十九人集まって、阿難のために、一座の空席を設けて待っている。玄関に行ってみると、戸が閉まっている。阿難は大音を発しながら戸をたたいた。大迦葉《かしょう》尊者が座長で、優波離《うばり》尊者が律結集の首座で、会議を開く用意はおさおさ怠りなかった。阿難は「今こそわれは愛尽《あいじん》の聖者となった。結集の会議に臨むために、馳せ参じたり」と大音に叫んで戸をたたいた。大迦葉は石室の内から大声で、「昨日までは有学《うがく》の行者であった阿難が、今日無学の聖者となったということは、受けとれない。悟りを開いたという証拠を示せ」と叫んだ。阿難は何か証拠を見出そうとしたが、証拠がない。それで戸の開くを待たずして、鍵の穴から室内に入った。そして人の頭の上を越して空席に着いた。迦葉も喜んで敬意を払い、阿難は静かに経結集《きょうけつじゅう》の首座となった。このお経は、仏がどこにおいでの時に、お話になった、千二百五十人の弟子のうち、だれだれが集まっていた、何の縁によって説法せられた、その結果は、いかに多くの人に感動を与えたか、いちいち詳しく話をした。経の初めに「是の如く我聞く」とあるのは、阿難の言葉である。経の次には律を集めた。これを一切経の結集というのである。

如去・如来　五百羅漢の一切経結集は、こういうふうで終わりを告げた。五百人の開いたという覚りは、仏の覚りとは違う。羅漢の悟りは一段低い覚りである。そして、仏が涅槃に入られた後に、修行者は倍加して進んだが、悟りを開く者が少ない、なかには退転する者がいる。仏在世の時にも、滅後にも、仏の教えにいそしめば、いそしむだけ、だんだんに仏徳の広大なことが分かり、仏の人格の偉大さが会得せられるようになる。そうすると、仏はわれわれ人間と同じ人格ではない、仏が如住といわれたのは、托鉢の形式の上についてであった、われわれも人間の太子が進んで仏となり「是の如くに去られた」と思って、人釈迦として背後《うしろ》から「如去」と拝んでいたが、これは、われわれの誤りである、三賢十聖《しょう》の地位に在る行者が、いくら努力しても、とうてい及ぶものではない、釈尊は元から仏であった、これが、われわれを感化するために、仮に人間と生まれて来られたのである、そうすると、釈尊はわれわれが迎えた仏である、如去の仏ではなくして、「是の如く、われわれに向かって、来てくださった仏」だというので、如是来、すなわち「如来」と名づけるのである。如来の仏は、元来仏であったと信ずるのだから、仏釈迦の信仰である。元から仏であったのが、人間になって現れてきてくださった、われわれを救うために「是の如く来られた者」として迎えたのである。如住の仏は、現前の仏であるが、如去の仏は、送った仏で、如来の仏は、迎えた仏である。送ったというのも、迎えたというのも、現住というのも、みな仏の一面を見ていっているので、つまりわれわれの見方の違い目である。如来というのも、如去というのも、如住というのも、同じタタアガタ tathāgata〔多他阿伽陀〕という名である。解釈が異なるのみである。それだから、如来の信仰と、如去の信仰と、今では錯綜しているから、いずれを用いても差支えないのである。

ところが、これは仏自身が自身を指して、いわれた言葉であるから、そのときに応じて、変化しても差支えない。初めて説法せられるときには「是の如くにして来たったもの」といわれてもよろしい。終わりに涅槃に入られたときには「是の如くして去ったもの」といわれてもよろしい。故国に帰られて托鉢が問題になったときには、「是の如くに住したもの」とせられてもよろしい。私の祖先もこのとおりに住んでおりました、私の系統は如住の系統であるといわれたその語が、如来という言葉と同じであるから、これが「如来」の名の起こりである。如去でも、如来でも、如住でもよろしいのであるが、如来が、唱えて心持ちがよろしい。娑婆往来八千度《たび》というから、今でも来てくださるかもしれぬ。今こうして話している間にも、如来が現れて、冥々のうちに、われわれに力を与えてくださるかもしれぬ、というような信仰が深くなると、「一人いて喜ばば二人と思うべし、二人いて喜ばば三人《みたり》と思うべし、その一人は親鸞なり」というごとく、いつまでも付いておって、冥助を与えてくださると思うから、如来といった方が親しみがある。釈尊も常在霊鷲山と仰せられたから、如住といってもよろしいが、今おられないと思っているから、常住の意味で、如住といわなければならぬ。仏も妙な名を選ばれたのである。ともかく、仏自身が選ばれた「如来」の意味は、このとおりである。

如来の世界　人には必ず二つの使命があるものである。血の系統に対する使命と、智の系統に対する使命との二つである、太子としては、釈迦族の王統に対する使命を、全うせられねばならぬ、仏としては、人天《にんてん》の大導師たる法統に対する使命を、全うせられねばならぬ。なんぴとでも、この二重の系統を忘れてはならないのである。仏は自身が如来の系統を継ぐものだということは、どうして発見せられたかというに、仏は自分で努力して、自分で悟りを開かれた。悟ってみられたら、仏自身が発明したのだと考えられたものが、仏自身の発明ではなかった。同一の事を、前の仏も、その前の仏も、みな悟っておられた。自分が苦しんで覚位に到達したのだと考えられたことは、先仏が覚られたことを、仏が発見せられただけである。古往今来存在した大道であった。

塔の峰の山の上を極めんとして、山の上に登って行ってみれば、塔の峰には特別の山の景色があるだろう、と思って登って見たが、「来て見ればここも桜の峰つづき、芳野初瀬の花の中宿《なかやど》」、昨日見た長谷《はせ》の桜も、今、目の下に見る芳野の一目千本の桜も、同じ景色である。今でも花の中宿という茶屋があるが、自分が覚りを開いてみると、前の如来も、このとおりに覚っておられた。後に来る仏も、このとおりに覚るのである。如是住で、いつまでもこのとおりであるということは間違いない、如是常住である。それだから、如来の覚りは、宇宙の真理を悟られたので、法性《ほっしょう》のありのままの実相を悟られたのである。法性とは物の本質ということである。これをありのままに見るのが、仏の目の開いたのである。それだけの目を開いて見れば、やはり前の仏の世界である。

それなら、そういう世界に行ったら、甲の仏も乙の仏も区別はないか、千の仏も万の仏も差別はないか、都盧《とろ》一平等《いちびょうどう》で、のっぺらぼうになってしまうのか。今の哲学者はそういうように考えている。われわれが超個性界に入ったときには、それは平等界であるから、個性界のように個性の区別はないと思っている。今は親だの、子だの、兄弟だの、自己だの、他己だの、いろいろの区別があるけれども、超個性界に入り込んだときには、みな一緒であるから、今のように親からしかられたり、友達から殴られるようなことは、ないと考えているものが多い。そういうのっぺらぼうの盲目的のものとなるのは、覚りでも何でもない。われわれの個性は仏になろうとも、維持することができる。維持しようと思えば、維持することもできる。相の世界において、差別相を現そうと思えば、親子兄弟の相を現すこともできる。時間にかけて自在、空間にかけても自在、因果の束縛を脱して自在、食わずに生きているのは、苦しいであろうというような心配は無要である。飲食は生々死々する身体を養う方法なのであるから、もう無色界に行ったら、食物によって満足するのではない。われわれは欲界にいるのだから、厄介な発展をするのである。

そうすると、如来の世界が別にあるように思っては、いけないのである。すべて精神の区別であるから、これを物質界の国土の区別のように考えてはならぬ。仏の世界はわれわれには分からないが、千の仏ができたら千の仏の世界がある。しかし、一定の場所に平等界があって、悟った人がこれに飛び込むように考えたら、それは錯覚である。インドのタゴールの思想は、そういうようなのであるが、仏教はそれとは相違しているのである。われわれは不可抗力的に自然法に縛られている。仏は自然法から自由に解脱しておられるのみである。われわれが仏になったら、われわれの個性が分からないように、なってしまうような盲目世界は、仏の世界とは全く違う。

生仏一如　そこで生仏《しょうぶつ》一如ということは、どうして立てられたかというに、われわれが仏の世界に行って、仏と一緒になってしまうのだと、お考えになってはいかぬ。西洋の宗教の宗義は、神人合一といって、神と人と合一するのだというのだが、その合一問題であるが、ヤソ教でいうのは、天国に行くことをいうのである。天国に行くことは行くのであるけれども、自分が神になるのではないのである。しかし、神の国の常住者となるのであるから、神人合一といって差支えないのである。仏教は決して合一とはいえない。それでも両方に極楽がある。それにわれわれが行く。こういうのは、天国式の合一のように見えるけれども、そうではない。それは仏の世界に行って、そして、そこにいる仏の感化によって、その仏と同じような仏となる。自分が仏になるのだから、阿弥陀仏の懐内に入って、一緒になるのではない。そこに大なる違いがある。一切生類がいちいちみな仏になるのである。

ところが、この世を穢土《えど》といって、不浄な、染まった汚ない処とし、そして浄土というものを別に設けて、そして浄土の土徳《どとく》によって仏となる。土徳というのは、その浄土の仏の力によって、われわれが仏となる。その浄土というものは、一文銭を六文持って六道の辻を渡り、藁草履を穿いて、杖を柱に行かなければならぬような処ではない。仏がインドで仏になれば、その場所がそのまま浄土である。われわれから見れば、霊鷲山は石ばかりで登るにも骨が折れる、水がない、そして暑い熱のために石がそくれて割れる、そういうような処に、釈尊は今におられるとは思えない。釈尊の浄土は霊山《りょうせん》浄土であるが、釈尊が在世におられた処が、仏の世界であるかもしれない。われわれには分からぬのである。それだから、生仏一如ということは、仏は仏自身を別のものとは考えられないで、一切生類を仏と同じように考えられることである。また、生類は結局、仏と同じように仏となるということである。また、一切生類をことごとく仏と同じように成らしむるということである。また、衆生本来仏なりで、衆生と仏とは本来は差別はない、差別ありと見るのは、われわれの迷いであるということである。われわれの相は凡夫であるが、相を捨てて性に返して見れば、われわれも仏性を持っている。「摂相帰性《せっそうきしょう》」で、われわれの性に帰して、本性の方面から見れば、人間も仏も同じことである。いずれの点から見ても、生仏一如の教えである。十人は十人、百人は百人みな、仏と同じようになるのである。いちいちの生類は別々の仏になるのである。一如ということは、そういう意味に解さなければならぬのである。

光明界の永遠の生命　本来、われわれ生類の望むところは、永遠の生命である。われわれはすでに永遠の生命は有している。遺伝としても、父から子、子から孫に永遠に生命は続いている。輪廻としても、過去から現世に、現世から未来に、生界から生界へ、到る処に個性を持って永遠の生命を持続している。永遠の生命だけが望みなら、これで満足してよろしいのであるが、われわれには生命欲の本能ばかりではない、知識欲の本能を持っている。単にどこかに何らかの形式をもって、存在しているということは、真理としてこれに満足することはできない。過去の生命も未来の生命も明らかに分かって、いかなる処に、いかなる生を保つということが、了々分明せねば満足しない。つまり闇黒界の永遠の生命はすでに得て居っても、われわれには無関心である。ただ望むところは、光明界の永遠の生命である。闇から闇への生存は、なるべく短くしたい。明るみから明るみに行くのは、永遠にありたい。同じ光明界に永遠性の生命を得るということは、生仏一如の意味である。

真　如　仏教は「如」の研究である。婆羅門教は「体」の研究である。体の研究は本体論に帰結したのであるが、「如」の研究は真如に帰結したのである。万物はみなそれぞれの「如」(ありのままの姿)を持っている。生類はみな真如を持っている。仏も真如を持っておられる。われわれはみな真如を持っている。おのおのその人のような特質を持っている。その人に適した特有の姿を持っている。人々個々にみなその人特有の本質を持っているのである。仏は仏のような性質を持っておられる、これは仏の真如である、われわれの真如は値打ちはないが、仏の真如は悟りの世界の真如だから値打ちがある。そこで、仏について多く真如というのである。

とにかく、衆生も仏も、みな一々別々の性質を持っている。それだから衆生の「如」も、仏の「如」も、その性質から見れば同じことである。どちらも仏となりうる性質であるから、同じことである。われわれは迷うた「如」を持っている。仏は覚った「如」を持っておられる。仏は仏のような性質を持っている。われわれはわれわれのような性質を持っている。われわれのは煩悩具足の「如」であるが、仏のは覚りの「如」で、自覚覚他、覚行窮満《かくぎょうぐうまん》の性質、それにふさわしい性質を持っておられる。外相は全く相違しているが、本質から見れば、われわれも、のちに仏になるのである。相を捨てて性に帰してみれば、われわれも、仏と同じだといい得る。つまり仏はこれ已成《いじょう》の人、人はこれ未成《みじょう》の仏で、われわれも、未成品ながら、ついには仏と成る本質を持っている。結局、生仏一如である。

「如」の研究は、やがて分かれて「性」と「相」との研究となる。「性」といっても、これを本体と同じような意味にとってはならぬ。性・相の区別は、単に内相・外相というと同じようなものである。われわれは欲に凝っている。仏は覚に融けておられる。外相は氷と水で異相を呈しているが、内相は氷も水も同相で別のものではない。

真如の誤解 真如というものを、円い玉のような常住なものがある、というように考えるのは、間違っている。仏の性質という意味で、仏の性質は常住不変のものであるというように、それを尊んでいうのは、何といってもよろしいが、真如というものが別にあって、仏がそれから出て来るとか、真如の世界に仏が出入りしているように、考えるのは間違いである。真如は、仏のありのままということである。仏のそのまま、われわれの真如は、われわれのそのまま、要するに、そのままということが「如」である。「一如」ということを誤解すると、仏と衆生が一緒になったり、同じ世界の動物になったりするようなことになる。悟りを開いたものが、いちいち真如の世界に飛び込むようなことになる、それは婆羅門教の外道の考えである、タゴールの教義も似ている、われわれは生物となって現れているが、最後は宇宙の本体、宇宙の大我に帰する、宇宙の大我に帰して、無差別のものとなるというのである。タゴールの哲学も、仏教からいえば外道である。

それからロンドン「ブッディスト・ロッジ Bddhist Lodge」の人々の信仰も、またこれに似ている。これは面白い信仰であるが、下手に行くと外道になるのである。それはどういうのかというと、宇宙の大生命は一つである、われわれはおのおの小生命を持っている、その異なった小生命のために、われわれは働いている、それが私欲になり、利己になり、自己中心となる、これには、つまり自分自身も満足しない、自分は利己主義で、いろいろやっているが、後には満足しないようになる、どうして満足しないようになるかというと、この宇宙の大生命というものが、内面から働いているからである、この大生命に合一する考えなら、利己を捨てて人のために働く、公共のために働く、そうすると善い事をした、人を利益したと考えて、心が鎮まって満足する、自己中心で行うことは、徹頭徹尾、われわれの満足しうるものではない、というのである。

これまでは解釈の仕方で、まことに結構な教えであるが、それが最後に、このわれわれの小生命は、彼の大生命に合一するというように説くように見えているが、もしはたして、そうであるとすると、それは外道説である。それだから、生命ということの解釈によって、正邪が分かれるのである。このごろの人が、多く間違うのは、われわれは小さい細い縄のような、糸のような、生命を持続していると考えている。けれども、宇宙の大生命といえば、大きな虚空のような、天河のような、生命が続いているように思っている。小生命は、死後それに合一するように思っている人が多い。ある人はまた、大生命が横に遍満して、われわれの身体の中に、入り満ちているると思っている。そこで、内的生命というものがあると信じている。そして、外的生命たる身体や生活や動作に、あまねく浸潤して、浸み込んで、現れて出るように思っている。あたかもベルグソンのいうように、地球の外部というものは、山あり河あり大地あり、荒っぽいものが表現しているが、内部に入れば地心には火がある、というようにだんだんに変わってくる。その火が温泉から水を湯にして出しているし、ときどき浅間山のように、灰を降らすこともある、それが四方にいろいろの形で浸み出ている。その真ん中の中心にあるのが、内的生命というもので、われわれの最も尊ぶべきものであると説くものもある。

そういうと、内的生命はどんなものであるか、はっきり前もって知っていないと、うっかり承認ができない。仏教では、生命というものが、別にあるように思ったり、本体というものが、別にあるように思ったり、霊魂というものが、別にあるように思ったり、実我という常住不変のものが、あると思ったり、するような考えは、すべて錯覚とする。いわゆる妄想顚倒の見である。すべてこういうふうの思想は、自己を中心として考えるよう

わけである。それを意識して研究しているならば、仏の光に一歩一歩に触れるわけである。その点から見て、われわれは同じ仏の教えを受け、同じ光に照らされている。われわれは無意識でおっても、仏の教えに随っているる。それだから、「ブッディスト・ロッジ」の出版にかかる著書では、外道か正道か、まだ明了に分からない。わなお最後には、小生命が純な内的生命ばかりになって、大生命に同一するというのは、全くいけないのであ

浸潤して出るように思ったら、それは誤謬である。

ように説くなら、決して差支えはない。内的生命というものが、別に身体の中心にあって、外に荒っぽい生命がということは、自分は信仰を生命としているというようにいって、その信仰の現れが、外に浸潤して出るというが、純なわれわれの中心であるというような考えは、親鸞聖人には決してあるまいと思う。けれども、内的生命うものであるということを、見極めておられる。それに内的生命というものが、別にあって、その内的生命が、親鸞聖人は、そういう内的生命は考えられない、われわれは煩悩具足の凡夫で、出離の縁あることなし、そ

触光柔軟　これは親鸞聖人の信仰は、それほど純な信仰であるということを、説明するのにはよい説明である

悪《あし》の二つは、一切知らないというように、純情な信仰になって、その結果は一切見ないようになると説く。とするような考えで、阿弥陀如来を拝むような考えがあるけれども、内的生命がそのまま発揮したときには、善《よし》事をするのも、仕事のための仕事である。信仰でも、信仰のための信仰だ。善い所に行こう、悪い所に行くまいいる。打算的の生活をしているが、内的生命そのものが、考えるときには純な考えをする、純な仕事をする。仕れてくる。手を動かしたり、口をゆがめたり、外に向かって荒っぽい仕事をしている、時には不純な生活をして

けれども、人間はそういうように考えようとするのである。われわれには内的生命がある、その生命が外に現

である。

に、われわれを導くものであるとするのである。それだから、仏は実在を否認して、初めから取り合われないの

われわれの世界はみな同じく、仏の世界がすなわち、われわれの世界であるから、仏意に合しないものには、われわれは得心しない。親鸞聖人は、あんなに戒律も破られ修行もせられない、仏教の型は全く破られた。けれども、親鸞聖人の教えを信じている地方では、堕胎というような罪悪は、自然に犯さなくなったのである。仏の慈悲を徹底的に感じたときには、生きたものを殺すというような考えはなくなる。

一茶の句に、「やれ打つな蝿が手をする足をする」というのがある。一茶は非常な親鸞聖人の信者であるが、蝿も殺さない、虱《しらみ》も殺さない。蝿を打とうとする人があると「やれ打つな、蝿が手をする足をする」と言った。貧乏であったから虱もおったであろう。布団を乾していると虱が出てくる。そうすると人々は、これをひねりつぶす。「這え虱這え這え春の行く方へ」、そういうように生きたものをいつくしんでいる。加賀の千代女は、これも親鸞聖人の信者である、これは草木までもいつくしむ心を持っておったのである。「朝顔につるべ取られてもらい水」、私もこういうふうの信仰で育てられたのである。魚を釣る、虫を捉えるというようなことは、かつてない。私が大学にいる時に、大学の卒業生が謝恩会を催す。品川に行って魚を釣って遊ぶという案を出したものがある、僧侶が大部分を占めている、仏の道を信ずるはずのものが、魚を釣って遊ぼうというのは何事か、と私が叱責したことがある。信仰が定まったら、自然にいつくしみの心も出てくる、仏心になれるのであるが、信仰なしに、ただ研究したのでは、殺生戒が教えられても徹底しない。

二十年ばかり前までは、福井県でも、石川県でも、広島県でも、残忍な殺人犯というものは、かつてなかった。明治三十六年であったが、広島に行ったときに監獄に行って話をした、そのとき典獄が話した。広島県には不思議に殺人はありませぬ、この監獄に人を殺したものもおりますが、これはみな四国から来たものであります、という説明を聞いたことがある。そういうように、仏教者は統計も取らないが、そういう有利な報告があるのである。藤井恵照という教誨師は、市ヶ谷刑務所に永く勤めている人であるが、師から日本国中の犯罪統計表を見せてもらったことがある。仏教信仰のある地方と、ない地方との差別は、非常なものであった。実際にそういうようになっているのは、仏を信ずる心地から慈悲心が現れるからである。仏の理想に深く入れば入るだけ、それだけわれわれの心が柔和になる、それは触光柔軟《そくこうにゅうなん》というのである。仏の光が触れると、自然に感化せられて、心田が開拓せられて和やかになるのである。これを慈悲心は、仏の大生命であるとして見れば、その大生命に小慈小悲もなきわれわれが、合一するのだから、それに反対することをしては、われわれの心がおさまらぬ、それでは平和に帰しないというように説くのなら、仏教として許されるのである。

この意味で、大生命というのなら、よろしいのであるが、生命は霊魂と同じように説くなら、われわれは外道説に落ちるのである。チベットに「オン、マニ、パドメー、フム、フリー」という呪文がある。ニポール国に行くと、ボーダナート〔仏尊院〕という大きな塔がある。その周囲をチベット人が身体を地面に着け五体投地して「オン、マニ、パドメー、フム、フリー」と唱え、また立って、頭のあった所に足を踏みしめ、さらに五体投地して礼拝するのであるが、始終、念仏を唱えるように、この呪文を唱えて、宝輪という輪を回しながら繞塔《にょうとう》する。パドメーというのは「蓮の上に」ということである、マニは珠である、露のことだというのである。その露が別々に点々しているが、太陽が輝くと、みなどこに行ったか分からぬようになる。空に帰してしまうという意味である。

これをサー・エドウィン・アーノルド詞宗は、よく分かるように、太陽が出ると点々と転んで、池の水に落ち合うというように訳している。そうすると、仏の世界が一つあって、それにわれわれが飛び込むように聞こえる。水の中に露の玉が落ちて、分からぬようになることになる。衆水が海に行って一味となるようなものだと、親鸞聖人も説いてはおられるが、それは、われわれが仏になる身体でないものが、それが仏と同じようになるという意味を示されただけで、実際水の中に融合して、淡水が海に行って塩味となるようなものだというのでは、仏教にならぬのである。これだから、この点を誤解しないようにしなければならぬ。「オン、マニ、パドメー、フム、フリー」の信仰も、そのとおりで、説き方によっては、やはり外道になるのである。

以上お話した他に、まだ四諦、十二因縁というような、根本の教義とせられているものがあるが、これは私は説かない。それは今までお話した中に、その意味は十分に含まってあるからである。特別の教義として述べるほどのことはない、と思って省いたのである。これで今回の講義は終結とする。

仏教の真髄（抄）

序

「仏教の真髄」とは、東伏見宮大妃殿下が過去数年にわたる進講に対し課したまいし題目である。今ここに集録したものが進講の内容であるというのではない。内容は多様であり、説き方は異様であるけれども、いつも仏教の見方、考え方、教え方について、その真髄と見るべきものを選んで、世に伝えんとする努力は、大体において変わりはないのであるから、この書を「仏教の真髄」と名づけて、世に公にすることとした。

仏の定められたる仏教の通理は「正しき行いなきものに中正の心はあり得ない、中正の心なきものに如実の智慧はあり得ない」というのである。これを仏は名づけて「三学」とせられた。三学とは高い道徳・高い思想・高い智慧のことである。上行・上思・上慧といってもよい。仏教語でいえば、「増上戒・増上心・増上慧」である。普通これを「戒・定・慧」と訳している。「増上」と「心」との意味を忘れている。これはHigher Morality, Higher Thought, Higher Insightである。通俗の道徳・通俗の思想・通俗の智慧よりいっそう高尚な三学を目標としてあることが明白である。ことに増上心（Adhicitta）は「思想」（チッタ）であって、「定《じょう》」ではないのである。これは、定は通俗にないものであるから、ことに「心」という字を用いてあるのである。通俗の思想は単に思惟《しゅい》に止まるのであるが、仏教の高き思想は、禅定の内観より出づる思想をも含むのであるから、「高等の思想」というので、「定」にも通ずることになるのである。

仏教の向上門・進修の方面は一般に弁証を主として禅定を伴とする。その向下門・摂化の方面は多くは禅定による内観を基礎とし、弁証による論議は機宜の応用に過ぎないのであるから、時には両者全くその見地を異にするかのごとく見ゆるものがある。実相は無相なりといい、真智は無智なりといい、法身は無象なりといい、金口《こんく》は無言なりといい、法門は無門なりとか、空は不空なりとか、真空は妙有なりというごとき、すべて対立を統一する相即性原理の応用から来るものが多い。その結果として、仏教の主要語には二重の意義を有するものが多々あるので、俗人には一般に了解し難く見ゆるのである。例せば「真如」にも「法界」にも「如来」にも「如来蔵」にも「涅槃」にも「法身」にも「中道」にも、いつも二重以上の意義がある。つまり、通俗の解し方に基づく意義（Common Sense Truth）と、第一義といって高尚な見方に基づく意義（Higher Sence Truth）との二つの見方、すなわち真俗の二諦を認めなくてはわからないこととなるのである。はなはだしきに至りては、世間の通会を指して「顛倒妄想なり」と説破することもある。つまり、夢の世界の論理と現実とに囚われて、幻影を追い幻覚に襲われて、汗を出しうなりつつある人を揺り醒ましつつあるのである、夢みつつある人と、醒まさんとしている人とは、全くその世界が異なっているのである。自分の夢が醒めた時に初めて「夢でよかった」と感じるのである。「現世を夢だ」というのは夢の中でいうことではない。

禅は心統一の因相である、定は心統一の果相である。心統一の功果が顕われたり、禅定《ぜんじょう》は夢を夢だと見得る明鏡となるのである。世間差別の種々相を心統一のレンズに写して集中する、集中の目的を達したら、これを「心一境相」と名づける、心が一点に統一されたのである、すなわち「定」である。いわゆる「明鏡止水」である。この時、定前の種々相が定のレンズを通して更に拡大されて、心の奥の種板に上と下と逆さまになって映写する。明鏡のごとき止水の中に万象がその倒影を宿している。「万物映徹」の光景は麗わしいものである。ただ定《じょう》外の種々相と定内の種々相とは全く逆である。この明鏡を「慧」というのである。定は「止」であるが、慧は

「観」である。止は「寂」であるが、観は「照」である。この慧の逆光線で再び定前の種々相を観照する。この再認識の時の観方は定前の見方とは全く異なっている。ここに世間の見方や世俗の論理を指して「妄想である顚倒である」とするのに何の不思議があろう。弁証のみで進めば、生の条件の一切を否認するよりほかに真如の光景は彷彿せられない。いつまでも真如の四界と現実界とは峻別である。真如は凝然ならざるを得ない。更に禅定によりて初めて真如の実相が如実に直観せらるる。「実智」は禅定によりてのみ到達せらるる。定力から慧力が生じ、慧力から実生活に適せる妙智力が発する。これが「実智」である。これが「如実知見」である。慧の完成（般若波羅蜜）が、人格の完成、無上菩薩である。これが法界定の体得者すなわち仏である。

かくして、三学と真俗二諦の本来の意義が明らかになる。真俗二諦ということは竜樹菩薩の発明であるが、仏の教えには最初から織り込まれてあったのである。さて仏教では三学の次に三道が教えられてある。三道は見る道と修むる道と三学の終わりに達した道との三である。すなわち見道・修道・無学道である。生の観想と生の修養と生の実現とである。私は仏教の六大原理を選ぶに、生の観想（見道）としては、縁起性原理と無定性（無自性性）原理とを選んだ。生の修養（修道）としては、ことに禅定に基づく実相性原理・相即性原理・全体性原理を選んだ。生の実現（無学道）としては、涅槃性原理を標出した。三学と三道とは、仏教の全貌を物語る根本の教相である。三学とか、三道とか、聞き慣れぬ名目であるから、小乗の教えであろうなどと排斥してはならぬ。この三学と三道とは、やがて「解脱知見」すなわち「如実知見」を湧生すべき原動力たるものである。この「如実知見」より割り出されたものが、われわれの呼んで「仏教の真髄」と名づくるものである。要は禅定による運心工夫、応機自在の妙智力の片影を描かんとしたものにほかならない。

昭和十四年八月十三日

一　インドの古俗

インド文明の本質

インドは太古から現代まで理想に生きている国である。それであるからインドには歴史がない。インドは没歴史の国である。しかし書いた歴史はないけれども、インドには往昔大文明があったということは人みなこれを承認している。インド人は一々年月に懸けて書き残さないのである。日本のように何年何月ということはわからぬ。だからそこでインドの史実を研究していく間には、百年くらいの差違はあるものとせねばならぬ。大体の輪廓を知るだけである。インド文明の歴史で月日までわかっているものはほとんどないのである。しかしインドにも英雄もある、戦争もある、芸術もある、著述もある。英雄の事業は詩篇または小説となって残る。偉人の出世はだいたい予言となって伝わっている。

インドには一葉の歴史もないが、紀元前千二百年頃のリグ・ヴェーダ文学を初めとして、時代を追うて作られた聖典文学はことごとく存在している。アリヤ民族文学では最も偉大なりというマハーバーラタ詩篇も存している。世界宗教文学にて最も広大なる仏教一切経文学も存している。インド文明の最盛時を語る石の美術は今なお五天の史跡を飾っている。それであるから形式がないといっても、形式のない時代ばかりではないということは明白である。形式がなくても形式があっても、精神文明を相承していくというのがインドの特質である。インドの文明は、釈迦如来が世に現われられてから、著しくその色彩を改めて形式を整えたのである。釈迦如来の第一の説法はインド文明に対する大警鐘であった。――いま世間に行われつつある両極端主義は予が排斥するところである。一方には順世享楽主義がある。利を追い生を楽しむをもって能事畢《おわ》れりとするのである。この極端主義は予の排斥するところである。一方には遁世苦行主義がある。世を捨て苦を行ずるをもって人生の目的とせるものである。この極端主義も予の排斥するところである。一は物質的楽観主義である、他は精神的厭世主義である。この両極端は予の取らざるところである。予の教えんとするところのものは、精神主義にも偏せず、物質主義にも偏せず、中道主義である――と教えられた。

インドが精神文明をインドの本色とした間は、まだインド文明は形式を具備しておらなかったのである。ところが釈迦如来が中道生活を教えらるると、たちまちにしてインドの芸術も進んで来た。真価のある石の彫刻の発達は仏教時代である。仏教の進運に伴うて哲学も組織を始めた。宗教も紀律ある教会生活に入った。平等の見地をもって四姓の階級に対するに至った。全インド統一の王朝は仏教主義によって始められたのである。戯曲も、文芸も、音楽も、論理も、倫理も、一般の学術も殆んど仏教によって動かされたのである。つまり中道を力説せられた結果、形式も備わり精神も具えた新文明がインドに出現したのである。仏世よりおよそ一千年間は確かに仏教文明の全盛時代と称し得る時期である。しかして仏教文明の全盛期がすなわちインド文明の最盛時である。インドの仏に負うところ実に偉大なものがある。インドは極端の国である、極端に走りやすい国である。この病気に対する薬は釈尊の中道主義であった。しかるに今日に至っても、やはり釈尊の教義が最も適切な薬であることを思わざるを得ない。二千五百年の昔にすでに説法せられたことが、今日で見ると、適切に立証せられたように感ぜられる。物質主義の極端は排斥すべきものと説かれたにもかかわらず、われわれは物質的方面に向かってしだいに深入りをしたのである。生活も物質を中心とし、社会も物質を中心とし、国家も物質主義の勝利を実現せんとし、学術も物質主義の勝利を実証せんとした。文明は物質主義の極端に陥らんとするに至った。二千五百年間の努力は物質主義の行き詰まり、享楽主義の悲哀を実験するにとどまったこととなった。

以上の欧州本位の物質的傾向に反して、またインド本位の精神的傾向がある。インド人はつねに精神文明の存在を誇るのであるが、釈尊はすでにこれも極端として排斥せられた。二千五百年経ってみると、やはり余り慕うべきものではない。今の世の中になっても、形式を捨てたインドの文明はまだ残っているから、根底はずいぶん深いに相違ないけれども、勇士は亡び名は朽ちて、民の自由は他のために奪われたのでは、精神世界はいくら進んでいても、その国は滅びたのと同様であるから、いくら主張があるとしても、純なる精神文明はわれわれの慕うべきものではない、やはりこれも排斥すべきものであることを免れない。どうしても仏の中道生活が行われなければならぬ。中道生活とは両極端に偏せざる自覚の生活である。自覚智に基づける理想は、顕われて実践的正道の倫理生活となり、思索的聖諦の人生観となるのである。インド文明は、仏の中道自覚の理想によって、初めてその形式を全うしたのである。

インドとアリヤ民族

インドという国は外との関係が非常に広く全く世界的である。インドは民族という関係では西洋各国と関係を持っている。インドの人種は元来ヨーロッパ人種と同じアリヤ民族である。その血統の関係からしてインドは欧米全土に連絡を持っている。またインドは宗教という関係では東洋各国と関係を持っている。インドの仏教は殆んど東洋の全人種を風化したのである。かく西洋全土とは民族的関係を有し、東洋全土とは歴史的関係を有している。そこでインドは全世界と密接の関係を有しているといって差支えないのである。この広範な範囲でインドを研究するということは非常に興味のあることである。

インド人と西洋人とは、今は東西に分かれ色も違っているが、同じアリヤ民族である。この民族はいつごろまで一所に同住しておったかということは一つの問題である。この人種が小アジアのバビロン地方に同住しておった時は、ヨーロッパ人もペルシャ人もまだ別在していなかった。かかる地方に分かる前に一所に住んでおった時代があった。これはおおよそ紀元前一千三百年ごろの状態である。宗教の相違かまたは戦争の結果からして、一方は西に一方は東に民族の移住が行われた。西に向かいヨーロッパに行ったのは今日の白人種の一部であろう。東に向かったものは西域地方に到達した時、また二つに分かれた。一方はペルシャに入りイラン民族となり、一方はインドに入りインド民族となった。これは一般の戦争ではなく、宗教的信仰の相違から分派したようである。インドでは神様として拝まれているインドラ〔帝釈天〕が、ペルシャでは悪魔とされている。インドで神か魔か判然しないアスラが、ペルシャでは大切な主神として拝まれている。かように宗教的意見から分派したらしい。

右の方ペルシャの方に行ったのが、イラン人種で今のペルシャ人種である。左へ向かったのが大雪山〔ヒンドゥクシュ〕を越してインドへ入った、インドのアリヤ民族である。「アリヤ」という字は、信仰の厚い高貴の人という字である。この「アリヤ」の語の訛ったのが「アイラ」という字で、イランは「アイラ」の転であるから、実は同じ名前である。かかる人種の分流は紀元前一千三百年以後のことで比較的近代のことである。インドに入ったアリヤ民族も欧州に入ったアリヤ民族と同じような性質を持っていたらしい。一般にきわめて客観的で物質的で、現実主義、楽観主義の傾向を持っておったのである。この特性はヨーロッパ人種に今なお残っているが、インド人種はその性質をなくしてしまった。

インド人種もインドに入った当時にはアリヤ人種の通有性を持って、何事も現実的に見、楽観的に見る性質を持っていた。この人種は始めに「パンジャップ」〔五河〕の地方に入った。パンジャップはインダス河の上流である。ここに五つの河がある。古伝には七河〔サプタナダ〕となっている。その流域は非常に豊穣な地方で、非常に農牧に適している。羊も山羊も牛も思うままに牧養し得る。一般の農産物も豊かな収穫を得られる。誠に自然に恵まれた地方であった。そうして大雪山は常に千秋の雪を戴いて大自然の威力を示している。山の斜面には多くの氷河が流れつつある。虬竜《きゅうりょう》が天から降下しつつあるの感を与える。インダス河の上流の環境は実にアリヤ民族が新たに発見したる植民地として最上乗のものであった。そこで生活は日に豊かに向かい性来の楽観主義はいよいよ楽観主義となり、加うるに、至る所土人を征服しますます武威を四方に振うに至った。だんだんに勢力を逞しゅうするに至って、征服された土人とアリヤ民族との間に区別を画するに至った。土人は永久に奴隷族としてアリヤ民族に奉仕すべき階級とせらるるようになった。

大自然の威力に打たれる結果、もともと神を信ずること深き人種であるから、自然現象の動く光景を見て一々これを神と見るようになった。そしてインドでも五河地方の気候は、日本の気候より夏は少し暑くて、冬は殆んど同じくらいに寒い地方であるから、自然現象をことごとく神視した。温と熱と光との太陽の力を認めて、ことごとくこれを神とした。また月が出れば月を神とし、雨が降れば雨を神とする。火の神、風の神、雷の神、何でも自然現象をみな神とする。われわれの言う火の神とか、風の神とか、水の神とかいうものは、風の神なら風を起こす神、水の神なら水を司る神という意味であるが、当時の思想は決してそうではない。炎々と燃え上がる火そのものが神である。滔々と流るる水そのものが神であり、光そのものが神であり、風そのものが神である。インドにある大小二十一の河そのものが神とせられている。インダス河はサラスワティー〔弁天〕と名づけられておった。弁天河も初めは川そのものがそのまま神であったが、雄弁の神となり、音楽の神となり、文芸の神となり、ついに福運の神となって日本までも流れ来たったのである。かくのごとくあらゆる自然現象を神格視して、自然の力を認めるに至ったのである。自然現象を神格と見るのは、きわめて客観的であり現実的であり、ついに実在主義に固まるべき基礎はすでにこの時代に成立しているのである。

かくも自然神の力を認め、その神の威光によって、土人を征服し自民族の版図を広めんとするには、神の意志をたしかめ、祈誓の式を行い、感謝の奉仕を表するなど、特に神に対する儀礼を司る祭官を必要とする、これが婆羅門族の起こったゆえんである。婆羅門という語は「パラハマン」という語から出たので、その字は「祈禱」または「信念」という意味の語である。宗教の方面を司る階級を婆羅門族と名づくるに至る。生まれながら教権を握るべき家系のものである、豊穣の土地を選んで遠征を企てる人、いわば軍人として兵馬の権を握る階級である。これが王族となった。つまり士族の階級である。これらの人々が出征する場合には神に対して勝利を祈念する。戦争に勝てば凱旋の御礼をする。天界、空界、地界の神々は、実際に軍陣に伴うて雨の神は雨を降らし、雷の神は雷を起こし、自然現象がそのまま神であるから、各々その方面で勝利を助ける働きをするのである。かかる首尾になるのは婆羅門族の力であるというのである。ところが内にとどまって農牧に親しみ、外に出でて新たに得た豊穣な土地を耕作するために農民の必要がある。また農産物や畜産物を交易して有無相通ずることも必要である。そこで農商民の階級ができたのである。

以上述べた通り、インドに入ったアリヤ民族は今や四姓に分かれた、第一は僧侶の階級（婆羅門族《ブラハマン》）・第二は王族の階級（利帝利族《クシャトリア》）・第三は農商民の階級（毘舎族《ヴァイシャ》）・第四は征服された奴隷の階級（首陀羅族《シュダラ》）〔シュードラ〕の四姓である。この四姓の階級は自然にでき上がったのである。

インド人と乞食

インド人は形の上で乞食であるものが多い。普通、乞食といえば、これは文明の屑であり、社会の落伍者である、文明生活の堕落者である。しかしインド人は形式は崩れても、精神を維持している。インドの鉄道から離れて、七十五マイルも山奥のニポールの山の中で、路傍の岩屋にいる乞食は、その日その日が食えないくらいの賤しい生活に安んじている。熊の皮みたようなものを一枚敷いている。私は彼らと路傍の森の中で火を焚いて互いに話したことがある。私は彼らは単に乞食であると思って、だんだん面白半分に訊ね出してみると、ウパニシャッドの哲学でも、ヴェーダの讃歌でも、自由自在に話をする、とてもわれわれの思いがけないことを知っておったのである。乞食でもなかなか馬鹿にできない。「どこから来たか」、「日本から来た」、日本といってはわからぬから、「ジャッパンプールから来た」というと、「ジャッパンプールか、それなれば今から十一、二年ばかり以前に、大きなサハイブが来たが……」。このサハイブとは旦那という意味である。

「サハイブが来て、王舎城で何か発掘したということを聞いたことがある」という、これは光瑞法主（大谷光瑞）のことを言っておるのである。「サハイブがインドへ来て発掘したという噂があったが、その国か」、「その国だ」、「その国はどこにあるのか」と問われて、その説明にはなかなか困った。なにしろ海というものを知らないのであるから、説明をしても容易にわからない。「この後方に大きな雪山があるだろう、それを越すと大きなインドのような国がある。それをまた越すと、その次に恒河の川を十も二十も集めたような広い流れの河がある。それを渡るとジャッパンプールだ」、「大きな国か」、「大きな国ではない、小さい島だ」、しかし、島がわからないのであるからお話にならぬ。こんなことにかけたら、ほとんど小児のようなものであるが、高尚の話になると滔々と雄弁に喋り出す。マハーバーラタの詩篇でもよく知っている。乞食の中にそういう人もある。

インドにおいて上三級（婆羅門族・王族・農商族）に属する人はアリヤ種族で、教育方法が一定しているから、相当の教育は受けている。八歳になると、山の中の仙人の居に入って、少なくても十年、長いのになると十四、五年、二十年、ヴェーダ聖典の教えを受ける（遊学期）。卒業して家に帰ると、家の火を断たないようにして祭祀を励み、家の後継を断たないように子を育て、自己の種族の任務を全うする（家住期）。その後嗣もできて、年も四十を過ぐると、また家を捨てて山に入る。細君とともに山に入るものもあるが、普通は独棲である。そうして山の中で修行をする（林棲期）。修行の功も積んで、人生の目的も達したと思ったら、漂然として雲水生活に入る。方処を定めず行脚をする。至る所、ただ乞食生活のみである。その間に王公や富者に見出され、頼まれて教師になり、とどまって人を教えることもあるが普通は乞食で終わる。どこで死のうとだれも知らぬ。死んだらだれかが荼毘にして、その骨を恒河の流れへ沈めてくれというだけのことである（遊行期）。血縁の者は、父がかかる生活に日を送っておるのをよそながら知って、食物を送り安全に過ごさせるものもある。一々の人が皆このような生活をするわけではないが、これがアリヤ民族の定法である。これを定法としたら、人間生活の重要な部分は山林生活にあるのである。インドで山林生活が理想とせらるるのは自然である。それであるから、もし精神文明というものがありとするならば、それは確かに人里離れた山の中を修養林とするインドにあらねばならぬのである。

インド人はそういう精神的、理想的の文明を憧憬しているのであって、その結果は、太古のヴェーダ時代からウパニシャッド時代、釈迦如来の昔からタゴール翁の今日に至るまで、一貫して顕われている。英政府に反対して政治的波動の中心となったガンジー氏のごときも、やはりこの理想が生み出したもので、乞食標示の聖者である。

雪山と瞑想

同じ白人でも、インドに移住したアリヤ人種は、初めは欧州へ移住したアリヤ人種と同じく厳しい実利主義、差別主義をいだいておった。その聖典において階級思想を植えつけ、被征服民を奴隷階級として足下に踏みつけ、宗教や教育の権利を与えなかった。しかるに後には広い意味の精神主義、実在主義に転化する機会を得たのはインド人の幸福であった。これはインド移住の白人がその環境として偉大なる大雪山を眼前に有した賜ものである。静のヒマラヤ山の絶景は、動の天象、空象、気象と相まって、威力ある印象を白人の脳底に刻み付けた、いつしか無意識に観想の自楽を味わい得るようになった。アリヤ人種は元来、神に敬虔の信仰を有せる民族である、欧州に向かったアリヤ民族はユダヤで発見された造物主に対して、今日までなお忠実な信仰を有している。インドに入ったアリヤ民族は、自ら造物主を発見して、これもまた、およそ二千五百年間造物主に対して、敬虔なる信仰を持続している。しかしてこれは実に仏教以前におけるインド文明の開展であった。同じアリヤ人種でありながら、全く物質の旅でなく、精神の旅と名づけて差支えないまでに進んだのは、インド人独特の動向であった。雪山が養い来たった瞑想の力がこの動向を生ぜしめたのである。信念の宗教と思索の哲学との間に、この両者を結び付ける瞑想が発展したために、宗教と哲学とが分化せずにいつまでも結合して、理想を高めかつ深めていったのであった。瞑想は実に雪山下の森林生活の副産物である。

インドの古俗

インドの婆羅門教の経典は十万頌もあるのであるが、そのたくさんの経典が今日まで文字に書いたことがない。ことごとく記憶で伝えている。師資相伝で口から耳に伝えているのみである。そうしてそれが彼らの一生の仕事である。それだからインドでは「俺の家は一ヴェーダの家である」といって、一つのヴェーダを伝える家がある。それは一つのヴェーダだけ覚えている家である。また「俺の家は二ヴェーダの家である」と自慢しているのもある。ヴェーダは四つあるのであるから「俺の家は四ヴェーダの家である」というのは非常に少ないわけである。

そこで明治十八年マックス・ミュラー先生がヴェーダを版にする時に困った。書いたものが一つもないのであるから、これをどうして版にしたかというと、インドには注釈がある。その注釈には本文の言葉も書き入れてある。その注釈から本文の言葉を抜き出して、それによってまず原文を書いた。それでもまだまちがいがあってはならんというので、生きた婆羅門、活きた字引に聞いて、いろいろ骨折ってついに版にしたのである。そういうわけで、文字に現わすような非神聖なことは、いまでも婆羅門はしないのである。今は神々を絵にも書き、御経もヴェーダの経典を除くのほかはみな文字に書いている。婆羅門はそのたくさんのヴェーダを覚えるには非常に骨折ったものである。まず文句通りに覚える。それだけでは覚えまちがいができてくる。そこでその文字を一字々々に離して覚える。その次には一文字置きに一番目、三番目、五番目、七番目、九番目というふうに間を一字ずつ抜かして覚えていく。今度はその抜かしたものだけ二番目、四番目、六番目、八番目というふうに覚える。つまり奇数文字と偶数文字と別々に覚えて、それを組み合わせて本文の通りとなる。上から下へ読むのが当り前であるが、それを下から上へ逆に読む。かかる方法を幾重にも繰返して覚えて、一つもまちがいのないようにしている。それはとてもわれわれには想像ができない。

日本でも昔は語部《かたりべ》があって歴史の話をしておった。今の噺家や講談師はそれから来たというのである。宮中に何事かがあると、語部が出て歴史の話をする。文字のない時はそうでもするよりしようがない。それでは嘘やら本当やらわからぬというが、まちがった話はきわめて少ない。文字に書かなくては覚えておれないというような、そんな卑屈な人間ではない。自分らの頭は文字より確かに覚えているといっている。それであるからインドの文明は停滞する。インドの文明が停滞して振わないのは、記憶のために才能を使用し尽すためである。一体インドの学者は記憶力は実に強い、覚えていることははっきり覚えている。インドで論議する時には、世親菩薩のような英傑と対論する場合は、相手の説をすっかり覚えておらねばならぬ。そうしてそれを駁する時には、それに対して破斥しなくてはならぬ。それだから容易には学者にもなれないわけである。記憶においてはインド人は世界一の能力を持っている。シナの文明の停滞したのは、何千何万という文字を頭の中に入れておかねばならなかったためである。記憶のために才能を用いて他に活動することのできないようになり、ついに文明の停滞をも来たすのである。日本は幸いに文字のために頭を労することもない。記憶のために人才を要することもない。ただ一国の天才が工芸か医術かの方面にのみ向かうようになったら、そのために国は亡ぶるに至るかも知れない。

生存競争とインド思想

生存競争が文明の起こる第一の要素である。それが外に向かって、自然界の征服となり、内に向かって都会生活の発展となるのである。大よそこの三点……生存競争と、自然界の征服と、都会生活と、この三要素が文明の起こる原因である。

しかしこの三要素から起こる文明というものは、だんだんに物質文明に趨《おもむ》いて、物質文明の重みが一世紀、一世紀に加わって来たのである。われわれはわれわれの実験によって、人類の進歩ということと物質文明ということは同一のように感ぜられ、物質文明の重みがしだいに加わってくる。それはそうでなければならぬ。

生存競争も、自然界を征服するのも、都会生活も、みな物質文明の基調である。自然界征服というと都合がよいが、これを拡大してみると、猛獣毒蛇を征服するのみでなくして、獣類に近いような人類、すなわち野蛮人種を征服するのも、文明人の事業になってくる。ついに異教徒を征服する、自分で邪教徒と見たものを征服することにもなる。自己の信ずるものは真正の神であり、他の者は邪神である。これを破壊するを義務とするようになる。まだ異教徒、野蛮人種といっている間はよいが、ついには自分らと色の異なった者、黄禍論のように黄色の人種を滅ぼすのが、天の選民の天職であるというような傾向も生じて来る。この原因は自然界の征服という思想がだんだんに重力を持って、そこまで進むのであるから、人類の進歩には生存競争は必要欠くべからざるものであるが、生存競争にのみ専注して進み行く物質文明は、ついに悲哀な結果を出現するのが自然である。

都会生活も必要である。都会には人も集まっておれば知識も集まり、人間の能力はすべて集まるので「田舎の勉強よりも京の昼寝」というは決して過言ではない。さればすべての思想は都会から出る。すべての良い思想も出るが、また悪い思想も都会から出る。そうなった結果というものは、悲惨の結果を生ずるに至る。今日の東京は罪悪の集合所といってもよい。政治の首府であり、学芸の本場であり、経営の首脳である。そこで好い事も東京から出るが、あらゆる罪悪の暗黒面もまた東京にある。またあらゆる悪思想……われわれ民族に有害な思想というものも、みな東京で醞醸せられているといってもよい。その上に一切の病菌はことごとく東京に集積している。こうなると、どちらがよいか判らぬ。それゆえに都会生活というものは、文明を造るものだといっても、文明を造る代わりにはまた一代の悲惨、一代の野蛮をも造りつつあるのである。

そこで、この文明の起こる原因とせられたところの三要素というものは、果してインドでも同じ価値のあるものとせらるるかというに、インドでは全くその趣を異にしている。インドの思想からいえば、自然界を征服するということは、結局われわれ自身が自殺するのと同じことである。自然界が弱ければこそ、人間はその地位を保っているが、もし自然界が強かったら、われわれが死滅するのである。われわれも自然界の一分子である。われわれも自然界の一分子として自然界に生活しているのである。この自然界に生存している者の中には、たまには有害なものもあるであろうが、生類全般からいえば、彼らもわれわれと同意義をもって生活しているのである。遠くいえば同生であり、近くいえば同胞である。それであるから、これを征服する分が人間の本意だと思うのは根本的錯誤で、かえって悲惨な結果を招くのである。われわれは自然を征服する代わりに、自然界に同化するのが、われわれの本職である。自然界とともに棲んで自然の意義を全うし、そうしてわれわれが自然界に還帰する。自然界のすべての生類とともに生活するというのが、われわれの本旨である、自然界は征服すべきものでないと自覚したのが、インドの文明の起原である。

生存競争とはいかなる事であるかといえば、つまり力の競争である。自然界の征服は主に獣類の征服であるから、これはまだよいが、力の競争は決して獣類にのみとどまらない。隣人をも倒す、同胞をも亡ぼす、人間相互に戦争する結果となるのである。生存競争が人間の本義であるということになったならば、これを拡大していうならば、戦争は人間の本義であるということになる。その結果は、黒人と白人との戦争も適当であり、人種と人種との戦争も、階級と階級との戦争も、力の文明の本色であるということになるのである。その結果、ついに世界は滅亡する。それゆえに、生存競争はついに人類を悲惨の極度に導くものである。そこで、生存競争は人類の生活に無意義であるということを自覚したのが、インドの文明の起原である。

インド哲学の特質

インドの哲学は欧州の哲学と違い、理想を建設する方面のみでなく、理想を実現する方面をも、思索するのである。それであるから、インドの哲学はそのまま宗教であり、インドの宗教はそのまま哲学である。これは宗教が哲学を利用し、哲学が宗教に迎合するというようなものでもなく、本来性質の異なった別物が、一時便宜のために抱合したというものでもなく、この両者は本質的に相関連しているものである。哲学は理想を建設するための思索であり、宗教は理想を実現するための修養であるから、その重きをおく方面は異なっているが、いずれもわれわれの人格に顕わるべき理想の中心に触れているのである。一は現実を理想化するに心を砕き、他は理想を現実化するに力を致しているのである。この両者は元来一体であるべきものが西洋では誤って別体となっているのである、欧州で哲学と宗教とが一たん相抱合して、再び分離したのは、性質の違ったものが合したのであったからである。インドでは初めから本質的に一体であって、かつて別れたことなく、かつ別るべきものでもないのである。かくのごとく、インドの哲学はそのまま宗教である。

インドにおける哲学と宗教

インドにおいては、宗教も瞑想のために本物になったし、哲学も瞑想のために本物になった。さらに深くいえば、哲学というものは理想を造るものであって、理想を造る哲学と、その理想を実現する宗教とが、同じ道をたどるものでなければならぬ。哲学は理想の学として値打ちはあるが、その理想を造り上げた哲学があるのみで、理想を実現しようとしないのは、それこそ理想を建てる遊戯に過ぎない、その理想を実現することができてこそ、本当の哲学である。だから、インドでは哲学と宗教との区別はない。西洋でいう哲学の部分が理想を造り上げるならば、宗教はそれに続いて一方でこの理想を実現する。今この体で実現することができなければ、永遠にわたって実現する、だから、理想を実現するまでは永久に続く。ところが、西洋は宗教、哲学は哲学で、全く別である。それがインドでは別にならないのは瞑想の力である。瞑想が真ん中におって、両方を結び着けるのではなく、元から一緒である。われわれの人格を構成する要素は智と情である。智が物を知って材料を取り込む、取り込んだものは、情が行為に表すべき最後の根締めをする。

たとえば、人を愛するといっても、あの人は可愛いからとて、知らない者を可愛がるわけにいかない。その人の性質を十分に知って、この人は頼みになるというところで、その人を愛するという情の働きが出る。すなわち智は知育でなければならぬ、情は情育でなければならないと考えているから、哲学は哲学、宗教は宗教と別々になって、哲学も物にならないが、宗教も深みがなくなった。それは西洋の事情ではしかたがない。なぜならば、ユダヤから入った宗教とギリシャの哲学とが、一緒になって夫婦生活をしたのが、中世になると、哲学の方では、こんな宗教のような足弱を連れておっては、とうていわれわれの進歩ができないというので、宗教を離縁した。一たん離縁したのが、もはや永遠の別れで、宗教と哲学とは分裂的になり、断片的になり、遂にそれが根本となって文明まで分裂した。

ところが、インドは元からそうでない。総合文明であるから哲学と宗教とは区別がない。哲学と宗教とは別名はないので、達磨《ダルマ》と名づけられている。だから、哲学という言葉もなければ宗教という言葉もない。われわれはこの点に最も目を着けなくてはならぬ。西洋人も目を着けたが、反対に考えた。インドでは哲学も宗教もいまだ初期《プリミティヴ》だ、これから分化するのだ、分化する方が本当のものだ、と西洋人は思っている。あに図らんや、一緒であるのが本当である。西洋の事情では、出所の違うものが一緒になったのだから、別れるのもしかたがないが、インドのは別れないのが本当である。われわれの人格で智と情とを纒めているのと同じである。別の名前がないというのが、一体であることを証拠立てている。これから分化するのだといっても、インドの宗教は決して分化しない。

仏教は哲学を持っている。「仏教は哲学だ、あれは宗教ではない」という人があるけれども、それはまちがっている。哲学の土台に立った宗教であってこそ、われわれの人格全体がこれを受けることができる。智だけでは受けることができるが、情では受けられない、というようなのはいけない。インドの宗教は、今の言葉でいえば、哲学もあり宗教もある、智と情とを持った人格全体が感化さるべき宗教である。それを、分化しなくてはならんものだと考えたり、プリミティヴだと考えるのがまちがいであって、インドで、かく宗教も哲学も、非常な深みと大きさと高さとを持っているというのは、全く瞑想の力である。かように考えてくると、瞑想というものは非常に重きをなすものである。つまり、この瞑想の有無が、西洋と東洋との区別になるのである。たとえば、文化の発展について考えるにも、考えの方向が全く違っている。

ウパニシャッドの哲学

瞑想の力が日に増し拡大してくると、宇宙を支配する神格を、内に向かって求めるという傾向を生じてくる。今までは客観的に、自然界――山を見ても神、河を見ても神、月を見ても星を見ても、自然現象一切を神として、外に向かって神を求めておった、客観的、実質的であったのが、今度は瞑想的になってきたので、今まで宇宙に向かって求めておった主神を、自分の心の中に向かって求めるということになってきた。ヨーロッパ流にいったら、自我の発見とでもいうか、自分、すなわち「我」というものが最も大切なものとなる。「我」というものからして、すべてのものが動き出すのである。外に向かって求めておった神を、「梵」と名づけて、「けり」を付けたが、それも「我」である。内に向かって求めて得た「我」と、外に向かって求めて得た「梵」とは、結局同じものである。「梵」は宇宙を支配する神であるから、大きな「我」である。自分の内に向かって求めた「我」は、小さい「我」である。この小さい「我」は、大きな「我」の一分子である。つまり、「梵」と「我」とが一緒である。すなわち梵我不二であるという点まで、思想が進んできたのである。これはウパニシャッドの時代の思想である。このウパニシャッド時代は恒河文明時代に出来た梵我不二、すなわち自分の「我」というものに非常に重きを置いて、「我」というものが一切宇宙を造るのであるという点まで漕ぎ付けたのである。

そこで、自分の心の中へ向かって神を求めるようになったから、欧州の学者はこれに騙されて、人間が理想主義に向かった、これがインドの理想的哲学の傾向で、その方面ではウパニシャッドが第一位にいるといって、ウパニシャッドを非常に重んじて研究をしている。そこで、ウパニシャッドの正系たるヴェーダンタ哲学は「インドの理想哲学の花」であると讃美するのである。ところが、私から見ると、その思想は実に理想主義ではないのである。なぜかというと、宇宙現象をそのまま実在と見る時代は、すでに過ぎ去って、今は宇宙の本体を指して、実在とし梵として仰いでいる時代である。この宇宙の中心たり本体たるものは実在、すなわち「梵」である。われわれの個性の本体たり中心たるものは、すなわち「我」である。これまた実在である。だから、客観的に実質的に実在的に外へ向かって求めた実在を、自分の心に応用して、これを「我」としただけである。この「我」の思想というものは、一つの常住不変な絶対的のものが、われわれの中にある、一つの霊魂のごときものの存在を指すのである。ある一つの動かない実在的のものを、われわれの心の内に認めたまでのことで、やはり実在主義であって、決して理想主義ではないのである。ここは明白に了解しなければならぬ。実在主義を宇宙にも応用し心にも応用した、宇宙にも実在を認め、個性の中にも実在を認めたというのであるから、仏教からいったら、実在主義の外道となるのである。

主神思想

インドの宗教の全般を支配するものは主神思想である。その主神というのは、宇宙を造った神、永遠に存在する神、すなわち、この神は宇宙よりほかに存しておって、この宇宙を造るというような考え、つまり超在の神とでもいうか、宇宙の外に別在する神の思想、これがインドにある。別在している唯一神があって、それがすべてを造るのであるという思想、これはもうヴェーダの時代に行われている。ところが、インドにもっと広く行われているのは別在の神でなくて、汎在の神というものを一般に考える。汎神的に、宇宙のすべてに行きわたった基本の神様が光っているという考え、この汎神思想にもいろいろあるが、大我、すなわち、ここにいう宇宙の実在に当るような主神が、一つ所に籠っているのではない、別にあるものではない、すなわち、すべて造ったものに行きわたっているのだ、どの造られたものを見ても、それにことごとく神が籠っている、というのである。

それからまた、近ごろヨーロッパで聞くように、人間の中、もしくは広くいえば宇宙の中、細かくいえば個性の中に、神があって、それが、われわれを支配しているのだという内在の思想もインドにある。すなわち、内在の神というようなな思想もある。ここでハッキリと、これを絶対無限、永遠不変の神とするならば、内在の神というものは、実は成り立たぬのである。あるいは、われわれの心の中に、そういう神が仮にあったにしたところで、われわれの心は、それとは違うのだから、われわれの心とそういう神と、この二つが、われわれの中に同居しているようになる。そういう考えがインドにもあるが、この実在の神は、汎在で打ち消されるようになる。われわれの中にあるけれども、われわれがすなわち、その神なのだ、というようなぐあいに考える、それで消えてしまう。

かように、別在の神、汎在の神へ内在の神という思想がインドにある。これを纏めて主神思想、造物主の思想という。造物主の思想というものは、今の青年にはわからぬようになってきた。昔から、宇宙を造ったものは造物主ということに決まっているが、その造物主ということがわかっていると思って話していると、今の若い者はわかっておらぬ。もっともこのごろは、それがよほどわかってきたようであるが、造物主というよりも創造神という方がよくわかる、とにかく、主宰神思想、――その人によってわれわれの運命が支配せられる、人間が造られる――支配せられ、主宰せられ、そうして運命が決められ、裁断せられる、こういうのを主神思想としたらよいのではないかと思う。これをここでいったら梵の方になるのである。原理としては梵であるけれども、創造神としては梵天と名づける。それだから、根本原理に人格を現わして人格的に考えるようになる。どうしてもインド人は、主神思想を離れることができない。インドは瞑想の力によって、それを原理に戻して、原理から考える。根本原理の方に随《つ》いていくように考えるから、すべて実際の人間を支配していくような神様を、認めるようになることは少ないだろうと思われるが、そこには非常なリアリズムがある。どうしても、インド人は実際の神を離すことができない。原理としては無意識創造説を主張し、同時に主神としては意識的創造説を主張し、哲学と宗教と双方を持っている。ここはたいへん仏教などと違うのである。

仏教は空の説というものを持っている。空相は何も無いものを空とするのではない。ここに有るものを無いと考える。無いものを有るとして考える。さすれば、定った有るもの、定った無いものはない。仏教で空というのは何ものでも有り得る、何ものにも成り得る、何ものをも含み得るものが、空であるというのである。日本の仏教では、神《ゴッド》の思想あるいは造物主の思想というものは、もうとうないのである。インド人は、どうしても、そういうぐあいにいかない。これはちょうど、西洋におけるすべての思想が、結局、一神に帰すると同じように、インド人は主神思想なしには暮し得ない。仏は一番初めに、実際において主神思想、また理論の方で実在原理というものを清算してしまわれた。そうして仏教を立てられたのであるが、その以前にこれだけの思想が非常に固まっておった。そうして、後に再び仏教を滅ぼしてしまって、この主神思想が非常に盛んに復活した。

ヴェーダ文学

アリヤ人種が永遠に残した一つの大きな遺産は、文学である。その根本的のものはヴェーダ（智）というが、これは今に至っても文字に書かない。それでは、どうして覚えているかというと、特別の教育によって記憶するのである。第一のヴェーダはリグ・ヴェーダという讃歌集である。第二のヴェーダはサーマ・ヴェーダという歌詠集である、讃歌を音楽に合したもので、実地に歌えるようにできている。第三のヴェーダはヤジュル・ヴェーダという祭祀集である、祭典の儀礼や呪文を集成してある。第四のヴェーダはアタルヴァ・ヴェーダという禳災集である、息災延命や呪詛の法などを集成してある。それをどうして覚えるかというと、本文の通りに読めば、意味がわかるように文句の通りに暗記する。次には、文法による語尾や変化のない語根のままで覚える、つまり読み方を忘れても、言葉の語根だけは記憶するようになっている。次には、綴音に分けて、第一音から第三・第五・第七・第九というふうに、一つおきに奇数の音節をたどって覚える。次には、第二・第四・第六・第八というふうに偶数の音節をたどって覚える。最後には、逆読して覚えていく。かくのごとく、いずれの方面からしても、忘失することのないように覚えていく。第一には歌う通りに覚え、次は言葉そのままで覚え、今度は一つ飛びに覚え、次にその飛んだ所のみを覚え、最後に逆に覚える、それだけやれば忘れっこない。暗記の方においては、至れり尽せりの方法が講ぜられているのである。それであるから、インド人ぐらい記憶の良い者は他の国には類例がない。

英語を話すインド人に、お前はどこで英語を習ったかと尋ねると、カルカッタで習ったと答える。どんな文典を用いたかと聞くと、ウィルソンの大文典をやったと答える。どういうようにして覚えたかというと、いやただ暗記すると答える。そして、読んで見よと命ぜらるれば、文典の通り滔々と暗唱する、驚くべきものである。こんな人間は世界中どこに行ってもないのである。しかし、これがためインド文明が停滞したのである。インドの天才すなわち生得智《しょうとくち》、生まれながらに持っている智慧というものは、みな記憶に没入してしまうから、頭の働きが固定してしまって、新しい文明を生み出す頭脳が亡びてしまう。ヨーロッパ人は、シナの文明が停滞したのも、数万の文字を覚えなければならぬからだ、と論じている。他の国語であると、話している通りを、アルファベットに写しさえすればよい。ところが、シナ語はそう行かない。発音ばかりでなく、象形が物をいっているのであるから、幾万という字形を、しっかり頭に入れてこれを合わせ、また離して言語、文章としなくてはならぬ。そのために文明が停滞したのである、と評している。

シナは文字の記憶で脳力を失い、インドは文学の記憶で脳力を使い果してしまった。インド人は、たいてい六歳ぐらいから古文学を覚えることにかかる。インドの秀才というのは、覚えているだけのものが多い。そういうわけであるから、インドの文明は停滞せざるを得ないようになったのだと思われる。そこでヴェーダであるが、ヴェーダということは「智」ということで、一切知識の源泉であるとして、与えられた名であろう。ヴェーダには、本文、すなわち真言という本文があり、それを注釈する釈文というのがある。すなわち、いずれのヴェーダにも本文と釈文とあるのが通常である。

ヴェーダは四種あるのであるが、その四つの最初が、前に示したようにリグ・ヴェーダで、讃歌である。讃歌が千二十八歌ある、一歌が十句のも二十句のもあるが、千二十八讃歌あって、それが十巻に集成されている。これは私の恩師マックス・ミュラー博士が出版したので、われわれはそれを読むことができる。インドでは、そういうことは非神聖のこととして、決して許されない、みな暗記しているのである。婆羅門がわれわれに会うと、自分の家はエッグ・ヴェーダの家だと言うが、それは一《エッグ》ヴェーダを覚えている家だという意味である。また二《ドイ》ヴェーダを覚えているという者もあり、三《トリ》ヴェーダを覚えているという者もある。そして、上等な家ほどよけい覚えている。一つはたいていだれでも覚えている。リグ・ヴェーダを覚えるにしても一千二十八歌、前に述べたように、一つ飛びに暗《そら》んじたり、また逆さに暗んじて覚えるのであるから大変である。讃美歌を集めたリグ・ヴェーダは、十巻ある中で、一番初めと一番終わりとが新しいから、組織を変えたに違いない。それから、第九は神様の酒の穌摩（ソーマ）という酒に対する歌ばかりで、これは一種独特のものである。この十巻の中に千二十八の讃歌があるわけである。

第二がサーマ・ヴェーダであるが、これはリグ・ヴェーダを音楽に合わせるために、文句を譜化して滑らかに編んだもので、多少の加除がしてある。歌詠ヴェーダで楽譜の付いたものであるが、材料はリグ・ヴェーダと同じであるが、七十八歌だけリグ・ヴェーダにないものがある。あとは同じであるが、歌数としては非常に多くなっているのである、このサーマ・ヴェーダは二巻になっておって、第一巻には五百八十五の歌があり、第二巻には千二百二十五の歌がある。それを音楽に歌うように覚えなければならぬ。一つ違えても、神様はいうことを聴いてくれないので、よほど本気になって覚えなければならぬのである。

第三のヴェーダはヤジュル・ヴェーダ、これは祭祀をする時の儀式とか、その順序とか、その時の呪文、祭句というようなものが集められておって、本文と注釈と二つ一緒になっているのを、黒ヤジュル・ヴェーダといい、本文と注釈と分けて、読み方を別々に編んであるのを、白ヤジュル・ヴェーダという。この中で一番たくさんあるのは、新月満月の祭りである。馬祠といって馬を犠牲に供する祭りは、王が皇帝の位に即くというような場合にしかやらないもので、それが一番ていねいに詳しく書いてあるが、こんなものはそう要らないようであるが、忘れてはいかぬからみな学修するのである。

以上の三ヴェーダは、正系のアリヤ人種がこしらえ出したものであるが、次には、民間から同じような宗教的のものが出てきた。それが四番目のアタルヴァ・ヴェーダである。これは禳災ヴェーダといって、占いをしたり、禍いを払ったり、祈禱をしたり、また呪詛したりする修法を示したものである。詳しく分けると、息災法（禍いを除く法）、増益法（われわれの幸福を増すための祈禱の法）、鉤召法（良い人間を釣り上げて進めていく法）、調伏法（悪い人間を叩き伏せる法）である。ところが、日本の真言秘密に護摩を焚くというのがあるが、その四法はこれと同じものである。これは民間から起こったもので、それがだんだん発達して認められるようになった。それで三ヴェーダが四ヴェーダになったわけである。

六派哲学

六派というのはどんなものかというと、宇宙を理学的に考えていくのが数論《サーンクヤ》派である。これは宇宙を二十五諦（真理）に分ける、宇宙の真理を二十五に分けたというのである。これが起こった時に、ギリシャにはピタゴラスがおって、インドに数論という哲学があるという評判を聞いて、それをすぐ自分の数理哲学にしたらしい。ピタゴラスといえばギリシャ哲学の初代であるが、それがインドから数論を聞いて自分のものとした。しかし、数論というのは、実はそんな数理哲学ではないので、万有を二十五の数に分けるから数論といったまでであるが、これを数の意にとってしまって数理哲学に仕上げたのである。ピタゴラスはインド形式を真似て、住居の模様もインドの行者のように、仙窟に住んでいた。それから、地・水・火・風という考えはエジプトのものであるが、それに空を加えた。この空を加えたのもインドから来ている。それから、ピタゴラスは豆を食ってはならぬと教えている。これは理由がわからないが、インドのヴェーダに豆を食ってはならぬということがある。で結局、ピタゴラスはインド知識をたいへんに持っていたということがわかるのである。すると、ピタゴラスは仏と同時代の人であるから、数論などの存在もだいぶ古いものでなければならぬわけである。

ところが、理学的ではなく、瞑想的、坐禅的に考えるのは瑜伽《ヨーガ》派である。この派は、瞑想して自分を神様の地位に上せる、というのである。瑜伽とは心統一のことである。次に物理派というのがある。万有をことごとく物理で説くのであって、神を立てない。これは勝論《ヴィセイシカ》派（日本ではこれを「カツロン」と読む、他とまぎれるから「ショウロン」といわずに「カツロン」という読み癖になっている。）で、万有を十句義または十六句義の優れた点について分ける。句義とは範疇というような意である。万有は元から存在するもので、神が造ったものではないと説くものである。それから正理《ニヤーヤ》派、これは論理的なもので因明《いんみょう》論派である。これらは正系のウパニシャッドに反抗したものであるが、そうではなく、反抗しないで、正系のウパニシャッドそのままの神学派というものがある。それが思量《ミーマンサー》派である。また正系の哲学的というべきものが毘陀《ヴェーダンタ》論派である。すなわち二つの正系と四つの反対派があるのである。二つの正系派の中、ヴェーダンタ派は、インド唯一の唯心論派として、インド哲学の花と呼ばれて、西洋学者にはきわめて評判のよろしい学派であるが、理想主義の仏教から見れば一種の実在論派に過ぎない。

かく進んで行く間に五明《ごみょう》、五つの学問ができ上がった。その第一は声明《しょうみょう》、これは文法・語法・音法・音韻学というようなものを集成したもの。それから因明、これは論理の方法を集成したもので、これを一般的に学問化したのである。今日、日本では西洋論理を大切にやっているが、この因明をやると、西洋の論理学以上の効果があるくらい大きいものである。西洋でもいま熱心にこれを研究している学者もある。それから医方明《いほうみょう》、これは医学・薬学・解剖学・童医術・鍼治術などである。次は工巧明《くぎょうみょう》、これは芸術・工芸方面である。彫刻・絵画・建築・音楽・刺繍などみなこれに入っている。次は内明《ないみょう》、これは精神的のことをすべて掌る学問である。

かくの如く、学問としては五明があり、哲学として六派哲学がある。それから哲学の根本であるウパニシャッドがあり、神学的に元に還れば、ブラーフマナがあり、四ヴェーダがあるのである。これだけのものが、アリヤ人種の残した文学である。

インドとシナ

仏法東漸の最恵国であるシナは、文字の国であり、歴史の国である。昔から戸籍の国であって、漢の時代にすでに戸籍調べを行っている。またシナは偉い哲学の国であり美術の国であった。何も彼も世界に誇るべきものをもっている。精神的に豊富の国である。インドとは国状がまるで違っていた。しかるにインドはシナのものを一つも取っていない。これほどにあるものは取ってよさそうであるが、何一つ取っていない。おもしろいことは現今北京に胡適という若い学者がいる、近ごろ日本へも来た。この人はおもしろい話をする人である。シナの文化を中心にして考えてくると、東洋でそれを受け取った吸収力が各々違っている。シナの文化をインドは一つも取っていないからインドは零点だ。安南、朝鮮はシナ文化を取ったけれども、善いものも悪いものもみな一緒に取った。足を小さくするというような弊害まで取ったから、この両国は五十点。それから蒙古、満州、チベットは殆んどシナ文化で成り立っているから、これは大分よい点を与えなくてはならないけれども、ついにはそれがために自分の国産は皆無となってしまった。そしてシナ文化に支配せられて善くならずに悪くなっているから、これは両方併せ取った五十点にも及ばない。そこでこれは二十五点。ところが日本はシナ文化を取ったけれども、悪いものは一つも取らぬ。そうして善いものだけ選んで取っているから日本は満点であるといった。これは仏のレビー博士や英のエリヨット博士と同席の時に話した話である。胡適はそういうことをいいながら日本を馬鹿にしている。

この人はなかなか偉い男で、新しいシナの俗語でシナの文学を組織せねば、シナの文学は発達しないということを主張していた。仏教も調べている。燉煌遺文の中から禅家の書を発見して、大正大蔵経中に出す約束でいま研究しつつある。今度張作霖の忌諱に触れたために、追放されて上海へ来ている。英語であれ、フランス語であれ、自由自在に話す快漢である。新進の人で、西洋人は偉人として扱っている。その胡適がインドは零点であるといったが、インドにないものがシナにあるにもかかわらず、一つも取っていないのはなぜかというと、これはインドの文明が優れておったからで、これに反して、シナはそれを取らざるを得なかったのである。与える方より取る方に急であったからである。

日本とインド

日本は直接インドの文明を受けていないように思っている学者がある。そうではない。たいていのことは直接にインドから受けている。シナや朝鮮を通じて受けたものもあるが、インドから直接受けたものも相当に多大なのである。日本には北道の方も、南道の方も、ともに受け入れているのである。

ことに説く必要のあるのは南道の方で、これはインドから日本までの一大法橋である。すなわち一つの大きな法《のり》の橋が架っている。この橋のあるためにインド文明が東洋へ渡って、大部分はシナへ落ち着いたのであるが、シナへ落ち着かずして日本へ転入したものもある。シナへ入ったものが移って、朝鮮へ入ったものもある。日本へ来たものもある。蒙古へ入ったものもある。チベットへも出る、安南へも出る。それからそれへと諸方へ排《は》き出している。ところが日本はそうでない、来たままで排き出す所がない。すべて、はけ口のない所では他へ排出する所がない。いつまでも貯蔵してそのまま長く用いるよりほかはないのである。もし日本からもう一つ先に排出し得る国があったら、排出し排出して、日本にも仏教はなくなってしまったかも知れぬ。ところが、日本から先には出す所がないからして、千余年間も持続して、うまく調理して滋養分を得たものである。今日、日本には大乗仏教が形式においても、精神においても、完全に遺っている。形式の上でいったならば、大乗、小乗完全に存している。「一切経」が日本のようにたくさん完全に遺っている国はない。シナで出版したものが、シナになくて日本にある。インドで拵えたものが、インドになくて日本にある。それであるから、よほど日本は宝の国である。「法宝の国」といわなくてはならぬ。

雪山

ヒマラヤ山は、インドとシナとの間に東から西にわたって大障壁を作っている大山脈である。インドの人は世界の脊骨《せぼね》だといっている。この大山脈のうち、世界第一の高山「カンチェンジャンガ」の峰二万九千二百尺で、それから一万五千尺ぐらいまでの山々は四時つねに雪を戴いて、たいてい五つか六つの高峰が一目に見え渡っている。一万五千尺より低い山脈は冬は雪の白衣を着飾っているが、夏は赤裸々の山の姿を顕わしている。これには薬木や香木が栄えているというので、昔から香酔山《こうすいせん》と名づけている。

ヒマラヤ山脈の南面には、山に傍《そ》うて同じように東から西に走っている山脈がある。この山々はいずれも樹林におおわれているが、上に十万白竜の蟠ったような雪山があるから、青々とした山また山も、かえって黒蛇の群のように見える。そこで一般にこの脇侍《わきだち》の山を黒山《こくざん》と名づけている。インドの人が、山に入って修行するのは、この黒山に入って、眼前に白玉の如き雪山を見ながら瞑想するのである。黒山の森林には、昔から隠者の森が所々にあって、仙人が弟子を集めて仙生活を教えておった。

「トリベニ」水源地の森林には、今でも沙羅樹《サーラ》の森深く進むと、行く手の路には、一丁ぐらいを隔てて蟻の塔が、道標のごとくに道の両側に並び立っている。森の中には孔雀が静かに遊んでおり、高い沙羅樹の上には尾長猿が群を成して遊んでいる。人珍しさに高い枝から低い枝に飛び下り、あるいは手を出して食を乞い、あるいは手を挙げて礼をするなど、他の国には見られない光景である。写真機を向けると、押し合って列をなすなど、まことに愛らしいものである。

仙居には華も咲いている、柑橘類も生《な》っている。乳牛も養われており、九官鳥も高らかに歓迎のあいさつをしている。樹の皮の衣を着けた仙人は、読みかけの梵本を閉じて、長い棒を手にして、檀特山《だんとくせん》と思わるる山の見える辺りを案内してくれる。午後の四時ごろから後は、虎の出る恐れがあるからといって、森林に入ることを拒む。水辺には仏跡らしい天神の祠《ほこら》もある。紺青の水を湛えて流れつつある阿拏摩《あぬま》川（アノーマ）の源頭遙かに、千秋の雪を戴けるヒマラヤ山が光顔《こうげん》を現わしている。

悉達《しった》太子の入山《にっせん》学道はこの地方であった。少なくとも五年間は、この「トリベニ」地方で経過せられた。いろいろの仙生活を見られて、自身も雪山に対して禅行を励まれ、朝な夕な大自然の説法を聴かれたのであった。

インドと森林生活

インドにおいては森林生活はすべての理想を包含するものと感ぜられる。少年時代の教育も森林で行われ、老年以後の修養も森林で行われ、音楽も、文芸も、宗教も、哲学も、みな森林をもって、その根本道場とするようになる。一切の思想の結晶をウパニシャッドというのであるが、これは梵書という文学の中に特別の地歩を占むる森林文学「アーラヌヤカ」の部分に含まるる哲学書である。一切の理想がかくのごとく森林に傾き、森林に行われた仙生活が哲学宗教の理想を表するものとなったから、仏教時代に至ってもこの習慣は残っている。仏教は実は山を捨てて村に出で、民衆を相手にする宗教である、これが出山の釈尊の意味である。それでも仏教の寺院を「アーラヌヤ」阿蘭若《あらんにゃ》、蘭若《らんにゃ》、練若《れんにゃ》〔森林〕と名づける。また寺院の組織を「サンガアーラーマ」僧伽藍摩《そうがらんま》、僧伽藍《そうがらん》、伽藍《がらん》〔衆園〕と称する。また仏教の修学院を「叢林」もしくは「学林」と名づける。みな森林理想の記念ともいうべき名称である。仏教の中心は王舎城の霊鷲山《りょうじゅせん》と舎衛《しゃえい》城の祇園精舎とであった。いずれも仏が二十五年も遊住せられたと伝えられ、いま仏跡と称する地方はこの両中心を往復せらるる時、経過しまたは逗留せられた所である。

霊鷲山も山に相違はないが、山を下って城内で托鉢して、山に帰って食事する範囲の所で、決して村里遠き山林に隠れて、仙生活を楽しむふうのものではない。祇園精舎も舎衛城外わずかに数丁の小高地で、決して遠隔の地ではない。日本でも聖徳太子の理想より出た寺には法隆寺、法輪寺、中宮寺、興隆寺、いずれも村里にあるので、決して高い山林に建てられたものではない。遠い山寺を好む風習は、シナの山寺の思想が日本に移ってから以後の話である。仏教の如き、民衆に自己の理想を伝えるための寺院とすれば、市邑に近い所にあるべきである。それでもその大昔のインドの理想を忘れず、寺院の名称まで森林に擬するのは、インド古代の回顧であるといってもよろしい。日本の寺院のごときは多くは山号を有している。この日本寺院の山号も、シナ高山の僧生活も、共にインド古代の仙生活の記念であるといって差支えない。

環境と天賦

坐禅観念は宇宙達観の唯一の方法である。坐禅観念は心一境相に達せんとするのであるから、五感を別々に働かせずして心統一をするのである。そこで、これを瞑想〔深く想う〕とも、緬想〔遙かに想う〕とも、凝念とも、観念ともいうのである。全く眼を閉《ふさ》いでしまえば、心頭に妄想が起こり、心を静むるわけに行かない。眼を大いに開けば、心は五感のために散動して統一ができぬ。細目に開いて、結跏趺坐し、両手を「法界定印《ほっかいじょういん》」に結び、足の交叉点に置いて思索に耽る。摂心《せっしん》の初めは何か対象を要するのである。雪山《せっせん》は実に究竟の対象である。そこでインド人が坐禅観念をする時には、この雪山の雄姿を対象として、高大なる天地自然の理想を会得するのである。自然に絶対無限、広大無辺の思想が自分の脳底に印象する、山に対しては、高大の印象を受けつつあるが、人に向かって対話する時には、この印象が自己の思想となって露出するのである。それだから環境の教育というものは、最も注意を要するものである。印象が深ければ深いだけ影響も多大なものである。

それほど環境が影響の深いものであるならば、雪山に対して坐禅観念する人は、みな釈迦如来にならなくてはならぬ。釈迦如来の前には百千の小釈迦があって、同じく雪山に向かって観念したに相違ない。だれも彼もこの山に向かって坐禅した者は、みな釈迦如来とならなくてはならぬ。釈迦如来の後にも百千の小釈迦があって、同じ雪山に対して観念を凝らしていたのである。釈迦如来の前にも後にも釈迦如来は出ない。それはなぜかというと、いくら環境の教育があっても、自分に相当の理想がなければ何にもならぬ、自然界の四辺はどうあろうとも、環境の教育ばかりでは物にならない。釈迦如来にはそれだけの素養があった。特別の天能をもっておられた。それが環境の教育と相まって、釈迦如来という大人格ができ上がったのである。天賦の大人物であったればこそ、十年間の修行によって直ちに仏果という大自覚を発せられたのである。

二　仏教とインド

仏教とインド

インドの瑜伽《ゆが》行者の言によれば、「瑜伽《ヨーガ》観行の悉地《しっち》成就は、断食によっては決して得べからず。飽食によっては決して得べからず。断食に沈まず飽食に流れず、中庸の道を守りて身心の調和を得たるものによってのみ、その目的を達せらる」というのである。観行の実験において中道の理想を応用せんとしたのも、仏教の思想そのままを採用したまでである。仏教が一たびインドにおける指導原理として出現した時は、インドの文明は、たちまちにしてその方向が変わり、その色彩が改まったのである。その時より以来インド文明は、仏教文明と名づけて差支えなきまでに進展したのである。

種族階級は、仏教によって自然に否認せられたる結果となり、世は生仏《しょうぶつ》一如の大平等主義をもって指導せらるるに至った。教権祭儀は、仏教によって自然に排斥せられたる結果となり、世は理智冥合の大自覚位をもって理想となすに至った。インドの哲学学派をして、彼がごとき組織あらしむるに至ったのは、実に仏教の刺戟であった。インドの文芸詞宗をして、彼が如き光彩あらしむるに至ったのも、また仏教の衝動によったのである。神話の世界より人道の世界に進み、伝説の領域より論理の領域に進み、迷信の迷室を去って常識の常態に帰らしめ、唯物の通患を払って唯心の大道に向わしめ、天神創造より自己創造に導き、天神中心の宗教より人間中心の宗教に入らしめ、インド民衆をして翕然《きゅうぜん》として向こうところを知らしめたのは、実に仏が精神界の転輪聖王としてインドの病的社会を理想化せしめた第一場面であった。

われわれが「仏教インド」として標示すべきものは、単に精神界のみに止まらない。形式を具備せる文明においても、また大いに見るべきものがある。仏教によれる王朝の偉大なる、また実に驚嘆に値するものがある。五天統御の最初の帝王として欧亜を風靡せる阿育《アショーカ》王朝、西域統一の最大盟主として東西を威伏せし月氏王朝、芸術振興の中心たりし崛多《グプタ》王朝、仏法有終の美を済したる波羅《パーラ》王朝、雪山辺国に仏教文化を扶植せる尼波羅《ニボール》王朝、恒河流域に大乗文化を荘厳せる戒日《かいじつ》王朝、南海仏教文化の中心たりし仏逝《ビジャヤ》帝国、古往今来インドの誇りとなすべき王朝は、ことごとく仏光の照明に基づくものであった。要するに、仏教の中道理想の教義が、その果実を結んだためである。

仏教は、内に向かっては、人格を基準として理想の法典を教団に与えた。自治を土台とした完全なる会議法を教えた。牒籍なきインドに度牒《どちょう》に基づく牒籍の観念を与えた。歴史なきインドに伝統に基づく歴史の観念を与えた。外に向かっては、宮廷詩宗の先駆としては、仏伝創作の太祖馬鳴《めみょう》菩薩を出した。論議法師の雄匠としては外王教化の本師那先比丘を出した。密呪医方に竜樹を出し、瑜伽観行に無着を出し、性相における世親、因明における陳那、いずれも曠世の大哲学者たる地歩をインドの学界に占めている。医薬治方の完成も仏教に負うところが多大である。文字聖典の創作は独り仏教においてこれを見るのである。これに加うるに、仏教はその中道の理想によって音楽歌詠を一般化せしめた。絵画彫鏤に永遠性を帯ばしめた、俗話戯曲を神聖化せしめた、洞窟殿堂を荘厳化せしめた、ついには外道論師をして仏教を模倣の標範となすに至らしめた。仏教荘厳のインドは、実に仏の中道理想をその指導原理として、有史以来いまだかつてあらざりし千古の偉観を呈したといって差支えないのである。

およそ物質の一辺に傾きたる俗臭のインドは、ついに文質の大成をなし得なかった。精神の一辺に偏したる神仙のインドも、また文質の大成をなすことを得なかった。これは両極端の一方に偏することが、いかに人生を蠹毒《とどく》するかを証して余りあるものである。試みに地下に埋れたるインドが発掘されたる今日において、幾何《いくばく》が仏教以前の産物であるか、幾何が婆羅門教独創の文化に属するか。この点よりして観察すれば、インド文明は、すなわち仏教文明たることを細かに証明して余りありというべきである。

仏の中道理想の標榜によって驚覚せられたるインドは、享楽主義の俗生活に沈溺するか、苦行主義の仙生活に没頭するか、二つに一つの単調無味なる趨勢に圧倒せられつつあったのである。当時のインドは雪山の崇高に向かうか、平野の平坦に沈むか、山か野か、仙人たらずんば野人たるのほかなかったのである。忙中閑あり動中静あり、和光同塵の中道理想の生活は、何人も唱導し得なかったのである。ウパニシャッド森林の哲学は、理において高遠でないではない。ローカーヤタ順世の生活は、実において安楽であったに相違ない。されど、その両者の間に立ちて高く中道を履み、精神世界に消え去るべきインドの芸能を喚起し、物質世界に染着し終わるべきインドの天才を衝動し、ここに初めて形式を完成し、体系を具備したる大文化の開闢を促進したのは仏教である。もし仏の中道理想が指導原理として行われなかったならば、インドの文化二千年の光輝は、われわれの眼前に展開しなかったであろう。

インドの宗教はアリヤ人種に限られている。それで、インドの奴隷族にはインドの宗教は無関係である。奴隷というものは、えらく排斥せられたもので、彼らには宗教の権利も政治の権力も教育の権利もない。同じ神様を拝む権利すらも与えられない。宗教はいわゆる上三族に生まれた者だけ、すなわち婆羅門族・王族・農商民だけで、奴隷には及ばない。それだから、それを人に布教するということはあろうはずがない。生まれながらにその宗教がある。それで、布教ということがないのであるから、ほかの民族に及ぼすような宗教というものがインドにはない。つまり、国民宗教だけがあるということであったが、それが釈迦如来が出られたためにすっかり壊されて、世界宗教というよいものが出て来た。つまり世界のどこへ持って行ってもよい教えになった。

インドにはその時まで外へ布教するような宗教はなかった、布教というものがなかった、そのインドに布教という精神をここに初めて与えられたのである。これは、初め五人の者を説法せられ、鹿野苑《ろくやおん》で六十一人を良く教えられて、そこで六十一人ほどできた。それで、俺の教えたのが完全な教えである、これを社会に広めれば人間が平和に帰するのであるからといって、この六十一人を六十一の地方へ遣って布教せしめられた。つまり、布教ということは釈迦如来が始められたのである。そうして、俺も行くからといって出て行かれて、その時、一挙に千二百五十人の弟子ができた――お経の初めに千二百五十人ということがあるのはそれである。そこで、これを受け取った王朝ができた――仏教がインドにできたために、アショーカ王朝であるとか、月氏のカニシカ王朝であるとかいうものができたのである。それで、やはり一番偉い王朝は仏教の王朝である。アショーカ（阿育）王は九箇国へ仏教の宣教師を出した――外国は四箇国に四人、インド内地に五人出した。シリアに一人、ビルマに一人、セイロンに一人、雪山地方に一人、それから、アルゼリヤ、アフリカ、アレキサンドリヤ、マセドンへ。そうして、そういうような所には薬草・薬樹を送って植えさせた――これはインドにも西洋に対してもたいへん関係がある。そういうふうに仏教が広がって、仏教はいよいよ世界的宗教になるのである。それだから、貴族の宗教であったのが民間の宗教になった、というようにいわなくてもよいわけである。――つまり、アリヤ人種のは民族宗教であった、それを釈迦如来が世界宗教にせられた。つまり、仏教がそうなったのである。

婆羅門教と仏教

自然を中心として自然の哲学を完成したのが婆羅門教である。自我哲学の主張はあるが、やはり自我を自然に取り込んだのみで、自然の本体を自我に適用したのみである。結局自然哲学に終わるのである。自然哲学はウパニシャッドの花である。これを近代化して実を結ばしめた詩人はタゴール詩宗である。タゴールは自然の説法を聞く自然哲学の詩的完成者であるけれども、仏教とは異なるところの多いのは、その自然哲学系たるがためである。人間を中心として人間哲学を完成せられたのは釈尊である。ここには自然の臭味はもうとうない。自然神の光明は全然認められない。全く人間中心の宗教である。深刻にいえば個性中心の宗教である。個性の性霊を発揮し宇宙大の個性となすというのが仏教である。これは一面には自我哲学の破壊であって無我哲学の建設である。そこでこれを一言に示して見れば、婆羅門教は自然哲学で、自我説を通じて人間を自然に抱合せしめたのであるが、仏教は人間哲学で、無我説を通じて自然を人間に抱合せしめたのである。これが内外道の相異点である。かかる相異点を判明すべき動機は、実にこの菩提樹蔭における三七日凝念の中に芽生えたのである。この間、魔王の嬈乱《にょうらん》は事もなく退けられた。地神の証誠は功を奏して、善薩は金剛宝座において廓然大悟の法を得られたのである。

ウパニシャッドと仏教

インドにはウパニシャッドという奥義書が綺麗にでき上がっている。ウパニシャッドとは「侍坐」の意で、師弟対坐の間に伝える秘密義である。この哲学叢書のできたのは恒河文明の時である。インダス時代の文明は、ヴェーダの古いところの文明である。その時には婆羅門教一色で行っておったのが、恒河の流域に移住した時に初めて思想問題が王族の手に移った。婆羅門教の専売であった宗教問題を王族がある程度まで支配するようになった。王族にはだんだん偉い者ができたのが、それが恒河文明の時代である。ウパニシャッドはすでに王族の哲学時代になった時代の産物である。それでこのウパニシャッドの最後というものは、仏教に非常に正面反対される思想となるのである。

ウパニシャッドは正系哲学思想である。これが仏教思想と正面に対立することとなったのである。第一が宇宙創造説、神が宇宙を造ったという説であるから、これは造物主の説にもなるが、一方に一因説、すなわち一つの原因から多が出てくるという一因説の主張にもなるのである。これはウパニシャッドの全体を貫く思想である。外に向かって宇宙の本体を求めた思想は、ついに内に向かって個性の本体を求むる思想となり、自我の実在を説くに至った。これがついに自我哲学となるのであるが、自我哲学となっても宇宙創造説は捨てることができない。正系のインド哲学はいずれもこれを離れることができない。ちょうど西洋人が神《ゴッド》が第一因であるという思想を離れることができないで、哲学者も別の方面から窮極原理を説き出しても、ややもすれば神《ゴッド》思想に帰ると同じようなものである。そういうぐあいに西洋人の脳底に染み込んでいると同じように、インド人もどうしてもその思想を離れることができない。その宇宙創造説を徹底的に離れたのが仏教である。離れられたというのみではなく、これを撃退せられたのである。一因説を駁して多因説を主張し、一神創造説を排して自己創造説を説かれた、幾多の形式をもって現われたる宇宙創造説も、その全体を否認して縁起説を主張したのである。そこで創造神は仏教の門外の思想である。仏教に入ってはこの類の思想は、もうとう問題にならないのである。

ウパニシャッドのきまり文句となっている第一の宇宙創造説は全く門前払いとなった。第二の自我哲学であるが、これもよほど進んでいるので、先々の個性我というものは、それは小我であって、宇宙の本体を大我と見る、その大我と小我との関係を説く、これがウパニシャッドの終結の思想である。これを梵我不二論というのである。これは当時の霊魂説、霊魂存在の説にも当るのである。この霊魂ということを仏は絶対に否認し、自我ということを哲学的にも、実践倫理的にも否認して、これに対して無我説を主張せられた。これを時間的に無常説として説かれた。これが仏教の特質であるのである。諸法無我、諸行無常、一切法の無自性、法無定性、一切法空などの不確定性原理は、つまりウパニシャッドの実在説に対抗せられたものである。哲学者にあっても、宗教者にあっても捨て得ないものがある。第三に犠牲説である。これは宇宙の主宰神に対する犠牲である。犠牲ということの精神を離るることができない。文化もよほど進んできて動物愛護の心も相当に進んでおっても、神式においては牛羊を殺して捧げなければならぬとの信仰である。こういうことは婆羅門教は今に至るも離るることができない。それに仏は正面から反対された。生類を殺して供犠せられて喜ぶような神は、よほど低級なものであろうというような口調でこれに当られたのである。

春の耕耘の祭りに幼き悉達《しった》太子は父王に伴われ田野に赴かれ、黄金の犂《すき》の尖にすき起こされた土塊の中に蠢《うごめ》く白い虫を、空から飛び来たった鳥がこれを啄《ついば》み去ったのを見て、「あわれ生物は相食《は》む」と嘆かれ、その緩和の道を考えて林中に禅坐せられたというのである。そのためか殺生戒を五戒の最初に置かれた。これは動物に対する同情から起こっている。仏心の大慈悲の顕われであって、有名な「無傷害」（アヒンサー）の思想である。これは人類にも他の生類にも及ぶのである。これは仏の発明ではない。その時代がそう傾いておったろうと思うのである。数論《すろん》哲学にも、ジャイナ教にも通ずる説である。とにかくウパニシャッドで捨て得ないものを、正面に捨てなくては人間の義務として済まないという考えである。第四には苦行説である。これはその起原を尋ねると、あるいは正系哲学から出たのではないかも知れぬ。しかし仏世にはすでに正系も邪系もなく、一般に苦行を神聖なる修行法としておったらしい。仏は成道の前すでにこれを捨てて、禅行に転ぜられたのである。苦行林の行者としての苦行から去って、菩提樹下の楽行の座を取られたわけである。

聖人優勝説

インドには聖なる人種としてのアリヤ民族優勝説というものが、判然と成り立っている。そこで釈迦如来は、それに対して、聖なる人種というものはあり得べきでない。聖なる人種というけれども、アリヤ人種の中にも馬鹿もいるし、阿呆もいるだろう、賤しいものもあり、穢らわしいものもいるだろう。聖ならざる人種とせらるる奴隷種族の中にも偉いものもいる、賢いものもいる、それを非アリヤ民族は聖ならざる人種であるとするのはまちがっている。個人個人についていうなら、奴隷種族の中にも聖なる人格もある。それを一般的にこの人種は「聖なる人種」であり、この人種は「聖ならざる人種」であるということを土台にして、すべてを割り出すということは根底からまちがっている。こういうのが釈迦如来の根本の観念であって、釈迦如来の説き出された仏教は、聖なる人格を創造するということであるのである。それで聖であるとか、非聖であるとかいうことは、各個人個人の人格についての問題であって、人種全体について、聖なるとか、非聖なるとかという問題は不都合なことである。これが仏教の根本観念であると思う。それであるから、聖なる人格の履むべき道を「八聖道《はっしょうどう》」といわれ、聖なる者の履むべき八つの道を指摘された。

それから「四聖諦《ししょうたい》」というのは、聖なる者の信ずべき四つの真理ということである。四聖果《しょうか》というのは、聖なる者の人格を仕上げていった四つの結果で、預流果から羅漢果までの四果である。これを細かく分けると八聖果となる。七生を経て第八の殺賊の羅漢果に至るのである。それから聖なる者の持つべき財産は、その当時のアリヤ人種の財産は羊と牛と米というようなものであるが、これに対して聖なる者の持つべき財産がある。信とか、忍とかいうようなものを挙げてある。それから聖なる者の履むべき聖法《しょうぼう》（アリヤダルマ）、聖なる者の持つべき律法を聖律《しょうりつ》（アリヤヴィナヤ）という。それから仏教は自己創造であるから、個人個人で聖なる人格を完成した者を、「聖人《しょうにん》」（アリヤプツガラ）また「聖者《しょうじゃ》」というのである。そういうような聖たらんと欲する者の集まりを聖衆、聖なる者の教団（アリヤサンガ）という。そういうように聖の字を逃さぬように注意して見ると、仏の説かれたものには全部に聖の字をつけられている。ただ自己を聖なりというのみではなく、非聖なりという名を圧迫的にインド民に押しつけているのであるから、それに対しては最も適切な教義であると思う。聖なる人格を造るのであるから人格本位である。人種本位でなく人格本位であるということを、一般的に覚らしめたのが仏教であると思う。これはよほど明瞭にわかるようにしていただきたいと思うのである。すなわち第二の問題は、聖種優勝説に対して聖なる人格中心主義である。言葉がぐあいが悪いのだが、聖人優勝説とでもいうか、聖なる人格を教える人格完成主義が仏教である。こういうことになってくるのである。

階級差別と仏教

インドの文明は森林から起こった。教育も、思索も、音楽も、宗教も、インドの文化は山林より発生したのである。自分はいかに自然に征服されても、これは非アリヤ民族にはもうとう関係はない。先住民族の征服はやはり征服である。インドの生活背景は暗澹たるものであった。第一は階級差別説である。社会生活は判然と四つの階級に区画されている。一番上は婆羅門族で宗教のことを司る。地方を征服する時は出陣には凱旋を祈り、凱旋した時は感謝を捧げる。そういう神聖の役目をするのが婆羅門族である。こんな初歩のことをお話する必要はないのであるが、一応準備としてお話しておく。

実際に征服の歩武を進めるものは士族であるが、これを王族（利帝利《せっていり》族）という。それから家にとどまって植民の仕事をしている、つまり牧畜をやる、米を作る、物々交換するというのが普通の農商民で、これは平民である、農商民と王族と婆羅門族、これを上三族といって、インドの上流社会である。一番下層に奴隷族がある、その奴隷族は全部上三族に終生奉仕するというのである。終生どころではない、代々奉仕する、教育の権利も与えられないし、宗教的に神を拝む権利も与えられないで、ただ上の三族に奉仕するのであって、それをヴェーダの経典で裏付けてある。造物主が生類を造る時に、造物主の頭から産まれたのが婆羅門族で、脇腹から産まれたのが王族、釈迦如来は王族であるから、脇腹から産まれた。農商民は普通のように腹から産まれた。そうして今のインド人全体の奴隷族は足から産まれた。こういうぐあいに経典の中でこれを裏付け、生まれながらの奴隷族であるということを、インド人に押し付けたわけである。こういう生活状態であるのが、すなわち階級差別主義で、一般にインドで認められておったのである。この階級差別説に対して、釈迦如来はまず慈眼《じげん》を開かれたのである。

この四姓差別の思想に対して、四姓平等の思想をもってこれに当られた。社会の実際生活で、差別思想に悩まされているものに対して、一味和合の教団生活を創設せられた。教団は僧伽《サンガ》というその言葉がすでに「和合」を表わしているのである。一味和合というのは同一鹹味《かんみ》といって、衆水の海に入って同一の塩の味わいになる如くに、同一鹹味の教団をもって、いずれの階級の人をも差別なく迎えられたのである。自分の教団には、婆羅門族から来ても、王族から来ても、農商民から来ても、奴隷から来ても、同じように平等に扱わるるのである、ということを教法に説き、実際に示された。仏教は平等も差別も説くのであるが、インドがあまりに階級差別を力説するのであるから、仏教がことに平等を力説するようになってくるのである。それで平等主義は仏教の特質であるかの如く説かれ、それから一味和合の教団というものが、実際に意義を持つようになったのである。それは仏教の内生活のことで、社会の生活には関係はないということを、西洋人は主張するのであるが、そんなわけにはいかない。仏教の教団の中でだれも彼も、みな一緒で、平民的に、平等的に扱われているならば、奴隷族も王族も婆羅門族も一律であると、それが外へ出て托鉢をする時には、元の奴隷者に対しても、やはり仏教僧の待遇をしなくてはならぬ。仏の一行を招待する時には奴隷者だけ除くわけにはいかぬ。教団内の平等は、やはり社会生活にも自然に影響を及ぼすのである。それであるから、仏教の教団の中のことは、外には関係はないということは、それは実に浅薄な話である。

その実例は、王宮の奴隷が仏教に入って、仏が王宮に招待された時に、仏と共に奴隷も招待の列に加わる。そうすると王様が出て、それに対して給仕をしなければならぬ例になっている、それで非常な問題を起こしたことがあるが、修行が進んで神通を得ておったから解決ができたことがある。そういうようなぐあいに、社会に関係しないと思うのはたいへんなまちがいである。仏教が平等主義を説くゆえん、一味和合の教団の創設せられたゆえんは、つまり根本の階級差別説に基づいている。

仏教と時の観念

歴史のないインドに歴史を与えたのは仏教である。仏教では何年の春とか秋とかいうくらいは判る。何年に阿闍世王《あじゃせ》がおられて、その阿闍世王の何年に仏が亡くなられて、一切経はいつ結集した、またアショーカ王の子がセイロンに行った時には、だれそれがセイロンの王位についておってその何年目であった、というようなことがはっきりしている。仏教の歴史だけは綺麗にできている。すなわち全く歴史のないインドに歴史を与えたからである。

またインド人には戸籍がない。お前は齢《とし》は幾つかと尋ねると、「お母さんは私を産んだのだから知っているだろう、お母さんに聞いてくれ」と今でもいうくらいである。ところが仏教では得度したら各々度牒《どちょう》を持っておらなければならぬ。僧侶の戸籍である。僧侶がよそに行って一緒に共同宿の寺に泊る時に、まず席を定めなければならぬからである。自治団体であるから、どこに行っても会議をして、いよいよ議論が決しなければ投票する。投票でもいろいろの投票までがスッカリ決まっている。秘密投票・公開投票・耳語《にご》投票〔教団の意向を伝えて投票せしめる法〕というような区別があって、会議の模様も三読会までスッカリやってから表決するのがあるし〔白四作法〕、また一読会で即決するのもある〔白二作法〕。今と同じである。これは自治団体である仏教の教団に仏がハッキリと秩序を保たしめんとせられたのである。すでに二千五百年前に今と同じような会議、投票のやり方を、仏が御自身に発明されたということは実に偉いことだと思う。

西洋の人が二千五百年経って今の議会にもなお用いていると同じ規則を、仏は二千五百年前にチャントやっておられる。そういうふうにして、席次でも何でもすべて評決しなくちゃならぬ。戒律を犯した者があれば、それの罰を定めるために会議が開かれる。そういうことになっているから、寄るとすぐにだれが議長になるかというので、席次の問題になる。なれば最上座すなわち最長老が議長になる。上座というのはそれである。その上座を定めなくてはならぬから、みな、度牒を持っている。「お前は何年前に得度したか」「俺は二十五年前」「俺も二十五年前」「二十五年の春か秋か」「春だ」「春は何月だ」「二月だ」「俺も二月だが、お前は二月の何日だ」「十五日だ」「十五日は午前か午後か」「午前だ」「俺も午前だ」、かようにどっちも午前だということになると、今度は「影はどうか」と言う。それは正午を測る測影器がある――縦の柱が一つ、横の板の上に立っている、柱の頂上から板の端に斜めに糸が張ってある、柱の下底から板の中心に墨線が引いてある。その糸の影と墨線と一致した時が正午である、それから太陽の位置とは反対側に映る影によって、午下何寸とか午前何寸とか言う。そこで同じ十五日の午前ならば「午前の何寸か」「俺は午前の二寸の時に得度を受けた」「俺は一寸だ」と、ここで初めて二寸の方が先で一寸の方が後であるという区別がついて、そこで上座が決まる、だから得度をしたらすぐに影を測って、度牒によって仏教者の戸籍がすっかりできている。それで籍のないインドに戸籍を与え、歴史のないインドに歴史を与えたのは仏教である。

そういうように、仏教は時の扱いでもインドの一般とは違って実際的である。インドの一般の方は、無限の時だけは非常に重んじたけれども、実際の時の方は非常に軽んじた。ところが仏教のは、無限の時も理論の方ではたいへんに詳しくやるけれども、実際の方にもわれわれの人間生活の実際に合うようにせられた。これは仏の常識の働きであって、インドの文明が仏教の時代に一番進んでいるのはそれがためである。

時というものを理論でどう扱うかというと、仏教では、時は竪《たて》だという。竪というのは時のことである。「竪に三世を貫く」といえば、過去・現在・未来の三世にわたって時の無限をいう。すなわち時の方は三世で行くのであるが、その過去・現在・未来が続いて回転していくのであるから、これが永遠ということになる。仏教では、過去の始まりを調べない。造物主を尋ねて地球の最初はどうだったというようなことを仏教では言わないのは、時というものは無限にあって、その時の無限を切り刻んで、その幾分かの中にこの世界が回転しているわけであるから、何遍も同じことを繰返している。だから時というものは無始無終といって、始めもなければ終わりもない。その無始無終ということが永遠性であり、無窮性である。だから仏教には、始めの方では無始本有、終わりの方では尽未来際という言葉がある。無始本有、尽未来際は永遠性、無窮性をいうのであるが、これを実際には仏教では過去・現在・未来の三つで説き終わる。過去というのは過ぎ去った現在であり、未来というのはいまだ来たらざる現在である。結局この現在しかないわけであるが、永遠に続いているから過現未の三世といって、時を表わしたところに妙味がある。無始無終とか尽未来際とか無始本有とかいうふうなことは、理屈では考えても実際にはならない。時というものを三世にかけて、「竪に三世を貫く」といえば、それが永遠であるから、きわめて実際的に考えられる。

事の理化と理の事化

インドは大体、不立文字的の傾向を持った国であるから、その文明もまた歴史なき文明である。インドには文明はあったに相違ないが歴史は一冊もない、記録は絶えてない。インド人はかつて歴史を書かない。そんなものを書いて何にするかというような考えである。一体、インド人は歴史がわからない。それゆえ進歩をしない。歴史があってこそ、昔の人はこうであった、われわれの祖先はこうであったということを知って、それを土台にしてそれよりよき歴史を作ろうとするところに、国民の進歩がある。インド人が進歩しないのはそのためである。

けれども、インドには書いた歴史はなくても、実の歴史はあるのである。歴史がないのはどういうわけかといえば、歴史は実際にあるにはあるが、英雄豪傑が出ると、その英雄豪傑のした事業をみな小説化したり、そんな英傑が出るということを、ある人の予言にすることを喜ぶふうがある。今から幾年後に明君が出て、あるいは聖人が顕われて、こういう事業をするであろうというような予言にする。予言化するか、小説化するか、いずれにしても本当の歴史は一つも存しない。あれだけの大文明があって、歴史が一巻もないということは不思議である。けれども、インド人は事実を理想の方へ向ける。理想の方へ向かうところに、仏教の理想主義と一味であることが存している。だんだん瞑想の力が進んできて、そんなに史上の事実を書いて遺して何のためになるか、だれそれが何年何月に勲何等に叙せられて、爵位を与えられたというような事柄を、よその国では喜んで書いている、これは実に歴史中毒の結果であると考える。だんだんに時間を超絶し、空間を超越した思想をもって、空想に住む身となると、ヒマラヤ山の頂上に立って、谷底を見ているような考えになってくる。永遠を相手に考えているインド人には歴史は寸分の価値もない。歴史はこれを神話にするか、小説にするか、予言にするか、いずれにしても本当の歴史というものはない。これがインド文明の一つの特色である。

この歴史なきインドに歴史を与えたものは実に仏教である。インドには歴史はない、けれども仏教だけは立派な歴史を持っている。アショーカ王が仏滅何年にいかなることをした、仏滅何年にだれが仏教を師子洲（セイロン）に移植した、というように一切を登録している。それは何に基づくかというと、「律」に史実を記することから来たのである。仏がこういう戒条を定められた、その戒条はいかなる理由からできた、それはどこに何という者があって、こういう罪を犯した時に、仏が呼んでこういう説諭をせられて、こういう戒条を制せられた。この史実を伝えるために、「律」の歴史ができた。そうすると、仏の教えられた「律」に師資相承といって、伝統の次第を書かなくてはならぬ。同世の五師とか異世の五師とかいって、伝統が明らかにされている。この伝統は仏教界に系統的思想を与えた。系統は「律」には最も大切である。「律」の初めには必ずその伝統の次第が書いてある。仏教の伝わった歴史が書いてある。師子洲とインドとは王統も違っているから、師子洲のヴィジャ王の何年は、インドのアショーカ王の即位何年であるとか、インドの阿闍世王の即位何年に結集が行われたとか、またこれは師子洲の何王の何年であったとか、その対照が挙げてある。かくのごとく仏教の中にはちゃんと歴史がある。仏教の「律」が広まるにしたがって、歴史思想を養って来たのである。

かく仏教を除くのほかにインドには今に歴史はない。もちろん文明はあった。それはどういうわけかというに、インドの従来の行路は現実の理想化であった。現実を現実として伝えては値打ちはない。けれどもそれを理想にして見れば、値打ちがあるというように考え、歴史を神話にする、史実は小説にする、人の出世を予言とする。こういうように、一切の歴史を理想にしようとする。現実を理想化するのがインドの傾向である。これは「事の理化」事実を理に化するという傾向である。

いよいよ仏教が世に顕われて歴史ある文明を作った。この趨勢は現実の理想化ではなく、理想の現実化である。仏自身の上に顕われた理想を社会に向かって実現する。人格の上に顕われた理想を社会化していくことは、ことに仏から始まったようである。仏が出られてからインドは仏教文明時代と化した。文明の色彩が全く変わってしまった。文化の方向が定まった。仏の理想を現実化してきたのであるから、文明が実際的になってきた。時代は「理の事化」に向かったのである。

初めは婆羅門教の影響で仏像のない芸術、仏像のない仏伝が顕われた。そして聖者の色身的表現を否認した。われわれが書き顕わし、画き出し、刻み出すというような、色身的表現はすべて否認したのであるが、これはインドの古い習慣である。ところが大乗の理想主義が顕われて、自己の理想を実現するということが主要事となってみると、自分の理想で釈迦如来を現わす、すなわち聖の色的表現ということは当然のこととなって、ついに仏教芸術の中心ができた。古い仏教芸術は婆羅門教の実在主義を再現して、仏語を文字に写さぬ、仏の相を絵に画かぬ、仏像なき仏伝であった。ところが、新仏教芸術たる大乗仏教になると、仏像中心の芸術が出てきた。仏像を中心にして飾りたてた荘厳芸術が出現してきた。これがガンダーラの彫刻である。それからインドに仏像中心の芸術が盛大になり、文字が聖典に用いられるようになったのは、全く大乗仏教の傾向であるのである。

仏教の根本原理

宇宙創造ということを仏教は否認した。宇宙創造説は門前払いされた思想であるけれども、ちょうど唯物論を門前払いにしても、門内には唯物論的思想の一切有部《う》というような説が起こってきたと同様に、門前払いにした宇宙創造という説の反映が仏教の門内にも起こって、そうして縁起説となり、相縁《よ》って起こるというのがあるのである。何だか宇宙の起原を説いたかのごとくに見える。これは主神創造を自己創造に導く仏の指導の方針かも知れない。

ある人は十二因縁というのは無明という一因から起こる自然創造説で、あたかも一因主義を再現したごとくに見るような人もある。また真如縁起ということでも、真如というものから、すべてが出ているといって、全く一元論の哲学か、もしくは根本原理であるように感じる人もある。真如から万有、すべてのものが出てくるというように説こうとするような人もある。そういうような考えが起こるのも無理はない。縁起ということを説いたのは、宇宙創造ということを全く否認し、門外に捨てたけれども、そういう考えはみなもっている、それを何かの方法で満足させなくてはならぬというのが縁起説であると思う。縁起とは相縁って起こる。相縁って起こるのでも起こるのであるから、起原説のように感ぜられる。門外固有思想の反映が門内に入ったといって差支えない。そこで仏教の初めには、今の物理でいったならば、因果律に当るような仏教の因果法が説かれる、それが縁起性原理である。十二因縁、三世因果、業感縁起、頼耶《らや》縁起、如来蔵縁起、法界《ほっかい》縁起と、みな縁起説で進んだ、起の哲学である。具の哲学に進んで天台の十界互具論となる。縁起説以外のものもあるが、しかしそれに似たようなもので説明する。これは仏教の共通原理と観てよいと思う。

次に無定性原理である。これは仏教では、万有に定まった特殊の本性はないというのである。それで今の電子の不確定性原理と同じである。電子の窮極まで行ってみると、電子自身が動くので、不確定性原理というものを認めなければならぬこととなった。すべて確定したものであるとして出発した理学が失敗に終わって、最後の電子にいくと、確定していないものと見るほかはなくなった。仏教は心についてつねに説いている。その心がすべてを生ずるのであるから、すべてのものは不確定のものとする。仏教では「法無定性」「諸法無我」ともいう。特殊の形がない、独自の特性がないから一切法無自性ともいう。また「一切法空」ともいうのである。それを時間に現わすと「諸行無常」である。これはすべて不確定性原理と同じであるから、仏教説を無定性原理としたのである。これは大乗仏教には少なくとも共通なものである。小乗も幾分は無定性であるが、一切を対立的に説くから、その範囲がきわめて狭い。

それから次は華厳の全体主義である。それは「相関性原理」といったが、「全体性原理」としてもよい。これは今の宇宙相対性原理ということと同じようなものである。今ごろはやる全体主義を説明する原理としては、華厳は大切なものであると考える。何ものも単一の存在を許さないのであるから相関性原理と認めてよい。これは仏の無我の覚りの内容そのままであるといってよい。全体説の源底は我がないということである。西洋に全体主義がいくら行われていても、個人主義の上に行われているから結局破れる。無我主義に立ってこそ、始めて本当の全体主義が意義あるものとなるのである。日本の華厳の根本は無我主義である。それで釈迦如来が菩提樹下に成道せられて初めに華厳を説いたが、だれにもわからなかった。覚りの全体である無我ということを描き出されたのであろうと思う。この全体主義ならば、壊れるという気遣いはない。単一の存在のみの個人主義でやっていっては、どんなにしても全体主義は行われないと思う。

その次は相即性原理である。これは大乗に限るので、小乗は対立のほか考え得ない。仏教では、己を廃して他に同ずることを相即というのである。自分の性質を当分お止めにして、向こうの性質に同情する。同事する。同情といっても、向こうの性質をまず頭に入れて対立を統一する唯一の方法である。これを相即性原理といってよいと思う。これは大乗仏教の至る所に働いているから、大乗の弁証法は相即から出発するといってよろしいと思う。相即は決して空理ではなく、事実の上に現われるのである。相即性原理は矛盾を統一する唯一の方法である。対立で区別を教えて、相即で統一する生死即涅槃、煩悩即菩提、娑婆即寂光土、差別即平等、みなこれである。

次は実相性原理である。実相ということを見究めようとする。それは窮極原理であるが、仏教の窮極原理はそこまで押していって窮極原理となるので、根本原理というような意味の第一因として、向こうから出てくるものを仏教は認めない。そこは窮極原理というものの意味の取りようによって違うだろうと思うが、調べて押していった窮極原理というのが、すなわち実相性原理というてもよいと思う。縁起性、相関性、無定性、相即性、実相性、この五つの性は、仏教で離すべからざる原理であると思われるのである。

三　無　我

無我主義の本質

自我の世界は苦の世界である。無我の世界は滅の世界である、苦は人生の現実である、苦の滅は人生の理想である。しかも滅の世界を人生の絶滅であるかのごとくに考えるのは大なる過失である。それと同じように、無我の実現を自我の滅亡であるかのごとくに考えるのは大なる過失である。これは生存競争に対する相互扶助の実現である。力の世界に対して愛の世界の開拓である。差別闘争の自我観に対して、平等和楽の無我観の建設である。自己中心の利己主義に対して、社会中心の利他主義の実現である。党同伐異の排他主義に対して、和光同塵の平等主義の実現である。反抗主義に対する無抵抗主義の主張である。

自我を中心とする自覚は、他に対して自己の存在を認めしめんとするの動機より起こるのである。相手たる対抗者が、自身を認めて平等の待遇を与うれば、それに満足するのである。これは相対的自覚である。水平社の自覚もそれである、婦人の自覚もそれである、欧州の人が自我を発見したというものも、結局それにほかならないのである。自覚が自己本位であって個性中心の自覚であるからである。凡夫位の自覚が自己中心であるに対して、菩薩位の自覚は社会中心である、自己の活躍せる社会の全責任を負う社会的の自覚が菩薩位の自覚である。

さらに宇宙生類に対して責任を感じ、宇宙大の自覚を得るに至ったのが仏位である。この地位に到達すれば自己と宇宙とは同格位であって、宇宙をもって自己としているものである、すなわちそのまま宇宙大の大人格であるということもできるのである。

「我は一切智者なり」「我は一切勝者なり」との自覚を得て、自内証の理想によって、宇宙的の活躍をなすのを大覚位とも、正覚位とも、無等等位とも、無上上位とも名づける。人類の智の障り、すなわち所知障を除いて一切智者となり、情の障り、すなわち煩悩障を除いて一切勝者となり、一切智者の自覚位に到達したのである。ここに至って人間生々の意欲は全く滅し尽したかというと、かえってそうでなく、人間生々の意欲は満足せられて、ついに永遠の生命を獲得したる慧命位に到達したのである。永遠の寿命も無限の光明も、ともに獲得せられて、光寿無量、悲智円満の等覚位に到達し、理において達せざるなく、智において達せざるなき理智冥合の無礙《むげ》位を得る。かくのごとき宇宙の大人格を名づけて、無我の大人格位とするのである。無我はすなわち大我であって、歿後はかえって自我の実現であることが知られるのである。人類あって以来、仏の如き大自我を実現したものはいまだかつて見出されない。一劫に一仏の出現とすれば、現世界に釈迦如来一仏のみであるので、他には仏の出現を見ることはできないわけである。釈迦の前にも幾千の小釈迦はあったろう、釈迦の後にも幾千の小釈迦はあったろう。自ら「如来」と号し、精神界の転輪聖王をもって自ら任じた自覚の如来は唯一人である。しかして唯一人であることの自覚も、しばしば仏の口から聞くことである。自他ともに許して世界の第一人者、唯一人者とした大自覚者は、ただ仏一人である。無我の実現によって宇宙大の自我を実現したものは、ただ仏一人のみである。

仏による我の否認

仏はウパニシャッド哲学の「我」を評して、「我」を実在だと信じているが、実在と称し得るものは、宇宙の外にもないが宇宙の中にもない。個性の中にも決してない。宇宙を造り出した実在というものが宇宙のどこにあるか、個性の中にも、その中心たる実在といわるるような、常住不変で永遠性を有したものはどこにもない。肉体が永久不変の実在の性質を持っていないのはもちろんである。心も永久不変の実在であるとはいえない。心は時々刻々に変動しつつある。そして肉体と心以外に、われわれは何物も持たない。して見れば、実在と称し得るものはどこにもない。実在と思い、実在といっている者が、つねに変わるということを実験しているのであるから、それは決して永遠性を持っていないことは明瞭である。というふうに、一々厳しい詰問に逢っては、仏の前には「我」の説が成り立たない。哲学的に「我」の存在、実在ということは成り立たない。もし「我」という個性がないならば、どうして人間がこうしているのであるか。仏はこれに答えて、そんな実在的の「我」はない、われわれの身も心も一緒に、この全体が「我」だ。全体とは何か、自分は人に生まれて来るべき理由があって生まれたのである。犬は犬に生まれて来るべき理由があって犬に生まれたのである。その犬がその時の個性である。人の全体がその時の個性である。この個性は神とか「我」とかいうものがあって造り出すものでない。何でも自分の原因となるものは、すべて自分が作っていくのであるから、神が造ったものでもない。みな自己創造である。自分自分に作るのである。それゆえ自分が造った原因に相応した個性ができる。犬たるの原因を作れば、犬の個性ができて犬になる、人間となる個性を作れば、人間になるのである。われわれの全体が個性であって、その中に一つ変わらぬ霊魂のようなものがあるわけではない。一般の考えでは霊魂という不変のものがあって、それが人間に生まれると人間に変わり、犬に生まれると犬に変わり、猿に生まれると猿に変わると信じている。

そんな馬鹿なことはない。全体が個性であるから、猿になったら猿だけの個性がある、人間になったら人間だけの個性がある。人間の個性が嫌いで仏になろうと思えば、仏になる因を修めなくてはならぬ。それを「霊は変わらないで外衣だけ変わって生々する」と考えるのは外道の考えである。

かくのごとく、仏は、「我」というものを哲学的に否認して、無我説を立てられたのであるが、仏はさらに、それを倫理的に応用される。哲学における「我」の否認と同時に、倫理における「我」も否認されるのである。「我」は哲学の上から存在しないばかりでなく、倫理の上でいっても、「我」というものを中心にして、自我主義、自利主義、利己主義、自由主義、自主主義まで進展するような根本を開くことを仏は許されない。その自己というものを単独に認めないで、一切生類を自己と見るようになり、宇宙に存在するものは、ことごとく自己であると見るように向かうのである。それがすなわち、倫理的な「無我」である。自己というものの存在が、哲学的にないということは、理屈ではわかっている。けれども、自己ありと見るならば他人もあるだろう、憎い奴もあるだろう、可愛い者もあるだろう。それがすなわち、我他彼此の考えを起こす根本であるから、実際の「無我」の人格というのは「我」を認めないで、その代わりに全体の人を自己と同じように認める、宇宙をもって自己とする。そういう人格を最も完全な人格として、それを完成しようとして、仏は自己の修養を進めていかれた。そこで宇宙的無我の人格、倫理的無我の人格――宇宙大の大人格が完成した。この意味で自他相対の「我」を否認せられた。それによって仏の無我の大人格を仰ぐようになったのである。

涅槃

一般の人間の見方は多くは逆で顛倒である。われわれの見ているのは多く顛倒で、さかさまに見ているから反対のことが起こってくる。苦であるものを苦と見ればよいのである、けれども逆に楽と見ているから、実は苦である真相が現われた時は、たいへんな苦痛に感じる。常住でないものを常住と見、自由でないものを自由と見る。その反対に、いよいよ悟りを開いた時にはどうなるか。それは涅槃である。絶対の平和である。涅槃寂静といって、心も形も平静に帰することをいうのである。涅槃はどういうのかといえば、われわれの考えるような我《が》はないけれども、悟った上の我《われ》というものはある。しかしながら悟った我は、こんな宇宙の規則に束縛されたり、因果の規則に縛られているのではない。どうしてもこうやらなければならぬように押されていくものではない。自分の自由に行く、無我であるけれども自分の自由になる。われわれのような我《が》はないけれども、もっと大きな我――我を超越した我がある、無我の我があるだけである。だから、涅槃の内容はといえば、まず無我という意味になる。われわれのは、常住でないものを常住と思っているから、それはまちがい。人生は無常であるけれども、涅槃は常。無常を超越した境に達している。悟りは束縛されない。

無常というのは死ぬるということである。死ぬるというようなことのない不死の状態になるから常である。それから、苦に対する楽、面白いとか美味いとか、そんな苦・楽相対の楽ではないけれども、苦・楽を超越した楽はある。楽といわなければしようがないから、苦・楽の状態を超越した楽ではあるが、仮に楽と名づけるのである。そういう状態が涅槃の中にある。それはすべて浄らかである。そこで、常・楽・我・浄が涅槃の状態であるという。常は常住であって一層上である。常・無常を超越した常である。我は我・無我を超越した我である。楽は苦・楽を超越した楽である。浄といっても単なる浄らかではない。浄・穢を超越した浄である。単に浄らかな物といえば、これに対する汚い物があるから、相対であるが、この浄は相対ではない。もう一層上のものである。この常・楽・我・浄を内容とする涅槃寂静を、三法印（諸法無我・諸行無常・三界皆苦）に加えて、四法印というのである。

仏教的空の意味

仏教にはもとより空を説く。けれども、仏教は虚無主義の団体ではない。三界皆空の理を悟れるものは、三界を皆空として焼き払わんとするような、一面的な浅薄きわまる西欧的偏狭主義とは、全くその趣を異にしている。三界皆空の理を心に体して、三界皆有の実際問題に当面するの覚悟を定めるのが、仏の特別集団の本旨である。人間というものは、有るものを有るとする時には、いろいろの妄想が起こる。これは自我である、これは自己の生命である、これは自己の所有である、これは自己の占取権である、これは自己の財産である、というような自然の執着が起きる。この執着にとらわれて、ついに自己を失い、自己の生命をも失うに至るのである。すでに哲学的に思索せる理において我の存在も認められない、身の存在も永久的ではない、万有の存在も徹底的ではない、存在という存在は、ことごとく仮りの存在である、理において一切無常である、宇宙間ただの一つも、徹底的に永遠的に常住のものとして頼みとなるものはない。これが理において真実であるとすれば、これを実有だと考えているのは全くの錯覚である、そこで理のごとくに観察せしめんとするのが、仏の教えられた禅定の当面の目的である。

そこで仏教の教え方はおよそ四重になる。有を有としている、これが第一の解釈である。この点においては普通の常識も科学の研究も同じ方向を取っている。この第一の解釈は一切の観察の入門である。しかしこれは一切の観察の入門であることを忘れてはならぬ、ただ入門である。有を有として攻究することは一切の研究の最初の階段であるが、これを徹底的のものと思ったら、それこそ一切の錯誤を招く根本となるのである。第一の解釈は有を有と見るので一般の解釈であるが、仏教の解釈はこれにとどまらない。さらに有を無と見るのが第二の解釈である。一般に有と見るものは果して実の有であるか、仮の有であるか、空が有に見えるのか、しばらく有と見えるのかということを意味する。研究し思想して、結局一般に有と見たのは、たいてい錯覚であって、一切空である、一切無我である、一切無常である、徹底的に有であるといい得るものは、宇宙に存在しないと解釈する。かくの如く有を無と見るのが第二の解釈である。

第三の解釈は、われわれが、かく有と見たものと、無と見たものとは、決して別物ではないとすれば、有そのままに無であるともいい得るのである。それであるから「色即是空」ということが説き得るのである。色は前にも度々説いたように、形式を有している万有を指すのであるから、万有界を指して色界と称するのである。この有形の色が、そのままに無形の空であると見る、有即無の解釈である。仏教では有無相即の教義を悟らしめんとするのが主眼である。これを知らねば仏教の教義のおおよそは、わからないからである。世間の現相は、かくも形式づけられているのを、そのままに無形式の空と見よとは、ちょっと無理のように考えられる。されど少し思索を労すれば、その形式というものは、決して永遠性を持っていないものである。仮りに化現《けげん》している当面の形式である。さればこそ、常住性ではなく虚仮《こけ》性であることは、何人《なんぴと》も争うことができないのである。ゆえに我々が実有と見るところはそのまま実無でなければならぬ、有《う》即無の主張は、決して非理とすることはできないのである。しかるに、もし有即無に終わるものとすれば、仏教は高尚の教義であろうが、現実を無視した厭世一流の教義となりおわるのである。そこで、第四の解釈が出てくるのである。

第四の解釈は、第三の有即無の思想を逆に応用するのである。すなわち無即有の解釈である、色即是空の逆用で「空即是色」の解釈である。空と説いたのは、一般の見解のように偏無の空ではない、絶無の無ではない、その空というのは一切の仮有《けう》、一切の現有を含み得る空である、皆空はそのまま万有であるという無即有の解釈が、第四の解釈である。この四重の解釈が、ていねいに通用せられたのが、大乗教義であるということを知らねばならぬ。蘇東坡の詩に「素紈不レ画意高哉。倘《もし》着二丹青一堕レ二来。無一物中無尽蔵。有レ花有レ月有二楼台一。」というのがある。大乗四句秘釈の消息を遺憾なく顕露している。

実体の否認

仏は一般に宇宙に関する問題、すなわち形而上学という方面のものは問題とせられない。つまり世界の哲学者が問題としているものは、仏はこれを問題とせられない。形而上学というのは純正哲学の問題であるから、純正哲学の問題は日常の生活にはあまり影響しないのである。それだから、人生の実際方面を主としていかれる仏は、哲学に説くようなことは、まず一般に除いていかれた。比較的緩慢な問題の形而上学とかいうようなものは捨ててしまって、形而下であることに実生活を主としていかれた。これが仏教の立場であるし、人生問題ということに限って教えていかれたのが、根本教義と称し得るのである。

哲学者の過ちは、やはり通俗の俗人の過ちである。哲学者の本体とか実体とかいっているものは、やはり通俗の俗人も固定的のものが、われわれの人身の中にあるように思う。我《が》の本体が自分の主人公のような感じをもってこれに対する。人間の霊魂というと、玉のようなものがわれわれの身体の中にあるように思い、常住不変のものがわれわれの身体の中にあるように思う。それだから、これを哲学上の宇宙の本体であるとか、個性の本体であるとかいうようなことを問題としなくとも、通常の人がやはり哲学者と同じような考えを持っている。仏は宇宙の問題、形而上の問題は斥《さ》けられたけれども、やはり哲学者と同じ過ちが普通の人の脳底にあるから、ここに自分の思想を第一に現わされた。それが最初に出された実体の否認である。実体、または本体というのは存在するものではない、理論として哲学的にもむろん存在しない、それは判っているが、実際において、自我というもの、自己というものほど可愛いものはない。その自我の中心があるように思い、それを霊魂であるように考え、それが自己を持ち続けていくと考えて、それを生命と名づける。そういうふうに自分で自分の存在を認め、人も認めるように考える。つまり宇宙にも本体とか実体とか名づけるようなものはないが、個性にも実体とか本体とか名づけるようなものはない、したがって常一主宰の神というものも存在しないという思想を、実体の否認というのである。仏教の語ではこれを諸法無我というのである。

自我の放棄と自我の再生

自我の実現は罪の世界の開拓である。罪の世界をして罪に濁らしむるものは自我の闘争である。自我を実現せんとして自我に捕われれば、結局自我の自滅である。自我は自我を去って、無我に没入する時、自我は初めて再生するのである。「極重悪人無他方便」と、縁なき衆生たることが明瞭に実感せられた時、初めて「唯称弥陀必得往生」の再生の思いに住することができるのである。「世間虚仮」として、全く虚仮の世界に匙を投げた時、初めて「唯仏是真《ただぶつこれしん》」なる理想が生きてくるのである。出家得道の及びなきことを自覚した時、初めて在家得信の有り難きことを深刻に感ずるのである。自我に生きんとするものは自我を殺すものである。大死一番、無我に没入するものは、自我をして再生せしむるのである。

理智不二

理智不二とは、どういうことであるか。理の世界と智の世界とが、同じ格になった時期を「理智不二の境地」というのである。理の世界も智の世界も、その大きさが同じようになる。あるいはこれを「理智冥合」ともいう。理智冥合の境地が、人間の至るべき最上無上の境地である。理智不二の境地に達した個性というものは大きなものであろう。されば宇宙大の智慧ができたのである。宇宙大の智を持っている個性は宇宙大の人格である。大きな個性ができたわけである。

われわれの個性は、横にはわずかに二尺に足らぬもので、縦にこれを計ってみても六尺には足らない身体である。よしたとえ、丈六の身体にしても、とにかく限りがあるのである。その限りのあるものが、宇宙全体と同じような大きさになったというのは、智が大きくなり、心の偉大さが横に十分に塞がり縦に三世を貫く、普遍性を持ち永遠性を持つ大人格となるものである。これを宇宙大の人格といってよい。この宇宙大の人格になった時には、宇宙全体を掌中に入れた人格であるならば、宇宙全体が自分の身となっているのである。宇宙全体の責任を自分が背負っている。そういう大きな人間ができた時に、自己である、他人であるという自他の差別は、有るわけはない。彼であるの、我であるのという区別もあるまい。宇宙を包含しているような、大きなものであれば、我の内に宇宙があり、宇宙の内に我が在る、同じ物だ。それを無我の大人格と名づける。別に我という特定のものを見ることはできないように、すべての者の要求をことごとく充たすことができる。自然界のあらゆる生物の迷妄も、あらゆる生物の要求も、ことごとくわかっている。わかっているのみならず、それを満足せしむることができる。そこまでは知識であるが、それは心の力である。慧力・慈力・方便力という三つが備わってくるようになったら、それを無我の大人格、宇宙大の大人格といって差支えない。そういう大きな人格になったならば、世界の第一人者、唯一人者と名づけて差支えない。

そういう人の心を分析してみると、われわれの智だの、情だの、意だの、というような小さい自己独自の自己中心の知識、自己中心の情、自己中心の意、かかる智情意は、ことごとく自己中心であって、小さい智情意であるが、それと全く違って、宇宙を包含する大きなものである。その時にはどんなものかというと、これはいろいろに説いてあるが、まずその代表的の仏は、大日如来、阿弥陀如来というようなものが、確かに代表的の仏である。

無我主義

大乗の組織は無我主義にある。すでに自己と他己と同一に見んとする努力があるならば、やがて自我主義の見地を去って、無我主義の境地に進入しつつあるのである。我もない、我の所属もない、住所もない、三界無住である。金銀を受蓄することを許されない。無所有である、無一物である。一子羅睺羅《らごら》は独自の子としての一子であるが、第二の羅睺羅は持たないと、釈尊は仰せられた。自己の所有がないとすれば、他己と所有を共にするほかはない。共産的の所有はある。山林も、荘田も、寺院も、僧園も、みな共産である。他から布施せられた恩物の所有も、現前僧物と四方僧物との差別はあるが、いずれも教団の共有物たるに相違ない。その実際においては仏教も共産主義であるが、物質を根本とする共産主義でなく、精神を基礎とする物質欲を排斥する共産主義であるから、今の共産主義とは全くその趣を異にしている。無我主義は同時に無神主義である。宇宙の本体とか、個性の本体とか、根本原理とか、第一原因とか名づけるごときものは許さない。その他たいていの所には実在性を許さない。したがって常住不変の生命とか、永遠不滅の霊魂とか、造物主とか、主宰神とか、審判神とかいうものの存在は許さない。しかし精神界の存在を説くばかりでなく、万法ことごとく心に由って起こる由心主義の主張であるから、精神界を否認する物質主義のごとき無神主義ではない。実体、本体、実在、造物主を否認するのみの無神主義である。

大乗は無我主義である。自己他己の一如を主張するのである。理に偏する羅漢思想の排斥で、事に重きを置く菩薩思想の拡大である、本生《ほんじょう》経の毘湿安多羅《びしゅあんたら》太子、すなわち布施太子の一切施が、大乗思想の実現として最も注意すべきものである。戒律の最初には五戒がある。五戒の初めには不殺生戒がある。共存共栄の根本義は、自他の生命を重んずるのであるから、これが初頭に掲げられてある。菩薩の四弘誓願には、最初に衆生無辺誓願度が挙げられてある。菩薩の六波羅蜜の最初には布施が挙げられてある。四無量心は全部施の意義を敷衍したものである。

慈能与レ楽。悲能抜レ苦。喜慶二彼楽一。捨レ怨親二平等一。三輪空は施の見方を教えたものである。施者空・受者空・施物空。この心ありて始めて施の完全を期せらるるのである。一子羅睺羅は独自の子であったが、三界是我有、其中衆生悉皆我子なりと、一切を子とする心地は、すなわち一子地を一切生類に与うるのである。仏心者大慈悲是也といい、視二衆生一若二自己一といい、全く生仏一如の心地の外現である。如来の座は実に法空の座である、自己を空にして初めて忍辱の衣も慈悲の室も出てくるのである。空の三昧に入ることも同じ心である。空の三昧あって無相も無願も出てくるのである。空無相無願三昧は、無我の理想を実現する大乗仏教の極致である。

宇宙大の人格

仏教が個性我を否認するということは、結局、万有ことごとく自我であるという意味である。宇宙はことごとく我〔われ〕であるとして、個々の我〔われ〕というものを否認して、哲学的にも無我の理想を押し立てて、論理的にも無我の大人格を完成していくとすると、宇宙大の人格が実現せられる。これがすなわち仏陀である、これが無我の大人格である。自己だけ責任を持って終わるなら、つまり自利主義になる、自我主義に終わるのであるが、宇宙全体の責任を持つということになれば、これが大覚位の仏である。われわれは個人だけの責任を持ち、仏は全世界の責任を持つ。自分の活動している社会だけの責任を持つのは菩薩である。聖徳太子は日本だけの責任を持ち、日本を中心として全体を統理していかれる。何事も日本中心である、太子は菩薩格の人である。仏は全人類に対しその責任を持たれる。インドに出てもインド中心ではない、そこでインドの習慣は顧慮せられない、インドの法典は捨てられる、インドの階級は認められない、インドの神は否認せられる。仏は宇宙の責任を持たれる、それだけ範囲が広いのである。宇宙全体をもって自己とせられているから、結局、無我の大人格となるのである。そこで仏教者は自我もないが家もない、三界無住、また三界無家《むけ》というのである。自己の所有がない、仏者は無所有である。無一物である。三界無住で、無一物、そんなら何ものもないかというと、宇宙を自己の家としている。

法華経に、仏がいわれた聖語がある。「三界はこれ我が有なり」。我が所有はないといわれた仏が、三界はこれ我が有なりと言われる。「その中の衆生はことごとくみな我が子なり」といわれた。羅睺羅は自分の一子である。「我は二子の親とはならない」といわれた仏が、「三界の衆生はことごとくみな我が子なり」と示された。宇宙の人をみな我が子として慈しむ、自分の子を愛するのはだれにでもできる、人の子は死んでも生まれても痛痒を感じない、しかるに、仏は三界の生類をことごとく我が子なりとして、一人も残らず真実の子として慈しむ。宇宙大の人格でなくてはできないことである、無我の大覚位にあって初めてでき得ることである。

仏教的無

一元説は一つから多が出る、二元説は二つから多となるとするのであるから、いずれも同じようなものである。元ということが、すでにまちがっているのはこれでわかる。これを元だというが、仏教からいったら、実に幼稚な考えである。ここにまず考えていただきたいのは、どうしても、初めは無いものから出てくるに違いない。一番初めは何も無かった。それから出てくるのでなければ元とはいえない。無から有が出るということは物質では許されない。無から有は出ない。どうしても、有から、有が出るのでなければならぬ。有から有が出るのならば、それは一有が一有のままに残って、多有を生ずるのであるから、元だというのであるが、これは最も幼稚な考えである。一有が多有となるというのなれば、単純から複雑になるも同じであるから、分化したと同じである。どんな小さなものでも、こうなる原因を含んでいるなら、全体が進化して行くのであるから、これは創造ではなく、縁起説である。

縁起説とは、前の全体によって後の全体が起こる、前を因とし後を果とするのは、相互に眺めていう仮りの名である。西洋人の考えでは、無とはどういうものかといえば、具体的のある姿があるとすると、それを抽出して姿を棄ててしまって、ここに何も無い、何も無いというのは、有るものに対して無いものというものが一つある、――この矛盾を考えない。ここにあるこれを取って除けたら何も無い、そういうのが無だと言う。物質論からいえば、そういう無から有が出るということはない。ところが宇宙の元は無というものから出て来なければならぬ。有るのならば何も元ということをいう必要はない。その有るものを掴まえて、これが元だといえばよろしい。ここに宇宙創造説は解消されるのである。

仏教の無は、西洋人のいうような有と相対する相対的の無ではない、一切の有を含む相含的の無である。そこで、仏教の無というのは空と名づける。空というのは有に対する無ではない。有も無もこのままに置いて、たくさんのものがありながらそれを無と見る。ここにこれだけの差別があるが、その差別を認めないというのが空である。万物の有るものをそのままに置いて空と見るのが、仏教のいう空である。西洋人は有るものを無いものにして空だと思っている。そういう空からは何も出ない。ところが、仏教の空は、有るものも無いものも、そのままに置いて、有るものを無いと見るのも空、全く無いものを有ると見るのも空。仏教の空というのは、空の中からすべての物ができ得る、この空はすべてになり得る、すべてであり得る――というものが仏教の空である。無い空ではない。これは白紙だ。白紙は色が無いといってもよいが、しかしまた白紙というものは、すべての色を着け得る、すべての色になり得るというものが白紙である。そういう意味の空が仏教の空である。それだから、ここに差別がある、その差別をそのままに空じてしまって、何もないように見得るのが仏教の平等観である。

そうすると、社会は差別がないのではないか、というにそうではない、すべてが有り得る。差別のある世界において仏教が平等を説くのは、差別がありながら、その差別を徹底的のものと認めない。有るものをそのままにして置いて——ここに、国王であるとか父母であるとか、いろいろな差別がなければならぬ、それはそのままにおいて、同じ精神で上も下も進んで行く、差別即平等を実際に伴っていく方法である。同一の精神主義、同一の血統主義で行くということに平等の意味がある。その差別を棄てた一つの世界を描いて、そこに打ち込むように考えるのは悪平等だ、と仏教の方では却ける。差別のみに執着するのも、平等のみに執着するのも、共に偏見たるを免れない。平等の中にも、すべての差別が起こり得るものである。差別の世界にも、平等の理はあるべきである。有るものも、無いものも、それを超越して、そうして、有るものを無いと見る、無いものも有ると見る、これが仏教の空である。

理　想

元来、われわれの出発点は、何でも理想から出なければならぬのである。けれども、宗教方面で、真に永遠の生命を獲得するという点になったならば、自我の光は、とうてい役に立たないものであるということを自覚するに至るのである。われわれの内省力、自己省察の力の足らぬ間は、いつまでも自分の光を役に立たせようとするのである。最高の大人格、絶対の人格にまで自分を向上せしめていこうというには、過去業力の素質の足らないことも経験する、現身努力の能因の及ばないことも心証する。一般に自我の光で向上していこうということは、とうていできるものでない。宗教の信仰の方面よりいえば、自我の光はとうてい役に立たぬものである、それをいつまでも役に立たせて、やっていこうというのも宗教の修養であり、釈迦如来の実例もあるけれども、釈迦如来大自覚の実例ある以上、如来の大人格の上に顕われた大理想を仰ぐのが、速やかに自我の光を完成せしむる方法である。これに気の着いた時、絶対の光が真の光明であって、自我の光と思ったのは、あたかも蠟燭や提灯の光の如きもので、闇黒も同然であったことがわかるのである。かくして見つけたところの太陽の光、すなわち絶対他力ということが、信仰の窮極であることが判る。

理想なれば、自分の作る理想も理想に違いない。全く理想のない者は堕落であるから、自己の理想で向上の道はたどっていくけれども、この自分の理想が物質的から精神的に進み、精神的から宗教的に進み、特殊的より一般的に成り、個人的から超個人的に向かうに従って、自我の光の微弱なるを悟る。この素養というものは、宗教的にはたいへんな素養である、この素養ができ上がらなければ、本当の理想を摑むことはできない、こういうことに気づいた時に、初めて真の理想に直面するのである。自分の理想は役に立たないものであると知り、これを捨てた時に、初めてわれわれは最高の理想の国に到達することができるのである。そうすると、理想は捨てたと思ったけれども、捨てたのではない、自己の理想を如来の大理想の中に見出だすのである、すなわち、如来の大理想が実現されたのである。自我は救われたのである。太陽の光に面したのである、絶対他力に浴したのである、この信仰の窮極がすなわち大理想というものである。この窮極の理想は、われわれがこれを受けなければならぬものであるが、さりとて初めより、これを受けようといっても、なかなか受けられるものでない。要するに、最高の理想に対するわれわれの素養というものは、われわれの作り上げた理想は、役に立たないものだということを覚る、こういう素養がなければ、真実の宗教というものはわかるものでない。

それでインドでも婆羅門哲学がしきりにこの自我の光ということを唱えた。しかるに釈迦如来が現われて、自我とは何だ、自我とはどこにあるか、何が自我であるか、どこに自我の状態があるか、頭が自我か、眼が自我か、われわれの永久に存在するものは一つもない、そんなものを捉えて自我だと思っているのは迷いである、われわれは始終変わっている、永久不変のものでない、そういう自我の光は役に立たない、人間は無我でなければいいかぬということを哲学的に教えられた。この無我の真理を押し広めてくると、自他平等ということになって、我他彼此の偏見は一つもないようになる、宇宙平等ということは、この思想から出てくるのである。宇宙平等の理想は「大覚位」の人格にのみ生まれるのである。これを大きくいえば、この仏の大理想というものが、そのままわれわれの信仰となる、これを小さくいえば、われわれの人格が仏の大理想によって形造られるのである。仏は無我の大人格を傾倒して、われわれに臨みたまい、われわれもまた、小人格の自我を傾倒してこれを仰ぐのである。そこで自我の光というものは、絶対無限の大理想の前に出ては、何の役にも立たぬものであるということを知るのは、われわれにとって非常なる進歩である、宗教的にいえば、この上もない進歩である、われわれが個人的自我の境界から超個人的の自我の境地に入ったのである、われわれが個人大の人格から宇宙大の人格に進む道に入ったのである、宇宙平等の大理想を体得したのである。

個性を超えて

「母性の力」の生み出した宗教は、祖先崇拝教であるが、これは家族精神が少なくなっていくに従って、おいおいに宗教たるの勢力は失ってくる。別に「個性の力」の生み出した宗教がある。われわれが成長して社会に出て、われわれの生命を発揮せんとする時になると、われわれは各自その個性を見出さんとするのである。恋愛において個性を見出さんとする、これは自然であるからちょっとも珍しいことではない、主義として標榜すべき真価のあるものではない。これを恋愛至上主義とか、恋愛自由主義とか唱えるのは、体よく自然主義を主張せんとするものである。物質において個性を見出さんとするものもある。物質の中心は黄金である。唯物主義もややもすれば黄金万能主義に陥るものである。国としてこの傾向に陥りつつあるものもある。金銭のほしいのも自然であるから、全く排斥すべきものでもない。

これよりやや高尚に聞えるのは学術万能主義である、知らず知らずこれに陥る人がたくさんある。芸術独立主義というのがある、芸術のための芸術といって、芸術至上主義を主張するのである、また利己主義、すなわち自己至上主義という傾向も珍しくない。全体人間の性情というものは、自然に自己中心主義であり、恋愛中心主義でもあり、黄金中心主義でもある、学術家が学術万能を説き、芸術家が芸術万能を説く、みな自然である。たいていは自己中心説の発揮である、社会本位説を説きながら、一切を自己本位で編み出しているのである。自己中心は人間の自然であるから、主義でもなければ、理想でもない、哲学には決して成り得べきものでない。そこで利己哲学というようなもののあり得べき理由がない。人生は結局その本能によって動かさるる自己中心説の競争である。自己中心が根底であったら、個人も、社会も、国家も、ともに大争闘時代を出現せねばやまない、これまた自然の勢いである。

されど人間の性情はこれに満足するものではない。生存競争の修羅道は、生存超絶の理想国を憧憬する心を生ぜしむるのである。何となれば、生存競争は永遠にわれわれの希望を満足せしむるものでないからである。人間はいつしか、上に述べた実際主義を超絶して、理想主義の境地に踏み入らんとする希望を生ずるものである。幾多の至上主義があっても、幾多の中心主義が行われても、幾多の万能主義を固執しても、結局、個性の力に生き得る境地に進み得ぬことを感ずる時機が来るのである。この時、初めてこれらを超越せんとする希望が生じるのである。これらの一切を拋棄し、一切を捨離したところに、初めて神聖界の第一歩が占め得らるるということを感知するのである。ここで人生観を経て宗教観の人となるのである。

三界皆苦

三界皆苦とは、仏が説き出された教義の中でも、最も確実な教説である。三界皆苦とは、人生は苦なりということであるから、これは仏の発見ではなく、人生の真相である、すなわち世相の事実を観破せられたまでのものである。人生は苦なりということが事実とすれば、徹底的安楽というものはないわけである。たとえば、人生の最大要件は生老病死である、老病死を楽と観るものは、もちろんあろうはずはない、しかし生はこれを望み、これを歓び、慶事として互いに相祝するのである。これは果して喜ぶべきであろうか、仏は生を苦の因と観ずる、苦の因たるものを楽と観ずるのは、結局、妄想である、顚倒である。さらに人生の要件と観らるるものがある、たとえば、恋愛である、欲望である。婚姻や、名利は衆人の慶福として喜ぶものである。しかるに、仏教は愛欲は苦の因なりと教える。しかるに、世の人々は愛欲を楽の因として要望している。福楽来たれば有頂天となって喜び、福楽去れば悄然として失望の淵に沈むのである。希望に生きざるものは幸いなり、望むべからざるものを望むものは憐れなり、恃《たの》むべからざるものを恃むものはさらに憐れなり。生命の欲望は生類に共通である。あえてこれを排斥するに及ばない、しかし、これに恋着して向上の道を忘るるは、人類終極の目的ではない。

仏教は苦を苦と観ぜよと教える、苦を楽と観ぜざれと試みる。苦を逃避せよとはかつて教えない、勇猛に苦に向かって戦えと教える、これを忍苦の道と称するのである。

世間の現相は虚仮《こけ》なるがゆえに苦と観ずる、これを救うに仏の真実をもってするのが、人生苦を対治《たいじ》する道である。仏の真実は、慧力・慈力・方便力に顕われる。世間虚妄の波は、これによって鎮静に帰するのである。

世間智弁の相は遊戯なるがゆえに苦と観ずる。仏は哲学の戯論《けろん》を去り、見・修二道の進修により、疑網を破り、心眼を開き、理智冥合の境地に到達せしめんとするのである。

仏教はかくのごとく、苦を苦と観じ、当面の苦に非ざるものをも苦の因と観ずる。一般に苦を恐れ苦に執着するの愚を警告するのである。ゆえに仏教はたしかに苦観である。苦観して、しかも苦海を踏破するの勇猛心を与えんとする。これは決して悲観主義ではない、世には自己の錯覚によって、苦の因たるものを楽観し、楽天主義を標榜しながら、かえって自ら苦海に沈淪しつつあるものもある。仏教はこれに反して、世相の安楽観を否認するものである。

無常観の本質

人間は五十年か、百年か、生きている間は、変わらずに存在しているように思う。それが突然死ぬる時には、無常の風が吹いたといって、初めて無常を感ずるのである。それまでも生きている間は常住のように見える、しかし永遠ではないから、これをインドの哲学では暫住無常と名づける。しばらくは住しているけれども、後にはなくなる、それで暫住無常というのである。仏教ではそういう、あいまいなことはいわない。人生五十年、その間どんどん変わっていく、五十年の暁には、とうとう壊れて死ぬる。これは五十年を経て突然変化するのでない、時々刻々に変わっておらなければならぬ。このごろの理論の説明でもそうであろう、われわれの細胞は常に新陳代謝している、七年経てば細胞全部変化するという。ギリシャの哲学者も瞬間的生滅を唱えている、仏教はこれを利那生滅と説く。一瞬間ごとにわれわれは生滅を続けている。その小さい生死が連続した形が、われわれには停止しているように思えるのである。あたかも水が流れているように、同一の流れがずっと続いているように見えているが、一瞬間前に流れた水は、もう永遠に流れ去ってない、昨日の水は今日の水ではない、朝の水は夕にはない、しかしその去来の水が続いているから、一つの川が流れているように思っている。われわれの身体も細胞は変わっているが、変わりながら形式が似ているものであるから、同じものが永続しているように思って、これを暫住無常といっている。

五十年は同一のものが存在していると思っているが、その存在は暫住ではなく、利那利那に生滅している。利那とは瞬時、秒時ということである。一瞬一瞬に変わりながら進んで、その結果が大々的に現われた時、われわれはその変化に気がつくのである。それで仏教では暫住無常というような、あいまいなことは説かない、刹那無常で、一瞬一瞬に変わっているとするのである、刹那生滅とは刹那刹那に古きは去り、新しきは生ずる、生滅のありさまが続いているのである。利那生滅が日々続いて、五十年くらい経つと、大きな滅が現われる。それで大きな一段落がついたと思うとそうではない、死は次の生に導く序幕であるから、それをもう一層長い時間の生命の死に比べると、人間の死ぬるということは蜉蝣《かげろう》の生死、孑孑《ぼうふら》の孵化と同じことである。そういうように大きい無常の中に小さい無常がある、小さい無常の中にも一層小さい無常がある。人世は無常で組織せられているのであるから、仏教の諸法無我と同じく、諸行無常が力説せられたのである。諸法無我は万有の体について説いたのである。諸行無常というのは、われわれの上に現われる相について説いたのである。それで婆羅門教が、動くものの中に動かぬものを発見して、常住を説いた、その常住説を全然否認してしまわれたのである。

仏教と宇宙平等

宇宙平等ということは、ヤソ教の説くことのように思ったらまちがいである。ヤソ教は宇宙平等ではない。われわれが、どんなに神を信じても、われわれが神に成るものではない、神はわれわれを造った、造った神と、造られた人と、同一位になることは、絶対にできない。神人差別の教えであって、神と人とは絶対に別のものである。この神人差別の教えは、宇宙平等を説いても、神だけは取りのけである、天は人の上に人を造らず、人の下に人を造らず、されば万民はみな、同等の位であるということは、立派な平等主義に聞えるが、神だけは造物主として全く別とする。俺だけは別だ、自身だけ取りのけだということは自我主義で、何人《なんびと》も賛成しない。

一切の人が平等主義を飲み込んだ時は、独立のもの、特別のものは、ことごとく否認するのである、ついに差別に坐わった神は否認する、みな無神主義になるのである。それだから俺だけは取りのけだ、汝らは一斉に平等だということは真の平等ではない。仏は一切を一人残らず覚らせよう、自分と同じように覚らせようとせられる、自覚覚他、覚行窮満、というのが仏の地位である。仏は自覚せられた、自分が自覚すると同時に、一切生類を同じように覚らしむる、自覚覚他両方面の働きがある、仏自身が覚られたと同じように、他の人をも覚らしむる。覚行窮満、覚についての行も窮極まで達している、覚も行も共に円満である。仏は最上無上の自覚を開かれた、仏自身を決して除外せられない、自分と同じように、一切衆生を覚らしむるというのが、仏の本願である。自覚覚他、覚行窮満《かくぎょうぐうまん》、ゆえに名づけて仏となす、この完全な根本的の宇宙平等の宗教というものは、諸法無我ということを徹底的に、理論でも哲学的に標榜し、実際でも宗教的に実現せられた。宇宙大の人格になられたのであるから、自覚の内容が広い。宇宙大であるから我というものはない、我と人との区別はない、それが仏の平等の大宗教である。

親鸞聖人の絶対他力

親鸞聖人は仏教の型を破ることの名人である。仏教の型をことごとく破ってしまわれた。戒律を守らず、法規を守らず、自分でもって無戒名字の比丘といっておられる。無慚無愧の身で箸にも棒にもかからないものだ、と自分で卑下しておられるのである。何も彼も仏教の型を崩しておられるのである。自力修行の型を崩された、見る道も、修道も、見る道も、歩く道も、それを見分けることはできない、見る目もない、歩く足もない、「手も足も折れて霜夜のきりぎりす」、宗教界の自力修行の道に向かっては、盲滅法で何ともすることができなかった。

そこで親鸞聖人は全く型を破って、全他力、純他力、絶対他力によって目的を達せられた。一切の型を破られたにもかかわらず、この自覚を与えて、救済するということだけは、破っておられない。仏の理想をもって理想とする、全く仏の理想に体托するので、少しも自分の力を混えない。仏の理想の全部によって、仏位に登る教えである。親鸞聖人のように、仏教の型を全く壊した人でも、これだけは壊しておられない。仏の自覚をもって、われわれの自覚とし、仏の理想をもって、われわれの理想とし、仏から与えられる信念をもって、われわれの信念とする、われわれの信念ではない仏の信念である。一切衆生を一人も漏らさず、救うことができるという仏の信念が、そのままわれわれに映って、われわれはその仏力に催されて、有難うございますとお受けをするのみである。自身が歩いていくよりほかに、方法はないのであるけれども、歩いていくべき足もない、道を見分ける目をも与えてもらわねば行けない、目も足も籠めて、われわれに光明を与えられるのが、弥陀教の大要である。

われわれがたとえ、自力などといったところで、自力で行けるわけはない、仏力の助けを、どこかで得ているから、一歩一歩に進んでいるのである。子供が歩いているように、自分で行けるように思っているが、どこで転ぶかわからない、それを知らずに歩いているから、親が背後から知らぬように助けているのである。手を添えれば子供が嫌うから、見えぬように背後から保護して、転ばないように注意している、それは非常な恵みであり、助けであるけれども、本人は自力で行くと思っているのである。仏は蔭にもなり、ひなたにもなって、われわれを光明界に導いておられるのである、そこで結局は何人《なんぴと》でも他力であるけれども、どうしても自分の力を用いたいから、ことに純他力、絶対他力を教えるのが親鸞聖人の教義である。

四　無　神

無神主義

仏教の根本主義の第一は無神主義である。無神主義といってもおのずから二様の解釈がある。人間以外に神というものを認めないという唯物的の解釈をするものもある。人間以上に神というようなものを認めることは認めるが、宇宙を創造した造物主としての神を認めないという非創造神的解釈をするものもある。この両者とも無神主義である。仏教の無神主義はこの後者の解釈である。人間以上に智的階級が幾らあってもこれは認めるが、造物主というような創造神があって、宇宙を作り生類を造ったというようなことは、絶対に認めないのである。これは大乗に限るわけでもなく、大小乗通じての解釈である。教主世尊たる釈迦如来は人間であって、生類を創造したり、生類の運命を主宰したり、生類の善悪を審判したりするようなことは決してない。仏は自分の前に自分を造った神もなく、自分の周囲に自分を助くる神もない、自己の力で自己を修養するよりほかはないとして、人格向上の一点張りで出発せられたのである。ついにその目的を達して、自覚的完全位に到達せられたのである。仏は人間として人間の宗教を発見せられたので、人間は神の創造ではなく、全く自己創造であって、自己の意志から起こる業力不滅の力によって、自己を造りつつあるのである。自分で単独に自己を造り、また他と共同に宇宙を造ったのである。

共同の創造を共業感《ぐうごうかん》と称する、業感力によって、永久に一切を創造しつつあるのが、人間の常態である。人間の運命は、神によって主宰さるるのではなく、全く自己主宰である。自業自得で自己の運命を開拓しつつあるのである。そこで神の審判を待つまでもなく、全く自己審判である。善因善果は自然法であるから、神の裁きを待つまでもなく、善なれば善の果を得、悪なれば悪の果を得るのである。創造神、主宰神、司法神、いずれの方面においても神格を認めないのである。歴史上たしかに人格を具有して存在したのが、仏教の教主世尊である。この教主を放棄しては仏教は成り立たないのである。

無宗教の宗教

個人的に、自我の本体というごときものの存在を許さざる仏教は、宇宙的にも、宇宙の本体とか、宇宙の造主とかいう神のごときものの存在を許さざるは、自然の理である。仏は人格の修養に全努力を尽されて、自覚の地位に至られたのである。自己の力によれる人格向上の結果は、無師独悟の正覚となって顕われたのである。この自覚位に一切の人類を導かんとする徹底的人格向上の教えが、すなわち仏教である。ヤソ教と相違するところは、ここにあるのである。われわれ人類の具有せる内在性の窮極的向上であるから、自然の結果として、主宰神たる神の徹底的排斥となるのである。人類の存在は自業自得、業力不滅の結果であるから、創造神の徹底的排斥となる。自己の運命は自己自身が開拓するのである。死後善悪の応果は、これまた自業自得の応報であるから、神の審判は待たないのである。自然に司法神たる神の徹底的排斥となるのである。ゆえに仏教は徹底的無神教である。無神主義の上に築き立てられた宗教は、唯一の仏教あるのみである。世界における唯一の無神教であるのみならず、インドにおいても、無神主義の哲学的宗教は、ただ仏教あるのみである。仏はこの点において、空前絶後の地歩を占むる大異端者であって、無神主義は、すなわち非宗教なりとする世界の学者から見たら、仏は実に古今独歩の非宗教者であらねばならぬ。

無神主義はヤソ教の終わりである。しかも無神主義は仏教の初めである。無神主義が無宗教なら、仏教は無宗教の宗教である。親鸞聖人は、弥陀一仏の力によれる人格向上の一路を発見せられてから以後においては、自己の人格修養には無努力である。大自覚位に登るためには、自我の小努力のとうてい不可能なることを悟ったのである。徹底的に仏力に体托した信仰の生活は、われわれにとっては再生の生である。再生以後における人生は感恩の努力となって顕われる。懺悔の生活となって顕われる。自己の力によれる人生の努力は、或いは限局的で終わるかも知れぬ。あるいは断片的で終わるかも知れぬ。仏の光明によれる感恩の努力は窮極的であり得る。永続的であり得る。徹底的であり得る。仏の光明による以外には、われわれはとうてい生の実現を望み得ないのである。仏の光明によれる内的平和が、われわれを外的努力に導くのである。一仏の力に満足せるものが、他の仏に帰せんとし、また他の神に祈らんという心も、必要も、起こり来たるべき理由は、もうとうないのである。そこで自然の結果として雑行無用説となり、祈禱卜占の排斥となって顕われるのである、一仏主義は信仰としては窮極の信仰であると同時に、一仏を信奉しその救済に満足せるものは、内にも外にも祈禱をなすべき理由はないのである。そこで親鸞聖人の真宗は全然無祈禱の宗教である。数多き世間の宗教の中では唯一の無祈禱宗である。日本における各宗仏教の中でも、唯一の無祈禱宗である。迷信の根拠の全然存在しないのは、親鸞聖人の真宗に限るのはこの理由である。

釈迦　無神主義の唯一人者

親鸞　無祈禱主義の唯一人者

覚者の教えとしての仏教

阿弥陀如来を本師法王と仰ぎたる結果、阿弥陀如来を哲学で構想した宇宙創造の根本原理であるように考え、その根本原理を時には神《ゴッド》と名づけるに擬して、阿弥陀如来を宇宙の創造神や造物主であるかのごとくに考えるようになる。これは真理に二つはないというような空虚な論理に心を奪われて、仏教が徹頭徹尾、「覚者の教え」たることを忘れた結果である。覚者の教えは覚者の人格に顕われたる理想である。覚者がその妙覚の結果として、われわれが人格を超越したとまで考えるような境地を得たといっても、永遠の生命を得たといっても、無限の光明を得たといっても、決して人格を超越した都盧《とろ》一平等《いちびょうどう》の別世界を形成したものではない。こんな差別世界の平等というものは、仏教はかつて説かないのである。仏の境地は、われわれ生類のような、個性に限局せられたものでなく、個性たり、超個性たるも、自由自在なる境地を得たというまでである。ただまちがいのないところは、いつまでも覚者の境であるということである。ゆえに覚者の境にある覚者が、迷いの世界を造るとか、覚位にある覚者が、縁に随って迷い出るとか、いうようなことのあろうはずがないのである。

哲学の根本原理に擬して、哲学を哲学するために戯論《けろん》三昧をなす点には異議はないが、あまりに空疎なる教義に馳せた結果、極めて如実な、極めて実際的な、極めて歴史的な、仏教を外道の創造論と同一架に載せんとするのは、情けないことと思う。それでなくても、外教者のある者は、阿弥陀如来の教えとヤソ教と一見似通っているように見えるのを利用して、宣伝に用いているのである。造物主のみでなく、さらに転じて、哲学の根本原理と同一視するに至っては、もはや、仏教たる資格は絶無といっても抗論はできないのである。

三身即一と三位一体

仏としての化身は、一時的に仏身を現前して、生類を救うために霊験を示すものである。法身・報身・応身・化身は最も縁遠いものであるから、これを除いて、残る三身について要約して話してみたいのである。しかしてこの三身はいつの場合でも即一と見たいのである。三身即一といえば、ヤソ教の三位一体とよく似たように思われるが、似ても似つかぬものである。神《ゴッド》と聖霊と神の子とは三位である、三位は実は別のもののような感じがするから、その一体なるを主張するのである。その死に臨んで「神よ我を捨てたもうか」と怨んだような一言は、たしかに父と子と別の存在のような感じはある。そこで三位一体でなく、神の子を捨てて、残りの二位一体を主張するユニテリヤン宗もある。

仏の三身即一は、真に仏の一身に具足せる三身である。分けようとしても、決して分かつことのできない一身である。仏の一人格の三方面であるから、実は三身と分かつことはできないものである。釈尊は応身であるというのが普通である。応身というのは、時代の要求に応じて、現われた仏身であるというのである。時代の要求に応じて顕われた仏身であるが、同時に五百生の間、修養を積み積みて、ついに大覚位に登ったのであるから、その修行に報いて仏と成った報身である。報身としても、応身としても、いずれもその自内証《じないしょう》の理想であるべき法性法身を具してあるべきはもちろんである。仏の法身と報身と応身との三者を、分別すべき理由はもうとうないのである。理想そのままの人格を法身という、すなわち自性身である。覚者そのままの人格を報身という、すなわち成覚身である。応現の救主そのままの人格を応身という、すなわち応現身である。かくのごとく、三身は決して別々の人格でなく、一身にして自に対すれば報身となり、他に対すれは応身となり、自他を超越して、全く法性に住すれば、法身となるのである。

釈尊が菩提樹下に成道したるは報身である。鹿野苑に説法したるは応身である。しかして双樹林下に涅槃したるは、その法身に止住したのである。全く仏の一人格における三方面であるというのほかはないのである。これを三身合一の体と見るのは大なる錯覚である。報身そのままが法身であり、報身そのままが応身である以上、報身のみがわれわれが見得べき仏身である。応身はことにわれわれが見るために成れる仏身である。法身はわれわれが見ることの絶対に不可能なる仏身である。結局、自性身と為物身《いもつしん》との二つとなるのである。しかもこの二つは決して分かつべからざるものであることは、何人《なんびと》も認めざるを得ないものである。しからば三身即一とは字義通りに三身即一である。これは一仏についていうのである。これを絶対と見るのは、われわれが真相を見ることができないから絶対と見るのであって、かくのごとき仏は幾人もあるわけであるから、唯仏与仏の境界から見たら、絶対でも何でもない。普仏世界の真相から見たら、われわれ生類が一斉に芽を吹いて、花が咲いたと同じ光景であろうと思う。生如の世界そのままが仏如の世界と変わったようなものである。生界が仏界と成ったのは、一仏が千の生界を開いたように考えてはならぬ。仏は宇宙の造物主ではない。神《ゴッド》が万物を創造したり、大自在天が大千世界を創造したようなありさまとは、似ても似つかぬものである。三位一体と三身即一との相異点は、ここにあるのである。

釈尊と親鸞聖人

親鸞聖人の人格を知らんとするには、少なくとも釈尊から親鸞聖人までの全道程を見通さなくてはならぬ。要するに仏教の始めから終わりまで、全部を見なくてはならないのである。釈尊は「我は勝者なり、我は覚者なり」と自覚せられ、自己で自己の清浄相《しょうじょうそう》を見出したと自覚せられて、覚者として山を出でられた。親鸞聖人はその反対で「我は凡夫なり、我は愚禿《ぐとく》なり」と信ぜられ、自己で自己の罪悪相を認めて、平凡の人として山を下られた。仏としての釈尊には、普通人としての人格を見出すことは至って少ない。全体において、智慧から生ずる威厳が勝っている。人としての親鸞聖人には、仏としての人格を見出すことは至って少ない。情から出る親しみが勝っている。

仏教の教団は二重である。第一の教団は比丘・比丘尼の教団である。第二の教団は信男・信女の教団である。つまり出世間教団と世間教団とである。釈尊はこの二重教団を超越して教団の外に超在せられた。いつも教団の上に立って指導せられて、かつて教団の中に入って評決の数に加わられない。親鸞聖人は第二教団の中に合流せられて、御同朋御同行として一様に俗生活をたどられた。

人間には二重の使命がある。父母に対して血肉の使命を全うするのが第一の使命である。すなわち、われわれの生命欲を全うするのである。自他に対して智慧の使命を全うするのが第二の使命である。すなわちわれわれの智識欲を全うするのである。釈尊は第一の血肉の使命を捨てて、第二の自覚の使命を全うせられた。親鸞聖人は第一の血肉の使命を守りながら、第二の自覚の使命を全く仏力によって、全うせんとせられたのである。

いずれも無神主義である。釈尊の無神主義は造物主たる神を否認せられ、第一原因を排斥せらるることに顕われた。親鸞聖人の無神主義は一切の神に祈らざる祈禱否認や雑行《ぞうぎょう》排斥に顕われた。

いずれも無我の人格である。釈尊の無我の人格は、自己を拡大して、宇宙大の極度にまで人格を向上せしめ、我他彼此の差別なく、自我を捨てて、全人類をいつくしむ無我の大人格である。親鸞聖人の無我の人格は、自我を捨てて、全然仏力に体托する全他力、純他力、絶対他力の無我の人格である。

非師弟主義と非迷信主義

仏教は師資相承の血脈によって、しだいに相続せらるるのである。親鸞聖人は何もかも、ことごとく一律主義をもって統一せられた。けれども個々別々に師弟の関係があって、ややもすれば教団分裂の傾向も生ずる。そこで師弟の区別までも否認せられた。「親鸞は弟子一人も持たず」と仰せられ、すべて「御同行御同朋」であると主張せられた。信の座の上には賢愚師弟の差別もなく、いずれも仏の心光に護らるる同信の行者である。

祈禱卜占というようなものは、釈迦如来の教説でも禁ぜられてある。これが現世において信者に与える慰安のように考えて、これを奨励するのは、もってのほかである。もっぱら仏力に体托するものが、その仏に対して祈り求むることはあり得ない。全く無用のことである。そこで信念の上では祈禱は絶対に必要がない。それでも「現世祈り」というものがある。これは弥陀一仏を拝む信者に取りては雑修《ざっしゅ》である。不信の行為である。ゆえに全く禁ぜられてある。実は仏力を信じた者にはできない相談である。全体、結果があるやらないやら、わからないような迷信に心を悩まして、希望に日を送るのは、仏教の教うるところではない。仏教は希望に生きる宗教ではない。覚悟に生きる宗教である。そこで親鸞聖人は非祈禱主義を確立せられたのである。

親鸞聖人と非迷信

親鸞聖人の教義で、最も重んずべきは非迷信の一律主義である。雑行を許して迷信を排斥するは、全くできない相談である。祈禱を存して迷信を防止せんとするのも、とうてい不可能である。真宗は純他力であるから、未来に関する祈禱の必要はない。現世に関する祈禱、卜占、日時を選び、方位を説くなどのことは、ことごとく雑《ぞう》行《ぎょう》として禁ぜられてある。祈禱はいかなる意味においても、真宗の門戸には行われないのである。迷信を与えて現世の慰安を与えると思うのは、慰問袋に毒饅頭を入れて与えるのと同じことである。およそ世界に宗教はたくさんある。仏教にも宗派は多いが、祈禱を許さぬ宗教としては、ただ親鸞聖人の真宗あるのみである。迷信を混ぜない点においては、真宗は教育的の宗教として寸毫も差支えはないのである。真宗の自慢すべき特長はこの点にあるのである。

超在神格と内在神格

超在神格と内在神格とは、全く別個の思潮に基づくもので、超在神格は、ヤソ教の実在主義から生まれ出たものであり、内在神格は、近世哲学の理想主義から生まれ出たのである。ここにもヤソ教のあるものは妥協の道を発見した。たとえ内在的にも神という名の残れるをもって、神と絶縁したものではないと解釈するのである。そして新神観とか、新理想とか名づけて、自らヤソ教を破壊して喜んでいる儕輩も少なくない。あに計らんや、内在神を説くのは、その主義からいっても、系統からいっても、神の名は残っているが、実は態のよい無神教である。無神教を表面に標榜しないだけで事実は無神教である。ヤソ教の神を否認する無神教である。欧州の哲学者は昔からヤソ教の空気に魅せられているから、せっかく実在主義を離れて、理想主義に向かいながら、「神」という思想に妥協せねば、結末がつかないように感ずるのである。内在神というのは、一切衆生悉有仏性というと同じことで、人が神と成るのであるから成仏思想と同一である。ヤソ教は一神教で、神と人との絶対差別を教うる実在教である。これは徹底的に神人別格教である。これがもし個性に内在する神を許して、一切生類が神と成るならば、それは疑いもなく汎神教である。インドの婆羅門教と同じように、理想教となって神人同格教となるのである。神人同格教は、やがて仏教と同じように、無神教となって生仏一如の宇宙平等教となるのである。これはヤソ教とは同一に見られないであろう。

理想主義の宗教

総じて内在神性というのは、すでに無神教の領域に一歩を踏み入れたものである。厳密な意味からいった純正の無神教でなければならぬ。西洋の哲学者が内在神性を唱えて、神の思想を存しているのは、純神観の痼疾を容易に脱却することができないので、あるいは意識し、あるいは意識せずして、在来の既成宗教に妥協して、局面を転回せんとしたまでのことである。実は内在神性を説くと同時に、純神的の神格はすでに全く放棄せられているのである。いわば態のよい無神教である。かく汎神教から進歩し来たった理想主義は、結局は無神主義（atheistic）に帰して、無神的人格教とでも称すべきものとなるのである。ここまで進むと、かくのごときものが果して宗教と称し得るであろうか、これは単純な倫理教ではないか、ということも考えられるように見える。この意味で、仏教を宗教の埒外へ放逐せんとした学者もないではない。

されど、そははなはだしき僻見である。前にもいった通り、内に向かって神を索《もと》めるのと、外に向かって神を索めるのとは、宗教意識の発生時代からしての伝統的の傾向である。生類の霊魂の存在に注目した太古時代から、父祖の霊を祭り、祖道を天道から別立せしめた時代を経て、外に向かって索め得た梵と、内に向かって索め得た我との不二を立証せんとした時代も過ぎ、ついに超在神観と内在神観とを対立せしめた今日に至るまで、われわれの宗教意識開発の径路は、終始一貫しているのである。

われわれは他の霊能を感知し、もしくは自の霊能を感知するのが、宗教意識の初幕であるといった。他の霊能を感知する方面に発達したのは、自然界の霊力を崇拝し、祖先の霊位を崇拝し、宇宙の原動力を崇拝し、ついに根本原理に想到する哲学を築き上ぐるに至ったのである。自の霊能を感知する方面に向かったのは、他の霊能を感知する間に比較的自己に近い、また自己も同系であると信ずる人の霊能を感知することから一転して、ついに自己の身内に向かって思索の歩武を進め、自我の向上に対して究竟的努力を加えた結果は、ついにその内在的神性を認知するに至るのである。否、内在的神性というような曖昧な言語を使用するのは、われわれはなるべく避けねばならぬ。例せば、仏のごとき、最初から神の存在を認容しない人格に対しては、内在神などを云々せんとするのは、むしろ侮辱である。仏は「覚者」である。仏自身の内在的霊能の発見者である。「覚」とは自己が霊位に達したる自覚である。人がもし他の霊能を感知した時は、信念となって表現する。シュライエルマッヘルのいわゆる絶対依憑性となるのである。もし自の霊能を感知した時は、大悟徹底であり大自覚者である。ヘーゲルのいわゆる絶対精神の自意識というものは、あるいはこれに似通うものであろう。信念も宗教意識の向上であり、自覚も宗教意識の向上である。いずれも宗教意識たるを失わない。

されど、いま述べた如き自覚は、宗教意識であるから、そのまま宗教にはならないと思う人もあろう。かかる自覚が宗教現象を具備するに至るのは、全くその自覚の内容によるのである。自覚が単に自己の地位を自覚したにとどまる。世にいわゆる自我の自覚であるとか、労働者の自覚であるとか、婦人の自覚であるとかいうふうのものなれば、こはとうてい、宗教現象を具備するには至らないが、仏〔覚者〕のいわゆる自覚〔菩提〕は、かかる単純なものではない。煩悩の障りも、所知の障りも、ともに切り払うた、すなわち情意の悩みも、知識の迷いも、ともに征服し得た絶対自由の境地である。ただにこの意味で個人界を超越するのみではない。大人格の自覚は、やがて必然に覚他を伴うのである。「自覚覚他、覚行窮満」といって、一切の人類をして、自己と同一の地位を獲得せしめんとする覚他の大行が伴うべきものを、自覚と称するのである。

他を自覚せしめて、自己と同一位に登らしむるというのは、天国に入っても神と成ることのできないのと違い、我と梵とが本来同一なものであるというのとも違い、特殊性の小我が転じて一般性の大我に帰入するのとも違い、個性差別の人間が都盧《とろ》一平等の真如界に還元するというのとも、宇宙の現象が根本原理に帰するというのとも、全く相違しているのである。われわれの一々が仏の達したと同一の覚位に到達するというのである。仏自身と同一位にまで、人類を向上せしめんとするのが、覚者の覚他的霊能である。これが人間によって感知せられた時、ここに初めて一般的な宗教現象、すなわち信念が発生し、礼拝の主体ができて、絶対依憑性というような心理状態をも生じ来たるのである。この結果からして、仏教も今は他の宗教と寸毫も異ならない形式を取っているのである。ゆえに、仏教は汎神教（神人同格教）から脱化して、無神的理想主義に向かった徹底的人格向上教である。これよりほかに仏教はないのである。純神的実在主義の神人差別観に対し、純然たる生仏一如観に到達したのである。

宇宙平等主義

平等主義の最も進歩したのは宇宙平等主義で、これを説くのは宗教に限るのである。宗教の中でも宇宙平等主義を真実に説く資格のあるのは仏教に限るのである。ヤソ教やその他の宗教は宇宙平等を説く資格がない。また説いたところで、これを行うことは決してないのである。この点を判然と明示したいと思うのである。ヤソ教の神の思想と宇宙平等主義とは全然反対である。どういうわけで、宇宙平等主義と神の思想とは、相容れないかということについては、少しく説明を要する、神は宇宙を造ったのである。生類を造り、世界を造ったのである。この世界の内に在って、世界の造化の中におって、世界を造化するわけには行かぬ。そこで神はどうしても宇宙の外に在ることにならなければならぬ。そうしなくては理論が立たない。ゆえにヤソ教の教義は神を宇宙の外に立てる。これを別在の神という。神といってもいろいろある。日本の神もある。これは人を神としたのであるから仏と同様である。今ここに名づけて神というのは他の神ではない。ただヤソ教の神《ゴッド》、すなわち造物主のみを指すのである。

しからばヤソ教の神とは、どういうものかというと、ヤソ教の神にもいろいろ解し方がある。全智全能の神であるとか、博愛の神であるとかいうが、これはほとんどいずれの宗教にも共通で、広く生類を一様に愛するということが神の職責であらねばならぬ。そうして全智全能の資格がなければ、人間以上の人格にはなれないのであるから、それで全智全能、博愛の神ということは、一切の神に共通的にいい得るものである。そのほかにヤソ教の神の資格には三つの大切な条件がある。第一にヤソ教の神は世界を造った造化の神である。造物主である。これを創造神の神格というので、これを備えておって、初めてヤソ教の神というものが成り立つのである。第二には自分が造ったものであるから、一切生類の運命を支配しなくてはならぬ。支配の神、これを主宰神の神格という。それから第三には自分が生類の運命を支配する以上、その結果として自分の命を奉じたものと奉じないものとの判別をせねばならぬ。生類の正邪曲直を判断しなくてはならぬ。神の審判によって生類の最後の運命が決するのである。これは司法神の神格である。この三つの資格、すなわち創造神・主宰神・司法神の資格がなくては、ヤソ教の神は成り立たないのである。

倉田百三君の『出家と其の弟子』を批評して、この三神格を論じたことがあるが、あるヤソ教信者が新聞に投書して、「こういうことを議論するにはヤソ教の神観を考慮しなくてはいけない」といって反駁したことがある。ヤソ教の神観に論及して三位一体の教義を論ずるとなると、仏教の仏身観にも論及して、仏教の三身即一の教義をも論じなくてはならぬ。そうすると、ヤソ教よりもはるかに高尚な教義を提出して比較せねばならぬから、私は特に一言もそれに触れなかったのである。ヤソ教を悪評するように聞えることは、なるべくこれを避けたいのである。

今もそういう問題に立ち入って詳しく議論することはなるべく除きたい。ただヤソ教の神の当面の資格について、創造神・主宰神・司法神の三神格を指示するにとどめたいのである。神はこれを造り、これを司り、これを裁くのであって、われわれの存在は全く神の掌中にあるといい得るのである。全く自己の掌中にあるものを、博愛の神格をもってあるものを愛し、嫉妬の神の神格をもってあるものを退ける。正に与《くみ》し邪を排する。神は実に差別の神格であって、決して平等の神格とは称し得ないのである。正を愛し、邪を憐れみ、信あるものを賞讃し、信なきものを啓発し、一切人類を平等に自覚せしめてこそ、宇宙平等と称し得るのである。

仏教と霊魂不滅

霊魂という一つの永遠不変のものがあると思うのは錯覚である。ヤソ教では造物主より賜わりたる永遠不変の霊魂ということを説くのである。インドの婆羅門教で、個性我といい、人我といい、神我というのは、これも永遠不変の霊魂である。永遠に動かない、常住のものだと考えている。常一主宰と称し得べきものであるとする。かかる性質を持つ我は実我で、仏教ではその存在を許さないのである。仏教は、たとえそれが個性我であっても、宇宙我であっても、その存在は全く否認する。もしかかる永遠不変のものが、われわれの身内に存在するとせば、われわれは向上もしない、生成もしない、永遠にこのとおりでおらねばならぬことになる。インドにはいろいろな見方がある。

（一）断見外道は、霊魂の存在も認めないが、生存の相続を認めない。人生は死をもって終極とすると信ずるのである。物質論者にはこの見解が多い。仏教は、霊魂というものが別にわれわれの身内に存在することは許さないが、永遠に生存の続くことを認める。生類はどこかに何らかの形体をもって存在するものである。生類は動的生成のものであるから、いつまでも存続する。これが仏教の説くところである。

（二）常見外道は、霊魂、すなわち我〔アートマン〕は常住不変である。人間となると人間の衣を着ける。獣類となると獣類の衣を着ける。鳥となり、魚となり、虫となる時は、それぞれの衣を着ける。されど内在の霊魂は決して変わらない。はなはだしきは「汝我を殺すとも霊魂を殺す能わず、我は永存す」というように説くものもある。

（三）常見外道にいま少し浅薄なものがある。瓜の蔓に茄子はならぬ。人間は再び人間に生まれ、獣類は再び獣類に生まれる。

（四）一因外道というのがある。造物主の一因から多果が現生するとする。ヤソ教のようなのは、一因外道と常見外道とを、兼ねたようなものである。

仏教は一切を無常と説き、一も常住の存在を許さない。永遠性の霊魂のあるはずがない。しかし、生存が永遠に続くから、霊魂があるというのと、その結果は同一となるのである。単に霊魂という別物の存在を否認するのみである。

仏教は神人合一の宗教に非ず

神と人との合一が宗教であるということは、つねに説かるるところである。しかしこれはよく吟味すると何の意味をもなさないこととなる。たとえば、ヤソ教は神人差別の教えで、神と人とは能造・所造の峻別があるのであるから、たとえ創造神を信じたとしても、神となるわけではない。ただ天国の人となるまでである。そこでヤソ教も厳正の意味で言ったら、神人合一の宗教ではない。同じ天国の人となるというのみのことである。

仏教のごときも、全く神人合一ではない。もちろん仏は神ではないが、仮りに仏と神と同じように見たとしても、仏と人と同一することはもうとうあり得ない。仏教では人が進んで仏となるのであるから、仏というのは真の人ということである。覚った人〔覚者〕ということである。一人が一仏となるのであるから、百人、千人は百仏、千仏となるのである。そこで仏教も神人合一の宗教ではない。

西方阿弥陀如来の浄土のごときは、仏国に人類が往き生まれるのであるから、神人合一のように思わるるかも知れないが、これも人が仏土に往生して仏となるのであるから、決して合一の形式は得られない。仏教は徹底的人格向上の宗教で、つまり人間の至る所まで至るのであるから、この土で仏となるか、浄土、すなわち仏界に往って仏となるかの相違点があるのみで、結局、人が仏となるということには相違はないのである。神人合一が宗教であるということは、インドの太古時代に祖先の往きし国に、その子孫も往って、相ともに昔ながらの家庭的団欒的安楽に生きるという考えを漠然と言明したものである。厳正の意味で、神人合一が宗教であるということは、いずれの方面からも決して成り立たないのである。

自己創造としての仏教

われわれは無意識にも創造している。われわれは、無意識の時には、本能というものが出てくる。その本能によって生活しておった時代が、われわれはだいぶ長い。けれども、それをやっている間に、自然に智能が生じてくる。智能が生じてくると、われわれの智によっていろいろ芸能を発揮して来る。智能を進めていると、だんだん生活している間に、芸能というものが出てくる。芸というのは、われわれの理想で造り出すのであるから、その理想の値うちが互いにわかるようになる。芸能ができると、徳能というものができる、――道徳ができる。徳能ができてくると、その徳能の高さの比較になってくる。理想がどのくらい高いか、道徳がどのくらい高いか――ということになるから、その次には霊能が出てくる。最後には霊能、その霊能まで行ったのが、すなわち自己創造の極点で、つまり仏とか悟りを開くとかいうのは、この霊能まで至ったのである。それまで進んで行ったのが、結局、自覚に到達したということである。仏教が無神教であるというのはこの意味である。自己創造であるから、他の造物主によって造られたのではない。このごろの言葉でいえば、徹頭徹尾、自己創造教としての仏教である。そういうように仏教を見ていくことができる。これを業力不滅だとか、業報主義とかいえば、古いようであるけれども、業というのはこういう意味である。業とは自己の行為のことである。行為とは人間の創造力の動きである。

唯物主義と無神主義

インドの唯物思想とは、ヨーロッパの考えと同じように、人間の器官が整えば、自然に思想は出てくるというのである。思想する心というものは別にあるものでない、というような考え、一切を物に片づけてしまうような考え、それから派生してくる思想がたくさんある。唯物思想はインドでは順世思想という。世間に普通に考えるような思想――世俗的な思想、これは平原の文明から出てきている。森林の文明はよほど高尚なものであって、瞑想が主である。平原の文明はそうでなく、実際生活の考えが主となって出てくる。それから派生して出てくるのが第一に現世思想――もう未来であるとか、過去であるとか、そんなことを考えることはない。いま眼の前のことだけを考えればよい。ヨーロッパにも非常にこういう思想があるが、仏は、現世というものが続く以上は、過ぎ去った現世もあるし、まだ来ない現世もある。それだから現世の続きは三世因果である。三世を考えなければならないというので、過去・未来を入れて三世因果ということを巧みに説かれて、そうして現世主義に対抗せられた。

また現世思想から派生した思想に自然主義というものがある。自然主義は、自然に任しておけばよいのだ。自然に出てきたものは、未来に向かっても自然に任しておけばよいという。ヨーロッパの自然主義は、現世において自然に任していけばよい。人間が非常に道徳などということをいうからいかぬ。自然に任しておいて思う通りやればよい。恋愛でも何でも犬や猫と同じように行えばよい――というふうに、だんだん自然主義は堕落したが、実は自然主義はそんなものではないはずである。自然主義というものにはずいぶん種類がある。それが快楽主義《ヘドニズム》すなわち享楽主義となってくると、人生は短いのだ。われわれはこれを享楽していけばよい。楽観していけばよいというぐあいに考える。こういうような考えを持っていく時には、自分を主としていくのであるから、自然に個人主義、利己主義に固まってくるのである。唯物主義は第一に無神主義となる。つまり、神というものはない。そんなものがあるはずはない。またあったところで、われわれは世話になるものでない、という造物主を無視する無神主義。それが第一であるけれども、それより進んで、一切精神的なものはないという方は広い意味の無神主義である。私は無神主義を非造物主というような意味に始終区別して説いているけれども、無神主義をもって直ちに唯物主義とし、すべて宗教とか、精神的存在とか、いうようなものを、無視する方の広い意味で使う人も多いのである。それは物質主義である。仏教も無神主義である。造物主というものはあるものでないと説くが、仏教は唯物思想とは全く変わっている。唯物思想は大きな思想であって、これがインドの平原文明を支配する一番主たる思想であった。

自己創造の説

世界を造った創造神の思想、造物主の思想、これを第一原因というならば、第一原因の思想、この第一原因ということを、仏はもうとう認められない。第一原因の、この一つの因ということを一因主義というが、その一因ということは、仏教では成り立たないものとする。一つの因では成り立たない。それは因と縁と二つ以上なければ成り立たない。その中で主なるものは因で、それに伴う攀縁《はんえん》が縁である。因縁所生、すべてが因縁によって生ずるのである、として造物主説に対せられた。神によって宇宙ができたということは、もうとう認められない。

それではだれが造るのか、それは自己創造だ。自分が自分を造るのだ。自分が自分を造るのであるから、すなわち、自分の過去が今の我《われ》を造り、今日の我が将来の我を造るので、我というものはどんなものか。それは、問題ではない。自分がどんなことをしたかということが問題だ。自己の業力は不滅で、自分の仕事をしたその勢力《インフルーエンス》が後に残っていく、後の自分を造っていくのである。

業とは行為のことである。行為の勢力が後に残っていくのである。自己創造であるから、自業自得で、自分のしたことで自分を造るのであるから、人に責任を持たされない。それでも、自分のしたことは善であるが、他の悪とまちがっては困るということもあるが、それはそんなことはない。善因善果、悪因悪果、きっちりと行為の起こった時に決まっている。賞罰がつまり自律である。そこで、自分は自分で造るということは、だれでも承認するが、宇宙全体を自分が造るということはわからない。こういう疑問もあるが、それは、自分の居場所は自分が造らなければならぬ。それを他に造ってくれる者はおらぬ。それでそれを自分が造る。たくさんの自己が共同に造るのである。自己を作るのを別業感《べつごう》という。別業の所感といって、われわれは別々に自分自分に特別な業を持っている。その特別な業の力が残って別業の所感として、自己の個人が現われてくる。ところが、われわれは共同に同じ仕事をする。共同に宇宙を造る。無意識的に社会で今やっていると同じぐあいに、共同の仕事をする。これを共業感《ぐうごう》という。別々にやるのが別業感、共同にやるのが共業感、どっちも自己創造である。それで、たくさんの自己が集まって、そうして造るのが宇宙である、というようなぐあいに、造物主という考えを根底から否認されたのが仏なのである。

ことに、造物主の思想が現われて、そうして、それが第一原因となってわれわれ全体が造られた、宇宙が造られたというように普通は考えているのであって、それで、彼の旧約全書にあるような世界の創造の話が、インドのヴェーダの中には幾つも幾つもあるのである。それはいろいろに考えたので、工芸的に、大工が家を造るようなぐあいに考えたのを工芸的創造説といい、それから、進化的に、一つのものからだんだん進化していくというように考えたのがある。それは一番初めに原人といって神のような人がおって、それからだんだん分化してくるという、これは進化的創造説。それから、また親が子をつくるようにできたのである。我、多からんといってできたという説がある。これは生殖的創造説という。そういうのがヴェーダの中には幾つも幾十もあるのである。

そういうのを仏はことごとく否認せられて、われわれは永遠に存在している。その中の一部分を別業感で作り共業感で造る。宇宙も何遍も壊れ壊れたのである。成《じょう》・住《じゅう》・壊《え》・空《くう》の順序で終いには壊れてなくなり、それからまた始まる。これはこのごろの学術の研究も同じような結果であるが、仏の説かれるのは、そういうふうに幾遍も幾遍も変わる。それを、どこか初めがなければならぬと尋ねるのは愚である。車の回転しているのを、どこが初めかと尋ねると同じことである。終日車を尋ねて車なし——でついに不可能である。長いもののように思うているなら、いつか初めがあったと考えるであろうが、元々これは繰返している円いものだから、それの初めがあるはずはないわけである。

太極とか太初とか第一原因とか造物主とかいって、初めを説くのは説いたところで、それは今現在の世界についての説で、その前に同じことが繰り返されたとすれば、造物主が一番初めを造ったという説の入りどころがない。それで、円いものなればその初めを吟味するのは馬鹿げたことであるということは、このごろアメリカでそういうことをいい出した人がある。なる程いつも繰り返しているならば、円い輪がずっと続いているようなもので、初め終わりがあって、また初め終わりがあって、また続いているのなら、どこが初めだということを考えようというのは、よほどの低能であるということになってくるのである。

五　知性の宗教

理智主義

文化の進むということと、人間の理智の進むということとは、同じ意味といっても差支えない。われわれの知識が進み議論が組織立ってき、生活も自然に合理化してくるということが、理智主義というのである。この理智主義によって文化は進んで行くのである。理智主義によって文化が進むのみならず、われわれの仏教というものも、やはり理智主義の上に立っている。仏教の根本主義は理智主義であるといっても差支えない。この理智主義に立った仏教は、そのままに哲学でもあるが、同時に宗教である。すべての学術とその進み方を同じくしている。こういうのであるから、われわれの実際についていえば、われわれの文化も理智によって進み、仏教も理智によって進むのである。われわれ人間はすべて理智によって自分の足踏みを固めていくのである、これはだれも争えないことである。

しかるに不思議にも、西洋では理智に進むということと、信仰に進むということとは、正反対であるのである。西洋では理智に進むということは、宗教を捨てるということになるのである。そういうぐあいに、宗教が非理智的であると解せられるようになったのは、どういうわけであるかというに、無論、智は信仰を妨げるというような宗教が行われて、学術と反対の道を行き、哲学と違った道を行くということが、習慣となっておったからである。学術は学術で別、哲学は哲学で別、宗教は宗教で別、みな別々の道を行くような世界では、宗教の道と理智主義に進む文化の行き道とは正反対である。幸いにも仏教は根本が理智主義である。学術や哲学や、そういうわれわれに必要な道具の行き道と同じ行路を取って進んでいるのである。学術が理智によって進み、哲学が理智によって歩武を進めていく、仏教もまた理智によってその根本を養うていくのであって、いずれも同じ行き道を行くのである。それであるから、理智主義を解釈するのは普通の意味でよろしい。われわれが普通に理智主義といっている意味でもって、解釈して少しも差支えないのであるが、仏教の解釈の仕方によると、そういう浅薄な理智主義ではない。

自覚智

文化の要素が相互に具有して包容して進んだ結果は、知識が先駆となって開拓の歩武を進めることとなる。知識を包容しない宗教は退化する。しかしその知識とは、いかなるものであるか。学術の智は分析智である。哲学の智は綜合智である。綜合智も分析智も智には違いない。仏教も智である。仏教の智は自覚智である。自覚智も智である。それは他の智と同じものでなければならぬ。しかるに、世間智と出世間智に大なる差異がある。

仏教で教える智は、一般の智とは異なっている。同じ智にそういう差別のあるべきはずがないと、元の鉄道大臣の井上匡四郎子から「君そんなことをいうから仏教が馬鹿にされるのじゃ。われわれの磨いている智と仏教の教える智と、智に二つあろうはずはない」と駁せられたことがあった。学術や哲学の智というものは、智と情とが全く別物の如くに扱われて、その智の方だけがこなされた結果である。昔はカントのような大哲学者でも智と情とは、二つの別の物が寄り合い世帯をしているようなふうに考えた。今はそんな馬鹿なことは考えない。一つの精神の知性と感性とである。知る方が智であり、感ずる方が情である。両方の働きは全く違ったように見えても、実は同じ心の両方向である。智は冷静で初めて目的を達する。情は熱烈でなければ目的を達せない。冷と熱とすでに度合いが違ってくるようになったが、それは一つの心の両方面の働きである。働きが違っているから、智と情とは別にして離しても、差支えないように見える。そこで一般には智を磨くということは、智の方ばかりに関係して研学していく。学術の智、哲学の智は、いずれも智・情の中の智のみに関係を持つのである。

仏教の智はそうでない。智の障りもいずれも取って除かれたのが、仏教の智である。智の障りというのは物事に不明であること、行路に迷うこと、その他一切の疑惑をいうのである。この智の障りを所知障という、その智慧の障りを取って除けるのが、仏教の智の働きの一面である。これは学術の智も大した相違はない。疑い、迷い、不明など智の障りとなるものを一切除けるのである。その上に情の障りも取って除ける。情の障りは煩悩障という名利に対する欲望、性に対する欲望、人、物事に対する瞋恚、愚痴、すべて障りを取って除け、情の障りも取って除けた物を仏教の智という。学術の智というのは、人格構成の要素である。智情の中の智だけをこなしてでき上がっている。人格を半分しかこなしておらぬから、学術において非常な天才である学術者、理学者、哲学者という者は、知識はそれほど進んでおって、われわれがとうてい及ぶことのできないまで進んでおりながら、われわれでもしないような馬鹿なことをやる。つまらないことをして得々としてはいないかも知れぬが平気でいる。これが人格がその半分しかできていないのである。智の訓練はあるが、情の訓練は全く行われていないからである。

光明

人は智慧に向かわんとし、虫は光明に向かわんとする本性を有している。仏教では光明をもって智慧を表すのである。これは譬喩ではなく、光明と智慧とは同じ性質のものである。内に暗黒〔無明〕があるから光明に向かわんとする、心に愚痴〔無智〕があるから智慧に向かわんとするのである。これは万有みな同じことで、黒い幕を下ろした天地が暁光を発すると、たちまちに庭の小鳥も鳴き初める。四方が闇くなり、ただ燈火の光のみが輝いていると、飛ぶ虫類は一勢に飛び来たるのである。

光明は理想となって、常にわれわれを導いている。光明のあるところ、物の本質を明らかにすることができる。人は光明に導かれて、ついには自ら光明の主となるのである。光明は後光となって、人から仰がることとなるのである。

光明の主を自覚者という、すなわち無限の智慧を有する人である。これを仏〔覚者〕と名づくるのである。仏の光明は同じ光明でも、徹底した真実の光であるから「真実明」と名づける。一切のことを徹底して覚知しておらるるから「平等覚」と名づける。万有に安心を与えるから「大安慰《だいあんに》」と名づける。日や月の光にも超えた光であるから「超日月光《ちょうにちがっこう》」と名づけるのである。太陽の光より偉大なるものは、物質的にはないのであるが、精神的には日や月の照らし得ない物の蔭でも、心の底でも照らし得るのが覚者の光明である。それで仏を「無上尊」とも「無極尊《むごくそん》」とも名づけるのである。これがすなわち人天の大導師で、大覚位の聖者である。これこそ完全位の大人格である。

仏教と理智主義

人類が理智主義で進んで行く順序は学術も同じことであり、哲学も同じことである。仏教もまた同じことである。仏教に、理の世界の宇宙がそのままに具現した実相と、智の世界の個性がそのままに進展した実相とを、曼荼羅に図示したものがある。結局、仏は理智主義の到る所まで到り尽したのである。学術も理智主義であるが、哲学はそれより一層上に進む。仏教はそれよりもまた一層上まで進む、それだけの差である。仏教は究極にまで理智を引き伸ばし拡大したものを目標とする。それを学術は部分的にすべての物について智を進めていく。哲学は部分的の知識を総合し総括して、やや達観的にわれわれのよって動く理想を教える。哲学は理想の学問として値うちがある。哲学を哲学するというような遊戯三昧をなすのは、仏教では戯論《けろん》、戯れの議論として斥ける。普通に哲学を哲学するのはなんでもない。しかしながら理論に外れないよう、理性の契《かな》わないことのないよう、論理に外れないような範囲で思索していかねばならぬ。ゆえに哲学を哲学するというのは、その稽古をするのである。その稽古をしているのは構わないけれども、その稽古が本当の哲学であるように考えて、ついに稽古に終わるのは憐むべきまちがいである。

哲学というものは理想の学問であって、われわれのよって動く根本を教える学問として値うちがある。そこに哲学の意義が存する。そういうふうに哲学は、やや達観的に物を見る総合智である。哲学は総合智であり学術は分析智である。その分析の智慧も哲学の智慧も信仰を妨げるというので、これを斥けるというのは宗教としてあるまじきことである。そういう宗教は、今後の理智の世界にはもはや役に立たぬ。だんだんに廃れていくのはそのわけである。信仰というものを高潮する時に、智慧をもって妨げてはいけないというくらいに見ればよい。徹頭徹尾、智は信仰を妨げるというのは、理智の進む文化の世界には、とうてい存在の意義はないのである。

見の仏教

唯物実在論は仏教に門前払いを食わされている。ちょうど造物主説（世界創造説）と同じように、仏教からは門前払いを食わされている。しかしながらその反映は仏教の中に必ず入っている。唯物説は門外に排斥してしまったので、唯物ではないが、物と心とを実在的に見る、物と心との両方の存在を認めるという物心存在論が第一に来る。それが倶舎宗《くしゃ》である。一切有説、何もかもみな存在していると説くものである。時には倶舎論を唯物説として説く人もあるが、唯物論ではない。しかし唯物説の見方の反映である。唯物哲学の勝論《かつろん》の六句義と同じように、この宗では万有を色法、心法、心所有法、心不相応法、無為法の五句義（範疇）に分かつのである。それが倶舎宗である。これは日本には別宗として信仰にはないが、学問としてやはりあるわけであるからこれを挙げた。これは小乗であるが、仏教の入門として大乗の思想を説く時には、これに触れる必要のあるものである。

次は物心空無論である。妙な名前であるが、これは一切空説、物も心も一切空に帰する。結局、涅槃の一滅諦に帰するのであるからとして、一切空を主張する宗である。何もかも空に帰してしまう。空は有空対立の空であるから、空というのは偏空である。または単空という。つまり有を生じ得ない空である。これが成実宗《じょうじつ》である。空ではあるが、仮有を許すから倶舎の七十五法に対して八十四法を立てる。次にはその妥協主義が出てくる。これが唯心実在論で、ちょうど唯物論の反対であるというように見えるが、実はそうではないので、仏教からいえば内有外空ということ、内の精神の方の働きは全部存在している。しかしながら精神以外の外の方、心以外にあるものはすべて空である。それだから内は有《う》であるから、全く空ではない。非空である。外は空であるから有ではない。非有である。これが非有非空の中道というのである。それでこれは精神界がすべての存在を心内において形相化する。イディヤチォンである。心の内には主である部分もある。見分である。心内に在る客観のような部分もある。相分《そうぶん》である。その見るものが、見られるものを見たということを、証するたしかめ手がある。これを自証分という。自証したということをたしかめる部分がある。これが証自証分である。心理学的哲学というようなものである。これが法相宗《ほっそう》である。この唯心論は大切な基礎学となっているから、唯識三年倶舎八年といって性相学の大切なことを示す諺となっている。

日本の仏教で活きている仏教は十三宗五十六派で、法相宗はこれに含まれているが、ほかは主に学問宗の方である。唯識、倶舎、成実、三論というようなものを残しているために、日本の仏教が全貌を備えているということをいい得るのである。日本の仏教は道具が揃っている。ほかの国は信仰として要らないものはみな捨てているが、日本の方は学問のために何もかもすべて保存している。それでわれわれはこれを見の仏教とした。知見の仏教、研究の仏教である。見の仏教は見方を教えるので基礎学である。

思惟の仏教

思惟の仏教、思索の仏教で、やや哲学の形態を成している仏教で、思惟の深さに待つものが多い。第一に大乗空観の三論《さんろん》が出てくる。今までは法相といって万有の性相を論じた。これは性相学という。有るものをありのままに議論してきたが、今は、有るものを無いものとして執着を去らしめ、一切が不可得であって、得たというもの、捕えたと思うものは何ものも空無であるという諸法空相を教え、目潰しを食らわすのである。大きな百万燭光の探照燈をもって目潰しを食らわすのが、大乗破相論である。一切空の否定哲学であるけれども、実は弁証法としての空論で、一切空だけれども、前の偏空とは全く違っている。単空ではない。空は何もないというのではない。すべてのものがあり得る。すべてのものが含まれ、すべてのものと成り得る空である。もし執着すれば、何ごともいけない。仏といっても、法といっても、執着するならば、そんなものはないと説く、すべてを否定していく八不中道の論である。八不中道はネガテビズムである。中道であるから、すべてを否定したところに絶対の中道が出てくる。これが無所得の哲学で、三論宗の哲学である。中論、百論、十二門論の三論に基づく宗である。これに智度論を加えて四論宗ともいうのである。

この三論宗も日本に最も早く渡ったものであるが、今日ではなくなってしまった。これも今ない方に属する。しかし般若心経、大般若経は広く読まれているから根本は残っている。これは一つの哲学と観て差支えない。次に法界円具論という名を付けたのは、これは円融無礙論で華厳の法界全体説である。相関性原理と私がいったのはこれである。宇宙は相関しており、何ものも単一の存在を許さない。すべて相関係しているということが法界円具論である。これは華厳宗で法界縁起説である。円融無礙の哲学といって差支えない。

それから次は諸法実相論、この諸法実相論は、特に注意しなくてはならぬものである。しかし諸法実相ばかりが実相論でなく、大乗仏教は皆すべて実相論である。三法印というのがある。三法印というのは諸法無我・諸行無常・涅槃寂静の三つを説くのが仏教であるという記《しる》しで三法印という。これに三界皆苦を加えて四法印ともいう。日本の人はまちがって、それを小乗のものだと思っているが、これは大・小乗共通である。三法印を説くのが小乗で、実相印を説くのが大乗であるとするのはまちがいである。大乗はことに無我を説き、無常を説いている。涅槃寂静を説いている。それを小乗のみの法印とするのは、大変なまちがいである。大乗が実相印であると考えらるるくらいに、この実相はたいへんに広く説かれるのである。日本のすべての宗派でみな実相を説いている。インドに行ったならば、インドの外宣も実相を説いている。天台宗の諸法実相のみを説けば、それで哲学諸問題としてはよかろうと思う。これは諸法の波の動きの中にそのものの真相を見る。実相の真理は動くものの当相において見るものとする。動くものを離れて真理があるのではない。万法の去来の動きと真如の実相とは別物でない。これを二つに分けて考えるのは俗見である。諸法の動く姿、去るものは去り、来たるものは来たるで、そのままが実相を示しているものである。世間相をそのままに即常住と見るのは法華経であるから、これを法界性具論としてここに挙げたのである。

諸法は性具といって、われわれの本性に具在しているので、一念三千といい、性具の三千といい、一念の内に三千の世界がある。もっとも三千世界といっても、大千三千世界（キリオコースム）とは違うということを記憶していただきたい。三千の世界は十界十如の現界を指すのである。これは十界互具をも説く天台宗の具の哲学である。次は金胎《こんたい》不二論である。これは金剛界は個性界であるが、胎蔵界は宇宙界である。金剛界と胎蔵界は二而《にに》不二であるという意味である。これが真言宗である。個性界は智の世界で宇宙界は理の世界で、理智冥合の結果が仏であるから、理法身と智法身と二つの大日如来を画いて教えてある。浄土門では仏を光寿無量の如来として、一つの仏に二名を与えると同じ立て方である。つまり宇宙界に智性を発揮したのが胎蔵界の大日であり、個性界が現実に相応したのが金剛界の大日である。

法　性

仏教に説ける「法性《ほっしょう》」ということは、広義にいえば、「個性」というと同じことである。「個性」とは個別の本性ということである。個別の本性ではあるが、同時に一般に行きわたった平等の本性である。特殊性であってしかも一般性である。千差万別の差別性であって、しかも法爾本然《ほうにほんねん》の平等性である。この差別即平等の本性を名づけて「法性」というのである。

われわれが見るために存する現象は、仏教ではこれを為物身《いもつしん》という。物のために存する現身である。これと違って、物それ自身の本体は、われわれはこれを見ることはできないものである。これを仏教では実相身と名づける。この現象と本体との区別を立説することにおいては、カントは全力を尽したのである、しかもいかにして、本体と現象とが相関するかということは、ついに言明し得ないのが哲学界の実際である。しかるを仏教では、万有は本来実相身と為物身とを具足している光景を説くことは、至れり尽くせりである。すなわち法身と現身とは同一身の両面であって、現身を離れて法身もなく、法身を離れて現身もない、実相身あるがゆえに為物身も存在するのである。現象の差別相あるがゆえに本体の平等性あることが知らるるのである。

この二つは決して別の物でなく一つの物の両面である。差別即平等で平等即差別であるということは、宇宙の全体に通貫した真理である。俗にいえば、差別の現相が消えて、残る平等の本性そのままが法性であって、差別の波が静まって、平等の水に帰った状態であるというべきであるが、真実では波立つ差別相そのままが静まった平等性であるといわねばならぬ。水と波とを別に見るのが人間であって、水と波との別を認めないのが聖者である。そこで聖者は法性のありのままを見ているということができるのである。如来は法性の伝統を継ぐものといい得る。法性はすなわち万有の真如である。そこで真如法性を悟れるものを聖者といい、これを悟れる光景を一如法界の真心現わるものというのである。

宇宙にありとあらゆる万有は、ことごとく自己の本性を発揮しつつあるのである。自然界に存在するものは、動物も、植物も、鉱物も、微生物も、電気も、磁気も、空気も、火も、水も、山も、川も、一切の物象はみなその自己の本性を物語りつつあるのである。この自然の物語りをありのままに聞かんとするのが自然科学である。彼らはみな自己の法性を語りつつあるのであるから、そのまま説法といい得るのである。これを名づけて大自然の説法と称するのである。

インドの詞宗ラビンドラナート・タゴールは、太古の詩聖が近世に再現した人であるといい得る大詩人である。神秘に富めるウパニシャッドの理想を、物質に飽けるパリシャッドの世界に、実現せんとする大仙人である。彼は自然哲学をもって、一世の指導原理となさんとするものである。その提唱するところを聞けば、天香の漏るるところ、おのずから光明の浮動し来るを感ずるのである。「百千の経巻を読破して後、真理を発見せんとするは迂愚のなすところである、それよりは高山大川に直面して、朝な夕な常恒時に説きつつある大自然の説法を聴取して真理を悟れ」というのが、実にタゴール詩聖の哲学の綱要である。「大自然の前に在りては、よろしく大自然の説法を聴くべし、大自然は常に真理を説きつつあるものなればなり」とは、われわれがかつて富士山麓なる楽山荘苦行林の路傍伝道の標語として掲出したる語であった。

人生の目標

われわれはなぜに知識を運用して自然法を脱却し、因果法の束縛を受けないように努力しつつあるかというと、輪廻の世界を突破した実例が、われわれの目前に存在している。釈迦如来の実例がそれである。仏という実例があるために、われわれもその完全位に行けぬとはいえない。われわれは本来、知識欲を持っているために、知識の窮極に達した完全位の実例である仏の地位、最上無上の大覚位に進んで行こうとして、われわれは、時間なり、空間なり、因果なり、本能なりの法則を、脱却しようとしているのである。それでわれわれの本能たる知識欲をそのままに進めて行きつつあるのである。

ところが普通の人は哲学だとか、学術だとか、各方面に歩武を進めてみても、容易に見込みはつかない。智慧の道を取って、結局どうなるのだということは判らぬ。非常に部分的に考えていって、推理していき、思索していき、哲学していく。研究し、実験し、分析して、行くといっても、その分析の結果、思索の結果、われわれ人間は何になるかということが判らぬ。それを実現しようとしてやっても、とうてい力及ばない。ところが、それを脱却して最後まで行くべき道を行った仏の実例があるから、その仏の実例を土台として、そこにわれわれは進んで行くべく努力しているのである。束縛を離れることはできないが、離れ切った実例がある。離れるのがわれわれの理想であることは、われわれは十分に知っている。仏も人なり我も人なり、釈迦何人《なんびと》ぞ我何人ぞ。同じ人間であって一人は最上無上の完全位にまで進んで行った。目前に完全位にまで進んで行った人があるのに、われわれは不完全位にとどまらなければならぬという理由はない。こういう意識に導かれて進んで行く時に、結局、人間という者は行くべき所まで行かなくてはならぬ、こういうことに帰するのである。どこに行くのやら判らぬ、どこまで行くのやら判らぬまま、努力して進んで行くことは馬鹿げたことである。

人がドンドン走っている。お前どこへ行くのかと聞くと、イヤどこへ行くのか知らぬが、人間という者は走らなくてはならぬというから走っているというならば、このくらい馬鹿なことはない。普通の教えというものはこの程度にとどまるのが多い。仏教はそうでない、明瞭に行くべき目標は判っている、釈迦如来の到達せられた人間の最高位が目標である。民族は相率いて完全位に到達するものだと、ダーヴィンは教えた。民族は完全位に達するが、一々の人間、すなわち個人は不完全な者であるというのは、理に合わない。われわれ個人も、個人独自の進歩でもって、完全位に到達することができるものだという、その実例を示されたのが釈迦如来である。この実例までわれわれは到達する。人間の中で、釈迦如来のみが変わったものだということは、理において成り立たない。仏も人間以外の者ではない。人間の行くべき所まで到られたのである。いわば空間的に横にも一番に大きくなり、広くなった人である。また時間的に縦にも一番に長くなり、宇宙大の人格となり、永遠性を具して、しかしてわれわれの目標となった最大の人格である。

禅観の修養としての仏教

坐禅観念は仏教の中心であり、坐禅による修養ということによって、われわれの智が磨かれてくる。智慧智慧と仏教でいうけれども、何だか普通の智慧とは違うようだという人があるが、たしかに違う。坐禅観念から出た智慧で行くのであるから、幅が違い、深さが違い、大きさが違う。坐禅観念の智は実智——実際の智慧であるが、西洋人の教える智は物質から割り出している。物には理があるから、理の方には相当かなっているかも知れないけれども、事実の方には役に立たぬ、事《じ》の方には役に立たぬ。われわれは実際に働く練習、すなわち実智ができていない。機智ができていない。こういう機会には、こういうようにしなくてはならぬという理想が働かない。そこで、坐禅観念の力によって事実の練習をする。だから、仏教は坐禅観念による修養であるといい得る。禅観の有ると無いとが、西洋の宗教と日本の宗教とが分かれるゆえんである。

仏教の深みと禅定

仏教の考えは、一口にいってみれば、高い、深い、大きい、こういうことになるのであるが、これは仏の禅定《ぜんじょう》の深みなのである。禅定が高い、深い、大きい、これに比例して仏の思想が深い、高い、大きいのである。禅定というのは、仏の坐禅観念の思想である。その深みが深いものであるから、仏の考えがこういうように深いのである。

坐というのは体《からだ》を整えるのであるが、禅というのは心を整える。この体を整えることも、それは世間でもやる、ほかの宗教でもやる、仏教もやっている。それで、世間で一般に考えてやるようなのを世間禅という。それから他の宗教でもやる、仏教でも下等の仏教——小乗などでやる、そういうのを出世間禅という。ところが、大乗仏教の坐禅の仕方を特に出世間上々禅という、出世間禅の中でも上々の禅というのである、こういうように区別されているのである。単に禅定というけれども、禅と定との区別をしなければならぬのであるが、禅というのは、禅那ということである、チャーナ（dhyāna）という、それを短くして禅というのである。これは心統一をしようという、それをしつつあるのをヂャーナ（禅）というので、これは心統一の因《いん》の位である。これを翻訳すると静《じょう》慮《りょ》というのであるが、静慮というのが、あまり良い翻訳でないものであるから、それで、みな禅で通ってしまった。西洋でも禅といえば、だれにも解るから、禅でよい、日本流にこれをいって、禅（zen）として知られている。

そこで、静慮ということであるが、これは乱意といって、われわれの心の中が乱れる、その乱意を鎮める方法、すなわちこのごろの言葉で心統一という、その心統一（心一境相）しつつある姿をヂャーナ（禅）というのであるから、これを西洋の言葉でいったら、メディテーション（maditation）とか、コンテンプレーション（contemplation）とかいうことになるであろう。そうして、心統一してしまったところに行かなければならぬ、その心統一してしまったのを三昧《さんまい》というのである。三昧（三昧地 samādhi）というのは、心統一してしまった心統一の果《か》（結果）の位なのである。これを翻訳して等持《とうじ》という、また、定《じょう》ともいう。等持というのは、考えようとしたものが統一されて、それがそのままその姿を持っているのをいうのである。それから、その心統一はできたといっても、心統一は広いのであるから、その心統一のできたのが、階段があるとすると、その階段の幾段まで来たのだ、ということがわからない、そこでもう一つ、三摩鉢底《さんまばってい》（samāpatti）というのがある。これは心統一で心統一の結果が現われて、いよいよこの階段まで到達したという心証をいうので、等至《とうじ》と訳す。メディテーション、コンテンプレーションができたというところが三昧で、それに階段が幾つもあるとすると、この階段まで到達したという到着点を明らかに心証する、そのアテーンメント（attainment）の区切りが等至である。

それで、禅にはこういう段階があると考える——前に坐禅の坐がある、禅をする、禅をすると、三昧に達して、定に入る。禅をやって心を静めようとする、そうして、その静まってしまったところが定なのである、そこまで行かなければならぬから、そこで、禅定というのである。それで、これは三昧定《さんまいじょう》に到着するまで行かなければならぬ。三昧定に到達したら、それがしっかりと到達点がわからなければならぬ。そこで到達点がしっかりわかったところまで行く、これを止という。止観《しかん》という言葉がある。これは一つの真理を見つけて、そこへピタッと心が停止してしまうことである。また、観というのは定力によって諦観することである。ここに写真のレンズが一つある、それに差別の世界の物が映る、映った時にはここに集中される、そうして、この差別の世界の物が、レンズに映ってしまったところが定である。

ところが、いよいよ集中してしまったら、この差別の世界が、ちょうど写真が映るように、レンズの後方へ映る。後方に映っているのは、あるいは前方とは逆さまかも知れない、左右が違っているかも知れない。そうして、前方で差別の世界をありのままに見ているのが、本当だとし正しいとしているが、それは現われた物だけの理屈をいっているのだ。心を集中して定に達してみたら、その光景は違っているかも知れない、逆さまを見ているかも知れないが、それを定に入って集中して定の力で、そのレンズの後方に入った反映、それを見ると、本当の物が出ている。すなわち、定のレンズを過ぎてレンズの向こう側に現われるのが、自然と変わった正しい物が出てくる、それを観という。そこで、止観というのをいい換えると、定慧となる。観というのはレンズの向こう側、後方に見える、それが、すなわち慧である。レンズから前方のこちら側の物を見るのは智である。仏教では、智では駄目である、それは世間になぞらえて智というけれども、仏教のは、レンズの向こう側の、すなわち慧でなければならぬ。智慧というように一緒にいっても、仏教では、智というのは普通の認識智、普通の学術の智で、それが進んで定を通って向こう側に現われた、それが慧である。

それはちょうど水のようなものである。われわれの心が差別の世界に動かされ、善悪・正邪・喜怒・哀楽の波に動かされている間は、差別界に囚われている。その波に動かされているから、本当のことはわからない。その波がいよいよ止まってしまうと、明鏡止水といって、明らかな鏡、止まった水で、水止まるという時には風がない、波が止む、波静かなれば水徹底すで、波が静かになれば、水が底まではっきりと見えるようになる。水が徹底したなれば、影映徹す。すなわちこちらにある差別の世界、実際の世界、それがちゃんと心が静まって定に入り、本当の定まで集中して慧になった、というのは、水でいったら、水がそのままの姿に帰った、波がなくなった、底まで見えるようになる。底まで見えるようになると、水はそのままにいるものではない、向こうにある樹の影が水の中にはっきりと映る。その映っているのは、逆さまになっているかも知れない、普通の現在の姿から見たら、その水の中に映っているのは、逆さまになっているかも知れないけれども、それは静かになった時の姿は、水の方からいうのが本当なのだ。あるいはまた、それはどっちからいっても本当だというかも知れないが、とにかく、現在のわれわれの見るのとは、少し違った物が映っている。それで、影が映徹して、向こうの樹の影がはっきりと映ってくる。ちょうど、灯をパッと消されると、真っ暗になって、その当座は何も見えない、しかし、それがしばらくして、目がそれに慣れると、その暗い中で、ぼんやりとおたがいの顔が見えるようになる、目も鼻も耳も、それは詳しくは見えなくても、大体が見えるようになる、そういうようなものだ。

これは般若心経の般若の教えであるが、百万燭光の探照灯をかけると、みな目潰しを食って一つも見えない、それで、しばらくそれに慣れると、盲になるかも知れないが、それになるまでには、自分の目がちゃんと養われて、その明るい中で見当をつけることができるくらいに見える。そういうようなもので、心に集中する、心統一する、こちらの心へ集中するということが大切なのである。これが定の姿で、水が徹底して明鏡止水の姿になった時には、宇宙の影がみな映る、その影をみな裏から見ることになる。それを、その現われた表だけ見ていると、その表ばかりに拘泥してしまうものだから、どうもわからないものになる、別々にみな違うように見えるのであるが、それを裏から見るから、影がはっきりわかるようになる、それが止観というのである。それで、定ばかりに行ってしまって、それでよいと思っているのは小乗である、これは涅槃である。差別の世界がわからないように、集中されてしまったのだから、それでよいという、それは小乗である。その定の中に慧が出て、これが止観の観になるので、それで、影が映徹して見えるのである。そこで、定に集中するところは、これは何もわからない、何もないようになるから、これを寂然無相《じゃくねんむそう》という。差別の世界が一切わからないようになってしまう、それで寂然無相、姿がないようになってしまう。ところが、姿がないようになったのかというと、レンズの向こう側に映るのが、はっきりとわかる、これを寂光有相《じゃくこうぅそう》という。寂然無相で何もないのかと思ったら、そうでない、寂光有相ではっきりとわかる、本当の物がわかる、それがすなわち、仏性のありのままが見えるのだ、とこういう意味である。

大乗仏教の二大根本主義

大乗仏教に通じて、一貫した根本主義が二つある。その第一は理智主義である。理智主義であるがゆえに科学と歩調をともにする。理智主義であるがゆえに哲学を根底としているのである。理智主義によって進むがゆえに造物主のごとき空疎な創造説に耳を藉《か》さないのである。その結果として無神主義に安住するに至るのである。つまり人間として人間の宗教を開拓したのが大聖釈尊である。そこで、仏教は徹頭徹尾、人間の自己創造として一切を解決するのである。帰するところ人格主義となって徹底的人格向上の教義を宣布するのである。その人格主義は実際に徹底的である、造物主を除外して、人格を向上せしめんとするごとき限定的宗教ではないのである。一切生類の人格向上が、仏の救済によるものとするは錯覚である。救済には相違ないが、盲目的救済でもなければ、判別的救済でもない。仏教の救済は自覚を与えて救済するのである。自覚を与えて救済する宗教は世界に二つとないのである。

仏教の自覚は他のいわゆる自覚とは相違している。他と自との地位の差別に覚醒したような相対的自覚ではない。自覚して他を征伐するごとき敵対的自覚ではない。仏教の自覚は同時に覚他の力を伴う、自ら覚って他を覚らしむる自覚である。最上無上の自覚である。大悟徹底の自覚である。廓然大悟の自覚である。一切の覚者たる宇宙的自覚である。一切の勝者たる解脱的自覚である。一切智々の聖者たる大自覚である。仏はかかる自覚をもって智活動の頂点に至りながら、一切の生類を自己と同一の自覚に導かんとする覚他の能事を世に実現せんとするのである。これを名づけて仏の悲活動というのである。ゆえに悲活動は救済には相違ないが、自覚を与えて救済するのであるから、一切生類を自覚せしめる能力を有せる人間を仏と称するのである。しかしてその悲活動は一切を理想主義によって化導するのである。一切生類の理想を自己の理想によって、その窮極にまで進めしめんとするのが仏教の理想主義である。結局、われわれの人格向上もこれによって完成し、われわれの性霊発揮もこれによって完全するのである。仏教の芸術が人類最上の芸術たるゆえんもここにあるのである。人類が共同に進み行かんとする完全位にまで、単独に進向することを教えるのが仏教である。

かくのごとく仏教はその理智主義からして、一面には理智に進む世界を開発するの責任を負いながら、一面には空虚なる昔ながらの世界創造説を打破するの任務を行いつつ、無神主義に流れ行く世界を唯物主義に堕在しない方向に指導するのである。人格主義は人間を完成するのほか目標はないのである。仏というのは、ただ人間の完成したまでのものである。その上に造物主もない、そのほかに神もない。人間の理想とするところは、この完成せる人格のみである。仏の人格においては、その理想はすでに現実である。仏の人格における現実の法身を、われわれ人類が理想として景仰するのみである。

仏教の理智主義は偉大なる無神主義を生んだ。その無神主義は唯物論者の説くごとき浅薄な無神主義ではない。造物王を否認するを主眼とする無神主義である。無神主義から徹底的なる人格主義を生んだ。この人格主義は宇宙に冠絶せる偉大なる理想主義を生み、人類の憧憬にふさわしい理想世界を開闢するのである。

大乗仏教に一貫した根本主義の第二は平等主義である。第二とはいうものの、平等主義とて決して理智主義と異なったものではない。仏教の理智主義が教うる、理の世界と智の世界とが冥合して、現智不二の結果を来たしたのが真の自覚である。これによって差別世界の頂上に立てる造物主を打破したのである。人格向上主義に除外例なきを教えたのである。物質世界のごとき差別現象なきを証知せしめるのが理想主義である。第二の平等主義も理智主義より導き出されたものに相違ない。されど平等主義から直接に生み出す指導原理があるから、これを第二の根本主義としてここに標示したのである。

平等主義とは、人間として人間の宗教を発見した仏は、その出発点においてすでに一人の除外例なく、自己をも取り除かざる平等主義に立っているのである。出発点も平等主義であるが、到着点もまた平等主義ならしめんとするのが仏教である。それで徹頭徹尾、平等主義の表現である。生仏一如の平等主義である。生類と仏とが寸毫の差別を認めないで、結局、寸毫の差別を認めない宇宙平等の実現を精神界において見ようとするのである。

生仏一如の平等主義は、神人差別の差別主義とは根本的の相違があるのである。これを実際に実生活に実現するに、第一義として認受すべきは無殺生無傷害の大理想である。この理想をインドの言葉で「アヒンサー」〔Ahinsā〕というのである。これは毎々いう通り、今に至るまでインドの上下に通じての理想である。そこで理想派のタゴール詩聖も「アヒンサー」を理想としている。アヒンサーの心のみ天地を打って一丸となすべき根底的勢力であることを説きつつある。その反対に実行派のガンジー大人もまた「アヒンサー」を理想としている。アヒンサーの道のみ人道迫害の無情者を慚死せしむるに足ることを説きつつあるのである。仏の不殺生戒は第一教団と第二教団とを通じての通誡の第一位に置かれてあるのである。仏の不殺生の火の手が挙ってからは、インドの「ジャイナ」教をして同じく無傷害の教えを立てて、そのひそみ（嚬）にならわしめた。その先駆たりし数論哲学派をして、旗鼓堂々、祭天の犠牲に反旗を挙げしむるに至った。上下三千年、インドは今なおこの理想において上下一致し内外響応して実生活を導いているのである。純菜食主義の毘紐《ヴィシュヌ》派をも生ぜしむるに至ったのである。仏教者がインドに向かって半銭の布教費を費やさずして、いま現に三十二万人の仏教者あるに至ったのも、この理想を中心として衆星の北辰を繞るがごとくに、インド人が附随し来たったのである。インドの無傷害主義は他の人類に危害を加えないのみならず、生類一般に向かって鳥獣虫魚の別なく、一切の動物に向かって慈愛の同情を寄せるのである。これはやがて大衆の大慈主義となるのである。

仏教の大慈主義は彼の博愛主義とは全くその趣をことにしている。ただ正義者を救いて、罪悪者は永遠に葬り去るがごときものでもなく、正邪を判別して、人類に善悪の裁きを与うるごときものでもない。仏の大慈悲心は母性愛と同じく、子が悪なれば悪なるだけ、不良なれば不良なるだけ、なお一層これを愛するのである。罪悪に向かって戦いを宣するのではない。自ら百方努力して、罪悪心を転じて至善の道に向かわしむるのである。盗者を度せんとするには盗者の群に入り、乞者を度せんとするには乞者の群に入る。地獄に堕在せるものを度するには自ら地獄に堕在して、苦に入り毒に入ってまでこれを度するのが菩薩の道である。逃ぐるものを追い来たって済度するのである。「汝の敵を愛せよ」とは高尚の教えである。戦うべき敵を認むる範囲内において高尚な教えである。仏教は戦うべき敵を認めない、「衆生を視ること自己のごとくせよ」とは仏の教えである、戦うべき敵はないのである。真個の宇宙愛の実現が大慈主義である。この心より発するものは平和主義でなければならぬ。さらに開拓すべき世界は愛の世界である。愛の世界は偏愛の世界であってはならない。部分愛の世界であってはならない。――天地に満ち満てる自然愛の発現でなければならぬ。宇宙愛の発揚でなければならぬ。民族相愛の本義は平和主義の宗教によらねばならぬ。世界がもし平和主義の宗教を要求するならば、推薦すべき宗教は仏教よりほかはないのである。仏教はかつて十字軍を組織しない、かつて神聖戦争を宣言しない、正当防衛のほかかつて干戈に訴えたことがない。徹底的平和の宗教である。

かくの如く組織体としての仏教は、理智主義と平等主義との二大根幹を生じた。これからさらに、無神主義・人格主義・理想主義・無傷害主義・大慈主義・平和主義の六大枝葉の主義を生み出した。そして仏教の八大根本主義を提げて、来るべき世界の指導原理たることを自任するものである。やがて世界はその迷妄の夢から醒めて仏教の指導原理たることを確認するであろう。

四諦と八聖道

四諦《たい》とは何であるか、諦とは真理ということである。第一諦は苦である、三界は皆苦である。三界を苦と見るのは仏教が悲観主義なのではない、事実において三界の状態が苦で徹底しているのである。これを楽と見るのは錯覚である、これを喜ぶのは迷妄である。世界は苦なりというのは仏の発明ではない、事実を如実に説明したまでである。第二諦は苦集《くじゅう》である、苦には原因があるとの意である。集は原因の意である、苦には必然に集因ありというのも事実の説明である。この二諦は世間道の常態をありのままに説いたのであるから、現実の真相を説明したものと見てよろしいのである。これに対して第三諦は苦集の滅である。苦の因は滅し得べしという真理である。もし滅しなかったならば、未来永劫いつまでも生死の波浪に推されながら、輪廻の海に漂わねばならないのである。これを滅し得べしと見たのは仏の発見である。しからば、これを滅するのはいかにすべきかというに至って、第四諦として、苦集滅の道《どう》が高唱せられるのである。苦の因を滅すべき正当の道があるというこの真理も仏の発見である。この第三、第四の両諦は出世間道の理想である。彼の現実に対してこの理想を高標せられたのである。

かくのごとく、現実には苦の真理あり、苦の因の集の真理ありて、普通なれば動かすべからざるものであるが、これを医するために、理想として滅の真理を出し、道の真理を教えたのである。しからばその道とは何であるか、これがすなわち八聖道《しょうどう》である。八聖道とは前にもしばしば述べた通り、八条の正しき聖道である。いまだ正しからざるもの、もしくは正しからんと欲するものの履むべき道である。正見・正思惟・正語・正業・正命・正精進（正勤）・正念・正定の八道である。しかしてこの中、正見は道の主体で他の七道は道の支分である。初めの正見は修習の見当をつける目であり、終わりの正定は修道《しゅどう》に入って向上の歩みを運ぶべき足である。八聖道全体が見道の修行で、この目足を得て修道の修行に移るのである。見道はわれわれの見地を過らしめざる指南車であるが、修道はわれわれの向上の修養を現実にする進路である。八聖道は見道であって、七菩提分の道品は修道である。正見をもって方向観察の眼とするならば、正思惟・正語・正業はわれわれの人格完成である、正命・正勤・正念はわれわれの生命発揮である、しかして最後の正定は進歩向上の足である。二乗の自利の三学に配して見ると、声聞と縁覚とは自調、自浄、自度のために八聖道の修行をなすのである。三学とは戒・定・慧の三であるから、正業・正語・正命は戒の実修となり、正念・正定は定の実修となり、正見・正思惟・正勤は慧の実修となる。菩薩の修習としては八聖道は全体が見道位の修行であって、最後に自覚の地に達し得べき準備修行である。これを終わって修道位に入り地々向上の道に向かうのである。

この八聖道は世間道でいうならば実践倫理である。この意味で進むならば仏教全体を一大倫理運動と見て寸毫も差支えはないのである。仏教は神学の塹壕もなく、天啓の障壁もない。仏はかつて仏の教義なるがゆえに信ぜよと教えたことはない。自己に問うてこれが正義だと得心ができたら、これを信ぜよと教えるのである。古伝説もない、古歴史もない、国の法制もない、国の階級もない。洗い上げてみれば、仏教は実に理智の真面目に立つほか、何物をも要求しない。これを倫理運動とするも寸毫も差支えはないのである、同じ八聖道を出世間道と見て、仏教の全体を綜纜するものとすれば、八聖道は全仏教である。正見を徹底的に進めてみれば、それは「研究の仏教」となる、一切の性相学的仏教を包含する。正思惟を進めて見れば「思索の仏教」となる、一切の哲学的仏教を包含する。正業・正語・正命・正勤はわれわれの実生活を律するものであるから、「実行の仏教」となる、一切の戒律的仏教を包含する。正念は「信念の仏教」である、これを開いて見れば、念仏・念法・念僧の一切の信念仏教を包含する。正定は「瞑想の仏教」となる、一切の禅定的仏教を包含する。かくのごとく仏一代の仏教はことごとくこの八聖道の中に摂収されるのである。

菩薩

「菩薩」ということは、菩提《ぼだい》〔自覚〕に向かいつつある有情《うじょう》〔生類〕ということである。そこで「菩薩」というのは略語であって、精しくは「菩提薩埵《さった》」というので、訳して「覚有情」という。薩埵とは有情または衆生と訳し、生類一般を指すのである。いかなる生類でも、天上の神でも、地上の人でも、獣畜蠕動《ねんどう》の類でも、もしも意識的に菩提を求めつつあるものは、何者でも「菩薩」と称することができるのである。無意識的には何人《なんびと》が菩提に向かいつつあるかわからない、何人もみな菩提に向かいつつあるかも知れない。しかし意識的に菩提に向かいつつあるといっても、それは理論的に説くのみで、実際その地位にある者が必ずしも意識して菩提に向かいつつあるというのではない。たしかにその人を指定して菩薩であるといい得るものは、その人自身が意識して菩提に向かいつつあるものでなければ、菩薩であると銘を打つことはできないのである。今もし一切衆生悉有仏性《しつうぶっしょう》ということを楯としてみれば、いかなる生類も菩提に向かわないものはない。この意味からいえば、一切衆生はみな菩薩であるといっても差支えはないのである。かくのごとく菩薩にもいろいろな種類がある。一切生類は地上の人に限らず、天上の神も、四足・多足・無足の動物も、みな菩薩たることを得る。しかしこれらは理においての菩薩で、実においての菩薩ではない。実の菩薩はたしかに意識して、菩提に向かって進みつつある生類でなければならぬ。仏の前生のごときは、本生時代の菩薩で、五百本生経と名づけて過去五百生の間、あらゆる生命の表現を経られたのである。

仏智

ある人は「私どもは理学をやっておって、顕微鏡で小さな物をも見て研究しているのでありますが、こんな微細の智が仏にはあったでありましょうか」というようなことをいうのであるが、それは理学に囚われている人のいうことで、自分の理学が唯一無二のもので、これが最後のものだ、最高のものだと思っているのである。これらはみな学んで得た後得智《ごとくち》である、釈尊の有せらるる智は生得智《しょうとくち》である、顕微鏡に掛けなくては見えないような人間の智とは、とうてい比較にならないのである。こういうのは自分のやることだけが最も偉いことだと考えている。物質科学に出発した知識が非常によいものになって、ついに動きのつかないように固着し停滞してくるのは、仏教の最も戒むる所である。ただそれが唯一の方法だと思っているのであるが、これを逆に見る方法もありそうなものである。

われわれが眼鏡を造るとか検鏡をするとかいうのは、外に向かってこれを用いるばかりであるが、そうでなく、内に向けて眼鏡をかけることができたら、われわれの心の中を見られてたいへんよいだろうと思う。外ばかり見ておって自分自身が判らない。仏教では「自ら知るこれを明という」、自分を知ることがなければ、その人の明はないのである。いくら顕微鏡を見ることを知っておっても、いくら地球物理を明らかにしておっても、それだけでは足らない、自分を観る根本智がなければ駄目である。ただ宇宙の理が判ったというばかりではない、判ったらそれを自由自在に処理することのできるような智がなくてはならぬ、それが本当の智の世界である。理智不二の智も、同じような順序で、たとえばここを理の世界と見れば、この中に一人、智の世界の智を得た人があれば、他の幾千の人をことごとく自己と同じような悟りを開いた人にする、という働きも自由に起こってくる。自覚も覚他も自由に行われるような人が、完全位に達した人である。ところが、どんなに個性の智の鏡に宇宙の理を映しても、それが今の理学的の方法で進むのでは、天文学者が幾百人でき、地質学者が幾千人できても何もならぬ。そこはいま一歩先に行って考えていただかなくてはならぬ。

理智不二の境地になったということが、すなわち宇宙大の智慧ができたということである。理の世界と智の世界が全然合一したということである。宇宙大の智慧ができたのは、宇宙大の人格ができたのである。しかし、それが西洋ふうの智ならば、その智慧が大きいばかりでは何もならぬ。ところが東洋の考えはそれと違う。宇宙大の智ができたらば、宇宙の理がことごとく判ったという智の世界を持ったような人間ができたということである。宇宙大の人格ができたということである。宇宙大の人格ができたというのは、それが仏である。仏は自ら「一切覚者」なりといい、「一切勝者」なりといい、「一切種智」を得たり、「一切智々」を得たり、などいわるるのは、この消息を伝えらるるのである。それは理を知っていられるばかりではない。理の如く行わしめ、実の如く作《な》さしめ、法のごとく生かしむる力を有せらるるのである。

人間は、どうしてこういう欠陥の多い生活をするのか、それは人間本能の命ずるままに動くからである。本能ばかりではない、本能に濁り点を打って煩悩が働くから、不完全の生を営むのだということが判ったら、その煩悩に囚われずに、その本能を調節して、その人を本当に働かし得るようにならなければ真の智とはいえない。だから仏が宇宙の理を知っておられるということは、理屈を知っておられるだけではない。理に随って如理にその宇宙の人が働いていくようにする、また如法《にょほう》に働いていくようにする、また如実に働いていくようにする。そういう人間を真に意義ある働きをなさしめるようにし得る能力が備わっていかなければ、宇宙大の人格とはいえない。宇宙の人の責任、全部の人の責任を持つ人でなければ、宇宙大の人格とはいえない。このごろの意味の智慧ができたばかりではいけない。宇宙大の人格になって、宇宙を支配するということは、ただ裁いたりするのではない。自ら大覚者として一切の生類を自分のとおりの人間にする、すなわち最上無上の自覚を開かしめるようにしていくことができるのが、宇宙大の人格である。宇宙大の責任を持つのが、宇宙大の人格である。智力《ちりき》（一般の分析的綜合的智能）・慧力《えりき》（仏教の自覚的応機的実智）・方便之力《しりき》（利他的活躍的の能力）を具有した全人格である。それが理智不二の境地で、仏陀たる資格であるのである。

仏教と知識

知識は東西共に重んずるものである。知識は力なり（scientia est potintia）とは近世史の初頭における西洋の標語であった。もし西洋に、仏教のように知識を重んずる宗教があったら、その趣は全く違ったであろう。仏教は智に始まり智に終わる。知識に終始する宗教であるが、ヤソ教はそうは考えない。ストア派の知識哲学にも反対せねばならぬ、近世の地球科学にも反対せねばならなかった。そこで、「智は信仰を妨げる」ということを標榜せねばならなかった。そこで信仰と知識とは全く変わった道を行くようになった。信仰は道徳の源泉である、そこで知識と道徳とは別となり、知識と行為とは違った道を取るようになる。仏教において知識なくんば信仰は成り立たない。

しからば、どうして知識階級に信仰がなくて、知識のない人民が非常な信仰を持っているかと、こういうお尋ねがあるに違いない。それは、信仰が知識を要しないように拵え上げて教えてあるから、信仰だけに生きるようになったのである。信仰の根本は、やはり禅から出た真実の智慧でなければ駄目である。そこで戒・定・慧が三学として教えられる、戒は身を固める、定は心を固める、しかして慧は実際に活躍すべき知見を与える、その智慧の上にできた信仰をそのままに鵜呑にする方法まで考え出しているのである。それがやはり禅の功用《くうゆう》である。実は無功用の実慧から現われた知見でなければ、禅の功用とはいわれないのである。それだから智慧というものを、どういうように考えるかということが、非常な関係をもつことになってくる。とにかく、西洋も東洋も同じように知識を重んじているのであるから、知識は、文明からいっても、学芸からいっても、根本動力であるのであるが、仏教からいったら、仏教のすべてが知識で成り立っているのである。知識を退けるどころではない、仏教はすべての知識を歓迎する。それが物質の知識であろうが、よしそれが仏教に反対の哲学であろうが、仏教はこれを歓迎する。ただそれに固執し、執着し、停滞することを固く戒める、永遠に前進する研究なら、すべて歓迎するのが仏教である。

分析智・綜合智・自覚智

学術の智は分析智であるが、哲学の智は綜合智である。学術は部分的に自然界の理法を窮めんとするに反し、哲学は全体的に自然界、個性界の理想を示さんとするものである。哲学は学術の与うる結果をその思索の基調となすべきものであるから、これを学術の学術とも名づけ得る。思想の思想ともいい得べきものである。つまり理想の学として人生にその意義を認めらるべきものである。そこで分析智によって理を智に収むるのは、我において実験的差別の世界を見出すのであるが、綜合智によって理を智に収むるのは、我において論理的統一の世界を見出すのである。

分析的実験も、綜合的思索も、智の世界においては寸毫も等閑に付すべからざるものである。しかし、いくら実験的に実証しても、論理的に論証しても、われわれの智の世界は決してこれに満足するものではない。何となれば、科学によって自然界を征服するは、部分的にわれわれの分析智を満足せしめたのみである。哲学によって自然界を征服するは、論理的にわれわれの綜合智を満足せしめたのみである。これのみにてはただに自然界の理を尽くす能わざるのみならず、個性界における自然をも征服することができないのである。

人生には自然に二重の障りがある。所知の障りと煩悩の障りとの二つである。所知の障りとは理における迷いである。煩悩の障りとは情における悩みである。この迷いとこの悩みとのために、人生は常に悲哀を感じつつあるのである。外に向かって自然を征服しながらも、内に向かってこの自然をいかんともすることができないのである。分析智によって迷いの幾分は去り、綜合智によって悩みの幾分は離れ得たかも知れない。されど、かかる部分的材料や理論的解決によっては、とうていかの二障から全く自由になることはできないのである。要するに、科学と哲学とは個性界を徹底的に満足せしむるものではない。言を換えていえば、科学と哲学とはわれわれの人格向上には案外功果の薄いものである。非科学、非論理の傾向は、たしかに救われたるべきも、人間の知性と感性とにおける根本的の障礙は、容易に根治せらるるものでないのである。この根本的障礙を根治するためには分析智によるも、綜合智によるも、決してその目的を達することはできない。

しからば、いかなる智をもってすれば、その目的を達し得るのであるか、それは実験による分析智ではなく、理論による綜合智でもなく、ただ瞑想による自覚智のみによって、初めてその目的を達し得らるるのである。瞑想によれる運心修養は、われわれの個性を導いて、自覚の光輪に触れしむるのである。自覚の光輪に触れるというのは、個性的自覚が超個性的自覚に達するのである。自覚智はすなわち達観智である。達観智は正遍智である。これがすなわち一切智である。平等覚である。ここに至って、相対的の個人大の自覚が転じて、絶対的宇宙大の自覚となるのである。これを自他平等の大自覚と名づくるのである。自然界の理と個性界の智とが、統一せられて水平に帰した状態である、全人類の進むべき「完全位」は、この頂点を目標として進むのである。

かかる大自覚の頂点に達したるものは、空前絶後の史上の実例として、ただ釈迦如来においてこれを見るのみである。仏の無我の大人格、無限愛の大人格の上に顕われたる理想は、全人類の共同に仰ぐべき理想として、異議なきものというべきである。

果してしかりとせば、我と人類に対して二重の門戸が開かれてあるわけである。一つの門戸は自己の理想によって仏の踏まれし道を踏んで進むのであり、一つの門戸は仏の理想をもって理想とし、その自覚の光によって進むのである。自内証の門戸が閉ざされしならば、向外信の門戸によらねばならぬ。自覚の力の無能なるを知らば、覚他の力に依止《えじ》するのほかはない。自他いずれの門戸を過ぐるとも、われわれの智本能を導いて、自覚の光輪に触れしむることが第一義である。世には分析智に囚われて、動くこともできない科学者もある。綜合智に滞って、進むこともできない哲学者もある。瞑想は自内証の境地を開き、信仰は純他力の門に入るべき唯一の可通入路であることを知らない人もある。もし儞《なんじ》の智を自覚に導かば、別個の世界は儞の前に開展するであろう。自覚智によれる人格活動は、力の世界を転じて愛の世界となし、愛の力によって世界を統一せしむ。もし自覚智にあらずして、分析智により綜合智によってのみ、われわれの人格活動をなすとすれば、われわれの開く力の世界は、実は生存競争の世界たるにとどまり、世界はついに暴力の世界となり、闇黒に終わるのである。しかるに、人類は、かく半面に力の世界を開展すると同時に、他の半面においては、愛の世界を開展しつつあるのである。この愛の世界は、まだ十分にその結果を生じてはいないのであるが、わずかにこの愛の世界の曙相を認むることによって、一縷の命脈を保ち、暴力暗闘の世界となりて、黒闇世界を出現することから、一歩を遠ざかっているのである。

もしわれわれの智が分析にのみ趨向し、総合に向かってのみ傾倒したならば、われわれの開かんとせる愛の世界は、単に人間の盲目愛にとどまるべきである。もしわれわれの開く力の世界をして、生存競争のみに終わらずして、同時に相互扶助の力をも開展せしめんと欲するならば、その第一要件はその智本能を自覚に導くことである。自覚智によってのみ、相互扶助の力は生ずるのである。宇宙平等の真際は自覚智によってのみ開発し得らるるのである。われわれの開く愛の世界をして盲目愛に終わらずして、人類愛に目醒むるに至らしめ、個性の相対愛にとどまらずして、超個性の無限愛に進ましめんと欲するならば、その智をして覚他を伴う真の自覚に進ましむべきである。互いに相了解するは、愛の最大要件である。この無限愛の力が宇宙界を包容する時、相互扶助の力の世界と同一方向を取りて進み、偏愛や嫉妬に余地を与うることなく、暴力の世界をして抬頭する能わざらしむるに至るべきである。われわれの智が自覚智たるに至ると同時に、かかる別世界はわれわれの眼前に開展し来るのである。自覚は実に人類活躍の基調として讃仰せらるべきものである。

見道の宗教

われわれの思想作用によって起こる意志の発現によって、われわれは自己を創造するのである。われわれの瞑想作用によって得る理想の実現によって、われわれは自性を向上せしむるのである。この道程を正しく認識し正しく履修するために、仏は見る道を教え、しかして後に修むる道を教えられた。多くの宗教は修むる道を相当に深刻に教える。されど、見る道を精しく教うる宗教は、他に類例がないのである。ただ仏教のみは見道を教え、しかして修道を教える。修道は歩む道である、いくら道を正しく歩み、その進みを誤らないとしても、その行く道が認識不足のために、誤った道を取ったなら、結局迷える道に終わるのである。「数ある小路を妄りに行くな、初めの一歩もついには千里」とは、いつまでも真理である。正しき道を見とめて、正しく歩むのが仏の教義である。正しき道を見つけるのには、正しき方法が必要である。

正しき方法とは、世間においても正しくなくてはならぬ、出世間においても正しくあらねばならぬ。世間道で正しき方法は学術である、同時に哲学である。ゆえに仏教は学術も否認しない、いずれの方法によるも正しき道は見つけなくてはならぬ。正しき道を見出すためには、仏教はさらに五眼《ごげん》を与える。肉眼《にくげん》は至って近きを見る能わず、至って近きを見る能わず、至って大なるも、至って小なるも、また見る能わず、ゆえに天眼《てんげん》を与える。天眼は天人の目である、至大至小、至遠至近の全体を見る。その上に慧眼《えげん》を与える、慧眼は理を見る羅漢の目である。飛花落葉を見て、人生の無常を悟る。林檎の落つるを見て、引力を発見したたぐいである。その上に法眼《ほうげん》を与える、法眼は菩薩の目である、自己他己の理想を見て、これに応ずる利行を見る。その上に仏眼《ぶつげん》がある、仏眼は人天、羅漢、菩薩の所見を見る、他の悩みを悩み、他の求むる所を与うる。慧力・慈力・方便力を行ずる心眼である。

仏教は智に始まって智に終わる。仏教は理智主義をもって終始する。研究より覚悟に出ずるのである。智を進めて慧とし、学を進めて覚とするのが仏教である。人をして仏たらしむるのに、未成《みじょう》の人を進めて已成《いじょう》の仏たらしむるの道が仏教である。「仏是已成之人、人是未成之仏」とは、われわれの普通人格と仏の絶対人格との距離が、人類の進むべき全道程であることを示したものである。

仏教の研究と学術の研究

仏教は研究であり、研究としての仏教は、科学と均しく、哲学とその趣を一にしているのである。しかし仏教の研究と学術の研究との相異点を明白に認識せねばならぬ。学術の研究は一般に物質的条件を主眼として、あるいは分析し、あるいは総合し、あるいは実験し、あるいは経験して進むのである。その結果、われわれの認識の範囲外にあるものはなるべくこれを避け、過去に関し未来に関するものは、物質進化の道程として立証し能う範囲内にのみ限りて、その判断を下すのである。その結果、人間の意識に関することとか、精神界の事象に関しても、終始物的条件をもって律せんとする傾向がある。一般に物理現象によって精神作用を推究せんとする上には、ずいぶん無理な論理をあえてするようになり、精神作用の研究が相当に進んだら、恐らく行き詰まりを来たすに相違ないのである。これも物的条件をもって、心的条件に当てはめんとするところに、無理があるのであるから、その行き詰まりもまた止むを得ざるものとせねばならぬ。

仏教の研究は、物的条件を土台としない、その反対に心的条件を土台として進むのである。心は絵師のごとく、一切万法を彩成する。仏教は自己創造の宗教である、自己の意志が自己の業事を造出するのみならず、自己の人格をも形成し、自己の将来をも決定するのである。自身の心は人生の造主であり、人格の造主であり、運命の開拓主である。しかして、われわれの社会、われわれの文明が、自己と他己との共同開発であると同じように、われわれの宇宙、われわれの世界は、人類共同の造化に成ったものである。人類共同の造化に成ることを「共業感《ぐうごうかん》」といい、われわれ独自の業報に成ることを「別業感《べつごうかん》」という。いずれにしても、われわれの意志に基づく動作の結果であるから、身・語・意の三業の作用にほかならぬ。身業もあり語業もあるが、元はといえば、意業の表現にほかならぬのであるから、「万法唯一心、心外無別法」というのである。そこで仏教は唯心論であるとか、由心論であるとかいって、つまり理想主義であるということになるのである。

学術の研究に物質不滅が根底となると同じように、仏教の研究には業力不滅がその根底となるのである。そこで仏教は、学術と同じく研究するが、仏教の研究は心の研究が根本である、心的条件を土台としてその歩武を進めるのである。そこで研究としての仏教は、分析もする、実験もする、総合もする、経験もするが、物的条件を根本とした研究とは、全くその趣を異にするのである。

物的条件は粗より細に入る、外面より内面に入る、外皮からしだいに取り去って、中心の核に及ぶのが順序である。心的条件も、だいたい粗より細に入り、浅より深に向かうのが順序であるが、これらは研究の上の便利から多少物的条件の行路に似ているのみで、かかるものは心的条件の本色ではないのである。何となれば、心的現象とは、われわれが思想することであり、観照することであり、内省することであり、内証することである。任運無作に直覚することであり、運心工夫して細想することである、要するに、思索することも瞑想することも、無意識に考え、無意識に行ったことの印象を潜蔵することも、意識的に考え、意識的に行ったことの陰影に映写することも、すべてわれわれが精神作用と称するものも、潜在意識と称するものも、全体の意業の隠顕作用は、決して形式的、実在的の物的条件をもって律し得べきものではないのである。形式的に横に並列し得べきものも、また縦に集積し得べきものも、精神的には縦横無尽に籌量《ちゅうりょう》思慮せられ得るものである。そこで片隅に偏在した断想が、あながちに閑却せられ得るものでもなく、底積みになった印象が、必ずしも圧迫せられるものでもない。

学術の研究は物的条件から得た光明をもって、一切万有の有象無象を照破せんとするのであるが、仏教の研究は心的条件から得た光明をもって、森羅万象の差別相を説明せんとするのである。学術の研究は、つまり物の体《たい》の研究に終始するのである。この方法が哲学に応用せられたとしても、本体の研究、実体の研究を主とし、実在とか、根本原理とか、第一原因とかを、探求することを能事とするようになるのである。学術の研究が体の研究であるに対して、仏教の研究は物の如《にょ》の研究である。宇宙万有が一々かくの如き現象を呈し、万有万如の差別相を現出したるゆえんは、いかなる理由に原因するものであるか、万有如々の実相を研究し、ことに生類、人類、衆生、有情の如々の境を知らんために、「如々智《にょにょち》」の発現をもって、その終極の目的とするに至ったのである。物の方面から発射する光明も、われわれはとうていこれを放棄することはできない、同時にわれわれは心の方面から発現する光明も決して忘却してはならないのである。

意志の自由と不自由

われわれには意志の自由がある、しかしカントの教えたような、意志の絶対自由というようなものは決してない。これは全く迷妄である。われわれが過去の重荷を背負っている以上、その重力からわれわれはとうてい脱却することはできない。われわれの過去の引業《いんごう》は、人間に生まるべき方向を定めた、われわれの過去における満《まん》業《ごう》は、人間に生まれて後の内容を充実する原因を与えた。その結果が現在のわれわれの人格である。この引業に引かれ、満業に満たさるる束縛の下に動きつつある人間が、その意志において、絶対の自由行動を取り得るということは、あり得べからざることである。鉄鎖に縛せられた犬が、自由行動をするというと同じことである。しかし、われわれの現在たる十の範囲内においては、われわれは意志の自由を有している。すなわち十を突破することはできぬが、その限定の許す圏内において、自由に意動することができる。

人間がいかに過去の重荷を背負っているとはいえ、進化論のいう如く、意志の絶対不自由ということも承認し得ない。もしわれわれが善三悪七の現在であるとすれば、意志の絶対不自由により、永遠に善三悪七の状態を持続することになる。限定せられた範囲で意志の自由があるとすれば、善三悪七の現在にある人も、そのままに放置すれば、悪性の人となるは自然の勢いであるが、少ない善三を導き出し、善の因縁を求め、善人に交わり、道を求め徳を積む方法を講ずるならば、善三はようやく光を放ち、熱を発し、ついには悪七の重力を潜伏せしめて、一生、頭を抬《もた》げぬようにして、悪はしだいに善に化せられ、炭団の玉にも火が移り、善良の人を作るに至るであろう。かかる幸福の機を宿業開発《しゅくごうかいはつ》というのである。

唯識思想の意義

一体インドの大乗思想は、すべて唯識から出てくる。狭くいえば華厳のみであるが、広くいえば般若も法華も涅槃も華厳もみな、唯識を背景とし、唯識がその基礎を与えるものといっても差支えはないのである。この唯識自身は本当の大乗とはいえないかも知れないが、見方によっては根本大乗かも知れないのである。大乗へ行く道としては、哲学的にも必要であるし宗教的にも必要である。インドで大乗思想の最も盛んな時は唯識時代である。そういう時代を作り出した世親菩薩と、今に至るまでやはり千五百年前と同じような形式的仏教を伝えて、それで鬼の首でも取ったように思っている形式仏教を作り出した仏音《ぶっとん》三蔵と比べてみると、全く相違している。その相違あるゆえんは、一方は小乗であり、一方は大乗であるからである。結局、大乗意識と小乗意識との違いである。仏の考え方を根底として、だんだんに推し進めていくのと、仏の述べられた言葉ばかりにとどまろうというのと、たいへんな差異を来たすのである。その差異というものが、だんだん色が濃くなってくる。仏音と世親とは同世の聖者ではあるが、その思想は全く異なっている。そこで、仏の正風を遺さんとする正風派と、仏の正意を遺さんとする正意派と違ってくる。

六　人間性の自覚

人間の可能性

仏教は人間の可能性について、その偉大性を主張する。言を換えていえば、人間は偉大なる可能性を有するがゆえに偉大である。それゆえに人間は尊いのである。自己の尊さを発揮するのが人間の天職である。したがって他己の尊さを尊敬することが、相互の尊さを認めることになる。人の尊さを尊ぶのは、つまり人の使命を全うせしむることである。

仏教の教うる人間の道は、結局、互尊にほかならないのである。

人間の可能性は何人《なんぴと》も一様である。人々別箇の可能性を有している、可能性の進展の程度は、人々みな相違しているが、その可能性たるにおいては、万人みな同じである。各人各様の如是性を有しているものとする。各人各様の如是性を有していることは、みな同じである、如是如是の可能性であるから、これを如と称する、万人万様の如であるからこれを如々という、如を有することは萬人一様であるから、これを一如と称する。如々というも一如というも、結局、真如のことである。真如とは可能性そのものをも呼ぶのであるが、可能性がその偉大性を発揮して、完全位に到達したのをも名づけて、真如というのである。如々も、一如も、同じように可能性にも完全位にも名づけるのである。

仏教で生物も無生物も同じように見る時は、物界を土台として、如々の性を語る時には、これを法性《ほっしょう》と名づける。万法の体性というような意味である。万有万差であるが、同一法性を有するのであるから、普通は真如と同じように用いるのであるが、元は物界、すなわち器界、または非情界に限る名であったのである。別に仏性という言葉がある。これは生界ことに有情界に限る名である。仏性というのは、仏となるべき可能性ということである。「一切衆生悉有二仏性一」という語もある。同一仏性を有する点で、一切有情は一如である、人間の尊さはこの仏性を有するからである。

人間の宗教

仏教は世界の大宗教の中で最も古い宗教である。最も古い宗教であるが、最も新しい意義を有しているのである。一切の造物主を排斥して、人間として人間の宗教を発見したのである。一切の盲目的恩恵による救済を排斥して、徹底的自覚による救済を鼓吹したのである。仏教は祈禱や希望に命を繋ぐ宗教ではない、坦々たる大道を歩む覚悟の宗教である。世間が祈禱や希望の繰り返しを断念した時、始めて真の光を放つのが仏教である。仏教は一切の学術を認容する、一般に学術と同じ行路を行くのである。されど人間の学術万能の夢が破れた時、始めて真の光を放つのが仏教である。仏教は一切の哲学を包含する。されど哲学が論理の舌を巻いた時、始めて真の光を放つのが仏教である。もし神人合一が宗教であるならば、仏教は宗教ではない、合一すべき神はないからである。それでも、われわれの内面に神を見出すのではないか、という人もあろう、そうではない、人が自覚するまでである。それでも、仏と人と合一するのではないか、という人もあろう、そうではない、人が進んで自覚位の仏と成るまでである。宗教は螢の如く暗き所に至って光を放つという語がある、この意味なれば仏教は宗教ではない。仏教は暗き所にあっても光を放ち、明るき所にあってもなお光を放つ特徴を有しているのである。一般世間に主張せらるる自覚が浅劣にして物足らぬと感ずる時、一般宗教の与うる自覚が浅薄にして物足らぬと感ずる時、一般学術の与うる自覚が物足らぬ時、一般哲学の与うる自覚が物足らぬ時、大乗純一界の仏教は、ここに始めてその光輪を放つのである。

人間向上の宗教

われわれの人格向上は、人間における地位を獲取するために、これを要するのみでなく、自己保存のために、自己の達し得る完全位まで向上するの目的をもって、修養の途に上るものであって、逸居して教えなく禽獣に近き地層を脱出して、進んで至正至善の神霊に近づかんとし（ヤソ教）、悲智円満の覚地に登らんとし（仏教）、勇猛向上の目的をもって進修するのである。建国の理想は高くして仰ぐべきも、これを徳目に分裂し、その字義に膠着せば、人心収攬の力は自ら失《う》せて、ついにその目的を達する能わざるに至るのである。いかなる宗教といえども、いかなる哲学といえども、その教うるところ、もし我が目的に適《かな》わば、よろしくこれを採収して、理想実現の根本を培養すべきである。

われわれの人格構成の要素は、智・情・意の三精神作用である。宗教はこの精神作用の三方面を助長し、結局、これに満足せしめるものである。しかし、中には智の究むるところを裏切る宗教もある（ヤソ教）、また情の発するところを裏切る宗教もある（回教）。仏教の如きは、智・情・意いずれの方面よりするも、十分に人類の満足を与え得る宗教である。この点よりして見れば、仏教は人格構成の要素全部を支配する宗教である。教育がもし人格修養に縁なきものとすればともかく、人格修養が教育の主要の目的であるならば、仏教の教うるところを全く疎外し得べきものではない。あるいは反対して、宗教は迷信を伴うから教育に害ありという人もあろう、われわれもこれに双手を挙げて賛成するところである。

仏教は根本的に祈禱卜占などに係累のない宗教である。祈禱卜占などは、仏は遺教経《ゆいきょうぎょう》にも明らかに禁止しているが、禁止の必要もなく、仏教には根本的にかかる教義はないのである。祈禱などは、いかなる意義においても、得て迷信の根底になるものであるが、これは、神の創造的、主宰的、司法的神格を認めるから、自己現場の運命を神力によって、改易せんとする心から起きるものである。またかかる神の存在は、学術でも哲学でも立証し得ない、これを信ずるのは迷信の最も大なるものである。

人間学としての仏教

人間学としての仏教は、人格向上の道程の研究であるが、これは人間の人格をいかに区別するかということによって、非常な差異を生ずるのである。人間を歴史的に現実的に研究の対象とする上においても、これを純然たる科学的に研究せんとすれば、一般の研究と寸毫も差異はないのであるが、われわれが毎々主張するごとく、一般の学術は物質の研究から得た結果に立ち、物質の光をもって精神的存在を見るのであるから、仏教の人間研究のごとく、精神の光をもって物質的存在を見んとするものとは、天地の差が生じて来るのである。その上にその人間研究なるものも、ある方面は非常に進歩せるも、ある方面は非常に粗雑であり、これを一般科学の進歩に比してみたら、ほとんど比較の対象とならざる程度のものである。これは人間の関するところがいかにも多方面であって、要領を得ないから起こることと思わるるのである。要するに、人間学の前半面は、純然たる科学の歩調をもって進むことができるが、その後半面は、全く哲学的態度によるほかなきしだいであるから、その困難もまたここに存するのである。実は人間自覚の道程の全面を経験したものでなくては、人間学を語るの資格はないといっても差支えはない。かつその自覚的存在は、覚他的方面をもふくむものであるから、仏位に登ることは不可能としても、少なくとも、菩薩位の理想の何ものたるかを十分に会得するものでなくては、結局戯論《けろん》に終わるのである。つまり、人間学は弁証法により人格上の可能程度を規定するにとどまることとなるのである。

仏教の本質

仏教は徹底的人格向上の教えである、徹底的人格向上がそのまま仏教である。その目的は教育と同一である。仏という大人格を標識として、われわれの人格を向上するのである。これを宇宙以外にあるような神、ことにあるやらないやら、これを教うるに困難を感じるような神と一緒にして教えんとするのは、非常な錯覚といわねばならぬ。仏耶（ヤソ＝耶蘇）の区別を明瞭にしなければならぬ。日本では宗教を取扱うに往々公平病にかかっている。宗教なればいずれも同一のものと思っている、大なる錯誤である。仏教者の中にも、仏を真如と説きたるを曲解し、あたかも哲学のいわゆる「真理」のごとくに扱わんとするものもある、「宇宙の本体」のごとくに説かんとするものもある、「根本物質」と同視せんとするものもある。これらは神と仏とを混同したよりも、一層度し難い盲目的錯覚である。その根源は、多くかの起信論に誤まられたる結果である。われわれの拝する仏には、釈迦如来の人格を離れた仏は存在しないのである。阿弥陀如来も、大日如来も、みな釈迦如来の人格を理想化したものである。理想を人格化したものではない、人格を理想化したものである。釈迦如来の人格を離れて仏教は存在しないのである。

従来、ヤソ教の仏教に対する批難は「釈迦は人間である、人間は拝むべきものではない。人間を拝むは愚の極である。われわれの神は上帝である、真神である、一切の人類を造った主である」というのであった。こういう別在神、超在神が祟りとなって、無神主義に向かったのである。われわれの釈迦如来は人間であるから有難いのである、釈迦如来は血こそ分けておらね、われわれと同じ人間で、われわれと同じ人格をもっている先覚者である。われわれと同じ悩みを悩み、同じ迷いに迷うた人である。われわれより先に大自覚を発せられた。悟ってみれば、後に残った迷える者に対して、無限な情愛が湧きいずるのは自然である。

子供が井戸へ落ちんとするのを見ては、大人は必然にこれを救わんとすると同じように、われわれの迷い、われわれの悩みを、釈迦如来が見られたならば、どのくらいの遣る瀬ない同情を起こされるであろうか。釈迦如来の自覚せられたゆえんは、われわれをも同じ自覚に導かんとせらるる意思の発表である。自分は別である、自分さえ悟ればよいというのは、それは仏教では声聞、縁覚といって、「独覚」として賤しむのである。仏教の自覚は必ず覚他を伴うのである、これを自他平等の大人格というのである。仏教は平等に坐って差別を料理する。われわれと釈迦如来とは大差別があるが、それをば差別のないように、自分と同じように引き揚げて自覚に導かんとする、これが真実の宇宙平等である。仏教の教え方は、平等に坐って、差別を料理してゆくのである。ヤソ教の教え方は、差別に坐って、平等を説くのである。平等は説いても実現はできぬ、もし平等が実現すれば、自己は空滅に帰するのである。差別に坐って平等を説くのは、結局行き詰まるのである。仏教とヤソ教とは、これだけの差がある。西洋の国家、西洋の社会は、みなヤソ教の型で進み、ついにヤソ教と同じように行き詰まるのである。われわれ日本の国家の問題も、西洋の型を踏み行くなれば、同じく行き詰まりとなるのである。

人間としての釈尊

釈迦如来は、人間として人間の行くべき道を教えられた。ここに値うちがある。人間外、すなわち宇宙の外に別在する神、造物主を主とするのではなく、仏自身も人間であり、人間の行くべき道を発見せられたのである。われわれの理智主義が進んで行くと、人間以外の別在神を承認しないようになる。神といっても、われわれ日本の神様を指すのではない。日本の神様は、われわれ民族の祖先である。この祖先であらせられる神様は、われわれと同じ人間である。また人間であったのを、われわれが尊んで神として祭った神様もある。これらはむろんだれでも承認する。ところが、そうでない世界を造った神、人類を造った神というふうのものは全く別である。実は神というのはいかぬ。これは神ではなくゴッドといわなくてはならぬ。造物主は神様でない。今こそそれを神というが、昔シナへはいった時は、ヤソ教はこれを仏といっておった。後には皇帝より一層上のものとして「上帝」と名づけ、神の中の神として「真神」と名づけた。日本へ来てからは真神とも上帝ともいわず、ただ「カミ」と名づけるようになった。日本やシナでいう神とは違って真神であるという、他の一切の神々を捨て、自分の神のみを立てる唯一真神であるというのがその主意である。日本の神々と同じように宣伝しようと試みている。

仏教は無神論で、造物主を立てないのである、造物主としての神というものを認めない。ところが、ある宣教師が、明治天皇の御製に「天地を知ろし召す神」という歌がある。その神はヤソ教の神、すなわち造物主である、それに高楠という人は、仏教は無神論だと言って、造物主はないと言っている、これは明治天皇の御製に背く不敬漢だといって、私を駁したことがある。そんなことで不敬になるとは飛んでもない話である。実は西洋の神は、すべての他の神を否認する神で、一つあって二つない、すべての神々を否認し、造物主のみを立てて、人間を造り世界を造った神だというのである。自分が他の神々を排斥しながら、日本へ来ては、都合のよい方へ合わせていこうと努力する、これに紛らされてはいけない。西洋の神の話をする時に、神といってはいけない。日本のは神といって、西洋の神はゴッドという方がよい。それを無意識に使う人が、哲学者にも仏教者にもある。また説教者にもある。これは非常に紛れ易いから、区別して頂きたい。西洋の神はゴッドといって、明らかに区別したい。

人間の標尺

物質主義によって開拓せられた人間の世界は、一般の人間をもってその標尺としているのである。仏教によって建設せられたる人間の世界は、最上無上の自覚位に達したる仏をもってその標尺としている。仏は普通に超人間性とし、真人とし、全人とし、完全位に到達せる人として、特別待遇を与えらるるものをも包含するように、人間性を拡大したのである。彼の人間以上の霊力を有せる絶対的超越性をも、人間の範囲に取り籠めたのである。つまり、人間の世界の拡大である、人間性を最大限度に延長したものである。物質主義によって発見された人間界は、仏教から見ればまだ未成品である、未完成の人間性である、未覚の存在である。「仏はこれ已成《いじょう》の人、人はこれ未成《みじょう》の仏」ということは、われわれにこの区別を知らしむる至言である。完成した人を標尺とするか、未完成の人を標尺とするかによって、人間世界の価値が分かるるのである。つまり、人間を自然に顕わるる理法（法）に生きるものとするか、人間を人格に顕わるる理想（法）に生きるものとするかの差異である。前者の法は法性であり、後者の法は未覚位にあっては仏性であり、已覚位にあっては真如である。法と如との思想は仏教独特の思想であって、人間の世間はついにこれに統一せられて、一如の世界となるのである。しかしてかく成らしむるのが仏教である。

仏教と生死観念

仏は現世の実生活のみに営々として、生の初めを知らず死の終わりを知らざるを「知中者」と嘲った。鰻の背中のみを見て、頭も尾も見ざる、幻覚者であるとの意である。仏教の教意によれば「生死事大」で、生というも死というも同位である。生から眺めて死と名づけ、死から眺めて生と名づけたまでで、われわれが名づけて死としているものは、次の世にありては、すなわち初生の生である。すべて生類はつねに生きて、つねに没するごとく見えているが、結局つねに生々しているのみで、死ぬる時はないのである。世には生を厭うものがある、これに対しては涅槃（不死の死）の教義を与え、死を厭うものに対しては、往生（無生の生）の教義を与えるのが仏教である。われわれが死と名づけて重大視するのは、現生活の幕が落ちて当来の生活の幕が開けるのみで、生類は死してあるべき時期は、寸時もないのである。いずれの所にか、何らかの形をもって、存在しているのである。

死は、生類が現在の古衣を脱ぎ棄てて、次の初生時代の受胎初発の細胞状態に帰るのである。ただ人が人に生まれ、馬が馬に生まるるのは遺伝法であるが、因果法は人格の高下で左右せらるるのであるから、人も人と成らず、馬も馬と生まれざる自業自得の法則を具有している。これが、すなわち輪廻の生である。転生《てんしょう》の理である。初生、再生を永久に繰り返すのが、すなわち物質不滅の真理に対する業力《ごうりき》不滅の真理である。この意味からいえば、業力の続く限り永遠の生命は続いている。また生物学者も遺伝の続く限り、生命は永遠に続いているという。

仏は、かくのごとく、無意識の生命を続ける無明の生活を脱却する方法を教えられたのである。この無明長夜の黒い幕を下ろすその原因は業力である。業とは、われわれの意志から起こる創造的行為で、身・語・意の三方面で行った善悪の行為である。これを三業とも名づける。その業の、現世、後世に及ぼす結果を業報あるいは業果と名づける。これが人類の運命に影響するのを、業力と称するのである。

この業力不滅の反応によって、善悪の遺伝をも受くるのであるから、遺伝は、つまり業力に支配されるのである。そこで両親の遺伝のために、たとえ損害を受けたとしても、決して両親を恨むべき理由はないのである、乞食の子に生まれたとて、決して苦情のあるべきはずのないのと同一である。業力の根底を美しくすれば、自然に運命の花も実も得らるるわけである。ゆえに仏教は結局、身・語・意の三業を完成するというに帰するのである。三業の完全に培養し得たのが仏である。ゆえに仏は「三業荘厳」の地に到達した人格を有する人とせらるるのである。人生窮極の目的は人格の完成にある。しかしてでき得べくんば、仏と同じく絶対至上の人格にまで到達するのが目標である。これがすなわち、広義の「生の実現」である。永遠の生の実現である。死に追われざる生の獲得である。ここにおいて、初めて再生の目的を達したといい得べきである。

釈迦より親鸞聖人

実生活に顕われたる理想を実例によって攻究せんとするには、まずもって釈迦如来より親鸞聖人への径路を探ることが最も必要である。さすれば、仏教の初発点からほとんど仏教の最終点までを通過するわけで、一貫した平等主義の理想が眼前に顕われるのである。一面には、智の仏教が捨てられて、悲の仏教が高調せられ、他面には、形式の仏教が滅びて、精神の仏教が謳歌せらるるに至った最後の時代を代表するのが、親鸞聖人である。世の諺に「これを鑚《き》れば弥《いよいよ》堅く、これを仰げば弥高し」という語がある。親鸞聖人の人格を研究する上において、つねにこの事実を発見するのである。従来は聖人の真意を、何とかして事実に近いと思わるる程度に、顕わしてみたいと思って、いろいろの試みを公にしたことがある。かつて「主義の親鸞聖人」を著した時は、聖人の人格を平明の人格と名づけたことがある。伝教大師と弘法大師とが、平安朝を飾る原動力であった時は、人をして「澄桃海李」と評せしめたこともあった。これに続いて、前に法然上人の「温和の人格」があり、後に日蓮上人の「峻厳の人格」がある。この両者に対比してみると、「平明の人格」というのが、あるいは聖人の性格を正しく顕わすのではないかと思った。平とは平凡で、公平で、しかも平等一律である。平の字のみではまだ足りないが、明の字があって、明白で、明晰で、明朗徹底で、八面玲瓏たる霊的活躍が社会の水平線上に表現している姿を指すのである。

また同じ意義で、聖人を指して平等主義の権化とも名づけた。聖人を教義の方面から拝すると、一般に平等一律の面目が顕われている。拝む仏体は弥陀一仏である。釈迦に対しても、また観音に対しても、特別の礼拝を許さないのである。法体は第十八願の一に集中されてある。称名の助業をも承認せられないのである。平生の行体は、報恩の一行に統一せられてある。最後の果体は、弥陀同体の一果に統一せられてある。九品の往生は一仏果に纏められ、三信は一心に纏められ、十念は一念に統一されてある。俗生活は「在家止住」の一律で僧俗平等で、師弟までも平等で、「同朋同行」の主義で貫徹せられている。すべて平等一律主義から割り出されて、結局、平等に始まり平等に終わり、一糸乱れず一点の疑いを存せないように組織せられてある。法然上人は教義選択の師主であったが、聖人は教義貫徹の大使命をもっておられた。しかもその教義は、すべての方面において徹底的に究竟主義であった。それゆえに、ことに「主義の親鸞聖人」と名づけたのであった。

要するに、われわれの研究というのは、親鸞聖人を、われわれに最も近い親しみのある人間の先覚者として見んとする努力で、かの「人間親鸞」「出家とその弟子」などと趣は異なっているが、同じ歩調を取ったのである。

かつては釈尊に対しても、「人釈迦」の信仰と、「仏釈迦」の信仰とに分けて研究したこともある。「人釈迦」として一般の人師の如く解して、元来人間であった釈尊が、かくのごとく自覚して去られた。普通の仏語を用いていえば、如《にょ》に向って去られた。如去《にょこ》（タターガタ）の仏であると信じた。これは小乗で、正風を慕う正風派である。これに反して「仏釈迦」の信仰は、元来仏であって、われわれを救済するために人間に生まれられた。普通の仏語でいえば、如より来生せられた。如来（タターガタ）の仏であると信ずる。これは、すなわち大乗で、形式や戒律にはかかわらず、仏の正意を掬取せんとする正意派である。これと同じく、親鸞聖人に対しても「人間親鸞」と「聖者親鸞」との二様の見方は自然にあるべきである。見方は二様でも、事実は一様で、聖人が人間たるゆえんは、すなわち聖者たるゆえんにほかならぬのである。

人格主義を離れては人生も成立しないが、宗教も成立しないと信ずるのである。仏教の重きをなすゆえんは、仏教が徹底的人格向上教であるという点にある。仏教は釈尊という大人格の上に顕われた理想である。しかして真宗は釈尊の理想の究竟的実現である。釈尊の理想そのものが、インドという条件を撤廃し、全く時代の色彩を離れたものは、すなわち弥陀教であらねばならぬ。この弥陀教を究竟的に実現したものが親鸞聖人の真宗である。いい換えてみれば、釈尊の自覚の内容そのままが弥陀仏であり、しかしてまた弥陀法である。それが、すなわち真宗であると信ずるのである。そこで歴史上の釈迦さえあれば、真宗は完全に成立するのである。一たび釈迦の人格を離れたならば、弥陀は、ヤソ教の神も、西洋哲学の本体も、仏教哲学の真如も、差別はなくなる恐れがあるのである。そこで人格主義は、人生観にも中心とならねばならぬが、われわれの仏身観にもまた、中心とせられねばならぬものである。

自覚と覚他

釈尊は、つまり唯一人者として終わるべき意味の独尊ではなく、第一人者として、一切生類を一人も残らず仏とならしむるために、先覚者たる意味の独尊であることは明白である。かく独尊位に上りたる仏は、人格において最大最上の完全位に到達した仏である、しかして完全位の大人格は大悟徹底の現実からいえば、釈尊は最上無上の大覚位に到達せられたのである。大覚位とは、釈尊がその大自覚を徹底的に発揮せられたる境地をいうのである。

釈尊は自覚を発せられて、同時に一切生類をも自覚せしめんとする努力に向わるるのである。自覚してさらに他を自覚せしめんとせらるるのである。ゆえに大覚位の仏は自覚、覚他、覚行窮満《ぐうまん》の仏と名づくるのである。自覚の一は阿羅漢これを具し、自覚、覚他の二は菩薩これを具し、自覚、覚他、覚行窮満の三はただ仏のみこれを具すというのである。覚行窮満とは、およそ覚に関する行法は、自覚覚他はもちろんその他一切の行法みなこれを窮め、これを完成せざるなきをいうのである。仏は自己を完成して、しかしてさらに他己をも完成せんとし、独自の最尊位を発揮して、一切生類を最尊位に導かんとする、自覚を自覚にとどめずして覚他の行をも完成せんとする、結局、仏の独尊は独尊にあらずして互尊なることは明白である。

仏教の救済

仏智より顕わるる慈悲は救済を主眼とする、ただしその救済は盲目的でもない判別的でもない、自覚を与えて救済するのが仏教の救済である、自覚によるの救済は、単に仏教によってのみ説かるるところである。真宗のごとき、ほとんど仏教の全体を破却したかのごとく見ゆる宗旨でも、なお他力の信念を教えて、仏の方より廻向せる大信心を根底とし、仏の理想をもって理想とすべきを教えるのである。かくのごとく仏教は自覚を中心とする宗教である、覚他の力を伴う自覚を中心の教義とするのである。ゆえに仏教は、いつまでも望みに生きる宗教ではなく、悟りの宗教である、希望の宗教ではなく、覚悟の宗教である。祈りによって命を繋ぐ宗教ではない、悟りによって慧命《えみょう》を迎うる禅定の宗教である。永い過去を有する宗教であるが、きわめて近代的の宗教であって、また来たるべき時代を支配すべき宗教である。哲学的、宗教的波動の頂点にありしインドを征服したる仏教は、今日、哲学的、宗教的破滅の時代を救うべき使命を有しているのである。生々の意欲に縛せられたる物質世界を救いて、智々の自楽を与え、現在の闘諍時代に対し、晴れやかなる平和時代を現出すべき資格ある宗教は、ただ仏教あるのみと信ずるのである。

釈尊の厭世

釈尊の厭世は、いずれの方面から見ても意義は完全しているのであるが、凡夫位の厭世は、とかく半面的に陥るものである。あるいは形式上からは厭世の実を顕わしておっても、精神上からは厭世の実を顕わさないで、禅を修すれば野狐禅に終わり、密を行ずれば天魔法に終わる、何事も徹底的に覚悟し得ることは不可能となるのである。そこで、われわれは厭世にも両方面あることを考えねばならない。しからば厭世の両方面というのは何であるか。わかりやすく言えば、形の上の厭世と、心の上の厭世との両方面である。

形の上の厭世とは、家を捨て欲を捨てて形の如く棄恩入無為の相を現じ、入山学道の形式を踏むのである。これは、すなわち世相を厭うて世外に向かって自己の解脱を求むるのである。しかるに、心の上の厭世は、これとその趣を異にして、自己の心相を厭うのである。徒の世の人の心も頼むに足らない、世道の汚悪にして唾棄するに足るのはむろん厭うべきものではあるが、これはやはり世相を厭う部分に属するのであるから、形の上の厭世に入るべきである。

心の上の厭世はこれとは違って、自己の心の頼むに足らざるを観破することを指すのである。自己の意志の薄弱なるに愛憎をつかすものもあろう、自己の智力の微弱にしてとうてい学芸の進修に耐えないのにいや気を催すものもあろう、修道心の退転に神経を悩ますものもあろう、求道心の隠滅に仰天して煩悶するものもあろう、かく各種の方面に自己の微力を感じながらも、時にはある衝動によって、にわかに登天の思いをなすこともある。またある成功によって、たちまち自己の本性が獅子でありしことを発見したかの如き心地が生ずることもある。一進一退、一上一下しても三つ子の魂は百まで続き、持って生まれた心の弱点は容易に改まらない、もしこれを釈尊の究竟位に望《なが》め、三祇百劫の難行苦行に対してみると、いかにしても自己の堪忍性あることを考え得ない、自己の大自覚に到達せんことは思いも寄らざることとなるのである。ここに始めて自己の心もまた頼むに足らざるを実感するに至るであろう。自己の心を相手に何事を企画しても結局徹底しない、今は自分の心でありながらこれを厭棄したいような心地に到達するのである。不甲斐なき自己の心にあきれるのを、心の上の厭世というのである。結局、われわれの身の上においては、究竟位への到達は夢であって、永遠に凡夫位にとどまるべき運命にあるものであるということを自覚するのである。

心の厭世

形の上の厭世からいえば、入山《にっせん》学道が本式であるから、山に入るのが世を厭うのであるが、心の上の厭世からいえば、山の上の修行は末世の凡夫のとうてい企て及ぶべきところではない。また山上生活の世相もまた実に厭うべき現状であるから、世を厭うとて山を出でて世間に入るのは、実に出山の釈尊の真意義に外ならないのである。親鸞聖人下山の意義も、法然聖人の出山の意義と寸毫の差異はない。「我が身は現にこれ罪悪生死の凡夫、曠劫より以来常に没し常に流転し、出離の縁あることなし」という凡夫位の大自覚の上に山を下られたことは、両祖ともに同一である。ことに親鸞聖人においては、心の厭世の告白をしばしばその消息に見るところである。自己のはからいを全く抛擲するのが、世を厭うの極意であると示された。

善導大師の聖語に「不レ得下外現二賢善精進相一内懐中虚仮上。」という言葉がある。これはもちろん「外に賢善精進の相を現じ、内に虚仮《こけ》を懐くことを得ざれ」と読むのが通常である。しかるに、親鸞聖人はこれを読み改めて「外に賢善精進の相を現ずることを得ざれ、内に虚仮を懐けばなり」と読まれたのである。内に虚偽を懐くのは、凡夫位のものの決定的事実としてこれを告白し、それゆえに、決して仮りにも外に賢善精進らしき相を現じてはならぬ、かくては虚偽を飾るに虚偽をもってするのであると、戒められたのである。聖徳太子は「世間虚仮」といわれたが、親鸞聖人は進んで心の虚仮を自白されたのである。心の虚偽を厭い、極重悪の機を深く信じて、自己のはからい全分を抛《なげう》ち、仏のはからいに全托し、絶対に仏力に信頼するのが、すなわち心の上の厭世である。親鸞聖人は俗生活に還った聖者である、形の厭世は親鸞聖人は全く棄てられたのである。聖徳太子の系統に属するというのはこの点にあるのである。心の上の厭世は、深刻にこれを自信せられたのである。無条件の救いの手に向かって無条件に投托した凡夫位の聖者である。心の厭世は機の深信《じんしん》である。義《はからい》なきをもって義とするのである。無条件の条件である。

仏

仏《ぶつ》は覚った人である、われわれは覚らない人である。仏は覚者であり、われわれは不覚者である。仏は完全位の聖者であり、われわれは平凡位の人間である。不覚者はいかに学芸に長じておっても、いかに哲理を究めておっても、覚者とは違っているのである。ただ覚者のみは事《じ》にも徹底しており、一貫して真実であるが、不覚者は真実のように見えても徹底的に真実でない、虚偽の飾りを着けているのである。聖徳太子は「世間虚仮、唯仏是真」と仰せられた。仏の真実をもって照らされない世間は、虚偽に終わるものであるから、仏教を世に宣布せねばならぬとの意味なのである。

覚者の悟りを菩提と名づくるのである。菩提は「覚」と訳し、仏陀は「覚者」と訳するのである。われわれはたとえ外に賢善精進の相を現わしても、内にはやはり虚仮不実の心を懐いているのであるから、いつか内実を暴露するようなことが出てくるのである。そこでわれわれは仏を仰いで理想とし、いつかは仏のように、悟りの世界の内容を味わう身となる覚悟をもって、進んで行かねばならない。永遠の生命は、不覚者のとうてい獲得し得ないものである。

絶対人格

われわれの人格には、無限数の階級があるのであるけれども、結局、三階段に収められる。すなわち普通人格・超越人格・絶対人格、この三段に収まる。凡夫位と菩薩位と仏位との三段である。しからば、これはいかなる相違点かあるか、ただ階段が違うというばかりではわからぬ。この三人格の相違点はその責任範囲にあるのである。われわれ普通人格の責任範囲は個人だけである。利他とか社会奉仕とかいっているけれども、結局、個人だけより以上に責任は持てぬ。何となれば、われわれは徹頭徹尾、個人大の人格であるから、この以外に責任は持てないのである。自覚もする、自他平等ということを自覚するけれども、結局、自己を中心としての自覚である。しかし仏教の自覚は世間にいう自覚とは少し趣を異にする。普通に自覚というのは、社会の水平線がある一定の所まで進んでいる、その水平線と平等に扱わるべきものを、実際において差別待遇をする。これは不都合であると感じたのが水平社の自覚である。

男女は同等に扱わるべきものである、しかるに男子は女子を奴隷視する。教育も男子より低きにとどめんとする、政権も女子に与えない、男女同位に置かるべきものであると感じたのが、婦人の自覚である。労働は神聖である、いずれの職業も同一でなければならぬ、しかるに労働者を最下級のごとくに扱わんとする、ややもすれば、温情をもって我に向かわんとする、よろしくわれわれの人格を認めて、無差別の待遇を与うべきものであると感ずるのが、労働者の自覚である。これらも自覚である。しかし個人中心の自覚であるから、他に対して自己の地位を自覚したにとどまるのである。仏教の自覚は仏の自覚を目標とするので、これよりは意義が深いのである。仏教の自覚は、同時に覚他を伴わなくては、自覚とは名づけないのである。仏は自ら人格を修養してついに「大自覚位」に到達せられた。同時に人類を導いて、自己と同等の地位に進ましめんとする。覚他の伴わない自覚は、仏教では独覚といって、利己的自覚として最も賤しむのである。

自他平等の境地に導くのが大自覚である。これは仏の人格が宇宙大の人格であるから、その活動も宇宙平等と成る。われわれの人格は個人大であるから、自己本位の活動をなすのみである。われわれ凡夫と仏との差は、個人大の責任を持つのと、宇宙大の責任を持つのと、その範囲も大差があるが、仏位（絶対人格）と菩薩位（超越人格）との差は、いかなるものであるかというと、菩薩は自分の活動している社会のみに責任を持つ、自分の活動している社会を、全体に満足せしむるまでに救済しようという、これが菩薩である。

菩薩は自己の活動している社会を本位として活動する社会大の人格である。仏はそうでない、仏は宇宙人類に対して全責任を持つ。同じ大人格の顕現であるが、一社会に対して現われたのが、菩薩位の大人格の顕現である。宇宙人類に対して現われたのが、仏位の大人格の顕現である。たとえば、仏としての大人格は、インドにおいて現われたが、単にインドの仏ではない。インドに相当した教義は布かれたが、それが本当の目的でない。単にインドのためではない、世界のためである。それであるから、仏はインドで法を説かれたけれども、宇宙人類に対して、その理想を説かれたのである。

そこで、インドの階級制度を破って四民平等の教えを布かれた。インドの神格は多神教から一神教まで進んだのであるから、氏神もあり造物主もあるが、ことごとく放棄せられた。インドの歴史も重んじられない、世間人類を相手にして教えられたのである。聖徳太子が日本に出られたのは、菩薩の格である。日本の一国を責任範囲とせられた。日本の憲法を作られた。日本の歴史を書かれた。法華経・維摩経・勝鬘経を注釈して、日本の宗教を純一大乗に定められた。シナに対しては対等条約を結ばんとせられた。朝鮮に対しては朝鮮征伐を二度も行われた。日本の社会状態を改善するために、敬田院（教師養成）、悲田院（貧民救済）、施療院、施薬院などを作られた。これに伴うて楽部《がくぶ》を四天王寺に置いて音楽伎楽を教えられた。法隆学問寺という仏教芸術を中心とする大学を造られた。それは日本の一社会を中心としておられたからである。こういうぐあいに、仏位と菩薩位と凡夫位とは、その責任範囲が相違しているのである。仏の自覚は宇宙大の大自覚である、自覚とはすなわち菩提である。菩提という字は自覚という意味である。これを正覚とか、正等覚とか、平等覚（三藐三菩提《さんみゃくさんぼだい》）とか、無上覚（阿耨多羅《あのくたら》）とか訳するのである。

中道理想としての仏教

世を楽観するものは、ついに享楽主義に走るのは自然である。世を苦観するものは、ついに厭世主義に陥るのもまた自然である。ゆえに苦・楽の二辺を捨てて、生活における中道の理想を説いたのは、初転法輪の仏教であった。有に偏するものは、自ら物質主義に傾いて、ついにその繫縛《けばく》を脱する能わざるに至る。空を喜ぶものは、得て虚無主義に陥りやすく、つねに世の煩熱を避くるのみに汲々たるに至る。ゆえに有・空の二辺を捨てて、観想における中道の理想を説くに至ったのは、すでに哲学的思索の仏教に向かいつつあるのである。不可得の真義を悟らしむるためには八不《はっぷ》中道の消極論法もある。無礙の実相を示すためには一法中道の積極的教義もある。仏教はその実践的教理においても中道であるが、その哲学的思索においてもまた中道である。要するに中道を離れて仏教なく、中道を離れて実生活なく、中道を離れて理想はない。仏教が、いずれの国においても人文の基調として違算なく、その任務を果したるゆえんも、実にその高履中道の教理の賜というべきである。

中道の理想は、極端に馳すべき本質を有せる民族に対して、初めてその光輝を放つものである。欧州において極端にのみ走らんとするはギリシャ族である。今もなお往々その本性を発揮しつつあるのである。中正の教えは、ことにその国において光彩を放っている。極東において極端にのみ走らんとするはシナ族である。中庸の教えは、ことにその道義の要部を占めている。インドもまた実にややもすれば極端に陥るの通患を有する国民である。ゆえに仏がその転法輪の初頭において振り翳したる中道理想の教義は、インド国民の脳底に永遠性の印象を留むるに至ったのである。

悉達《しった》太子が苦行林の聖者《しょうじゃ》として、なお尼蓮禅河のほとりにありて、三世の諸仏もいまだかつてなめざる深刻なる痛苦をなめつつ苦行にいそしみ、身心疲れ果てたる時、偶然に太子の耳底に響きたるは、歌いながら河辺を過ぐる村人の民謡であった。

紘《いと》が強けりゃ強くて断《き》れる　紘が弱けりゃ弱くて鳴らぬ

緩急正しく調子を合わせ　手振り足振りリズムに踊れ

とは、太子の耳に響きし天来の福音であった。細かに聴けば婦人女子の声もまた天籟である。一麻一米、苦心惨澹して極端の苦行に身を沈めたる太子は、すでにこの民謡の真意義を迎うべき機微に向かいつつあったのである。苦行林において苦行に偏しつつあった太子は、転じて菩提樹下において目的の如く菩提を証しながら、再び瞑想に偏してついに独覚に終わらんとしたのであった。幸いに梵天の勧請《かんじょう》ありしによって、ついに心を決して自内証の真理を世に光闡せんとせられた。嗚呼、耳あるものは聞け、不死の法鼓は今まさに乱打せられんとする。

その時、仏の眼底に映じた一切人類の生々の光景は、実に麗わしき一幅の蓮池の図であった。

蓮池には、白蓮、青蓮、赤蓮、黄蓮いずれも花の盛りである。ある蓮は水に生え水に栄えて、ついに水の上に出でずして、朽ち果つるものもある。ある蓮は水に生え水に栄え、ようやく水面に浮びて、花咲き匂うものもある。ある蓮は水に生え水に栄えて、高く水上にあって、遠く風に薫りつつあるものもある。世の一切生類もまたかくのごとくである。

仏の対機《たいき》説法も止むを得ざるところである。応病与薬も実際の必要に応じたものである。摂化《せっけ》随縁、到る所その威神力を示したのは、かの差別界の実相にふさわしき能力の発動であった。

仏は実にかの差別ある生類に向かって、一般に差別なき大利を与えたのである。文明の形式を具備せざりしインドは、仏の中道の教えにより、ここに初めて文明の形式を具有するに至ったのである。その中道理想の光明によって、かの病的宗教の暗影を払い、智慧のインドをして十分に異彩あらしむるに至った。人文の基調としての中道理想の生活は、花々しき仏教インドを開拓した。滅後二千年間、インド文明の指導原理となり、引いて東洋全般の指導原理となるに至った。今また転じて西洋各国に向かって、指導原理の優越権を獲得すべき扉を、開きつつあるのである。

自然哲学と人文哲学

普性とは、宇宙の自然界に普遍なる一般性をいい、別性とは、人間に特有なる特殊性をいうのである。これを宇宙性と人間性と名づけてもよろしい、また一層わかりやすくいうならば、自然性と人文性といっても差支えはないのである。われわれの考え方には必ずこの二通りがある。そこで思想の系統にも自然にこの二潮流があるわけである。普性に基づく思索を、普性哲学と名づけて不都合はあるまいと思う、別性に基づく思索を、別性哲学と名づけてもよろしかろうと思う、しかしかかる難解の名称を用いなくとも、自然哲学と人文哲学という簡単な名称で、誤解なくわかるとすれば、それで差支えないのである。

自然界を中心として、自然界の起原や、創造の本因や、宇宙の本体などを思索するふうの哲学を、自然哲学と名づけたのである。これとても個性界の事象を考えないわけではないが、自然界についての考え方を個性界にも応用して、人文界の内界を類推したようなふうになるのである、つまり、自然界に人文界を摂取して思索する考え方である。これが一般に西洋哲学の行き方で、インド哲学のウパニシャッド哲学時代までの行き方であった。

人文哲学は、これと全くその趣を異にし、人間を土台とし、人間を他の自然動物よりも一層超越したる人文性を具有したるものとして、他と全然特異なる人格性を生成し得べきものとして、人間性の進展を基礎として築き上げたる哲学を名づけて、別性に基づく哲学とし、人文哲学と称えたいのである。仏教は、実にこの人文哲学の火蓋を切りたるものであって、それがたまたま自然界の事象を論議したとするも、それは人文哲学が、自然界を人文性の可能力を潜蔵せるものとして、自然界を人文界に摂取して、論議するのみであって、自然哲学とは全くその趣を異にしているのである。

自然哲学と人文哲学との判別は、たいてい分明になったと思う。ウパニシャッド哲学と仏教哲学との異なるゆえんも、またこの点に存するのである。能く似たところがあっても、ヤソ教と仏教とが似ても似つかぬ方向をとるのも、両教の間にこの分岐点があるからである。西洋哲学も、創造論を論議している間は、とうてい自然哲学の範囲を脱し得ないものである。インド哲学も、ヴェーダンタ哲学のごとき、いかにインド哲学の花といわれても、人文哲学には成り切れない。いかに精神の方面をも論議しても、心を基礎とした仏教のごとき人文哲学とは全くその根底を異にしているのである。したがって胎蔵界の大日如来のごとき、六大無礙の法身説法を説くあたりは、タゴール詩聖の大自然の説法を説くのとよく似ておっても、その根底において、人文哲学たると自然哲学たるとの相異説が、厳然として存在するのである。タゴール詩聖の哲学は自然↓人文であり、六大法身の哲学は人文↓自然である。自然を包含して人文に入れたのと、人文を包摂して自然に入れたのと、能く似ているのは当然であるが、その行き方は全く相違しているのである。この辺の消息をはっきり見わける眼がなければ、正道、邪道の判別は不可能である。

浄性と染性

仏が初めて説法せられた後、間もなく、舎利弗《しゃりほつ》も、師刪闍耶《さんじゃや》の門下を去って仏門に帰した。利発な舎利弗は、日に増し仏に信用せられた。時には仏の許しを得て説法するようになった。ある日、自分の説法した内容を仏に申上げて、言うよう、――

世には、人間の本性を清浄のものと見て、修行しているものがありますが、これはよろしいでありましょうか。

仏はこれに答えて、――

それは誠に結構である。本性を清浄であるとするならば、成るべくその清浄性を汚さぬように努めるであろう、喜ぶべきことである。

と仰せられた。またある日、再び説法した後、仏に申上げた、――

世には、人間の本性を不浄のものとして、修行しているものがありますが、これはよろしいでありましょうか。仏はまたこれに答えて、――

それは誠に結構である。本性を不浄であるとするならば、どうかして、その不浄性を清めるように努めるであろう、喜ぶべきことである。

と仰せられた。人間の浄性を認めて、その浄性に還元せんと努めるのは、禅宗などで考えるように、「衆生本来仏なり、氷と水のごとくにて、氷の外に、水もなく、衆生の外に、仏なし」というように、自己本来の面目を見出さんとするのである。人間の不浄性を認めて、これを土台として、その罪悪に染った心、煩悩具足の本性を認め、仏力によるほか、登覚の望みなしとするのは、浄土門一流の考え方である。

人間の浄性と染性とは、その初めはきわめて近いものである、その差別もきわめて稀薄なものであるが、その隔りがだんだん遠くなるにしたがって、全く正反対の感を与えるようになる、一方を善とすれば他方は悪であり、一方が白であれば他方は黒である。善といい、悪といい、白といい、黒というも、元へ還せば、決してさまで相容れないものではないのである。

人間学の主眼

われわれの自然の中には、すでに然るものといまだ然らざるものとがある。すでに然るものとは何であろうか。われわれの身体はすでに形成されている、たとえ醜い姿であってもいたし方はない、与えられたものに満足するほかはない。それでも教育を受け、理性を磨けば、相当に眼も光り顔貌も締ってくるものである。紅、白粉の力によって相当に面目を飾ることもできる。すでに然るものでも、これだけ修繕を施すことができるのである。いまだ然らざるものは、われわれに取り全くの欠陥であるから、これを補足し、充足することは、われわれの本務である、われわれの精神の方面は、ほとんど全部がいまだ然らざるものである。いわば欠点だらけである。それも、ただ普通人たるにとどまり満足するならば、心の修繕は、さまで骨は折れぬのであるが、われわれ人間は、結局最上無上の大覚位たる仏位まで進まねばならぬとすると、われわれの心は、今まだ進路の出発点にも入っておらぬのである。もし仏が、五百本生の修行をせられた上に、生後、入山学道十一年苦行せられたとすれば、われわれは、前途はなはだ遼遠である。われわれの心の方面は、これから全部を充足して、そのいまだ然らざるものを、すでに然るものになさねばならぬ。

もしわれわれが、人生の目標に到達し得たとすれば、われわれの自然は、いかなるものとなるであろうか、自己の力により、いまだ然らざるものを、すでに然るものとしても、仏の力により、自《おのずか》ら然らしめられたとしても、つまり同じ結果である、いわゆる自然智も得られ、自然慧も開け、自然虚無身も獲得せらるるのである。すなわち仏の自然の境地に入ったのである、この仏の自然の自性を、真如というのである。自ら然りという自然も、真にありのままという真如も、つまり同一義である。普通人格を進めて絶対人格とし、自然を進めて真如とするのが、人間学の主眼とするところである。

宗　教

社会という大人格の情は、何であるかというと、これは、われわれの情が共同に働いた結果である。この同情の結晶は、すなわち宗教である。しかし、ここでまちがいのないようにしておきたいことは、宗教は情ばかりでゆくものではない。もし情のみに限らるるならば、これは半人格的宗教である。智は信仰を妨ぐるというヤソ教のごときは、厳正にいうと、半人格的宗教であるといい得るのである。真正の宗教は、われわれの人格全体が満足する底《てい》のものでなくてはならぬ。人格構成の要素たる智情意の三方面が、全体に満足し得べきものでなくては、真の宗教ではない。そこで、ヤソ教を標範にして宗教を論ずると、宗教の本質を誤解するようになる。智情意の三方面において、同様に充実した内容を有して、三方面を万遍に満足せしむる仏教を根本として、宗教を談じなくてはならないのである。さらに明言すれば、宗教は、情にのみ関係して説くべきものではないのである。しからば、なぜに社会という人格の情は、すなわち宗教であるというかといえば、本質としては宗教は、智情意の三方面に関渉すべきものであるが、いま説きつつあるのは、宗教が社会に顕われた結果からいうのである。宗教が、個人的領域から出現して社会に発動するのは、同情より起こるのである。そこで、今は宗教の静的方面からでなく、宗教の動的方面から、情にのみ関係せしめて話すのである。結局、社会という大人格の智は哲学であって、情は宗教である。

かくのごとく、社会構成の両要素は、宗教と哲学とであるとすれば、あたかも、われわれの人格構成の要素に智と情とのあるようなぐあいに、活動せねばならぬ。社会には宗教と哲学との二つがあって、その土台となり地盤となって、その上に社会意思が顕われねばならぬ。しからば、社会という大人格の意思は、何であるかといえば、これが、すなわち文明である、われわれの共同意思の発現である。

七　理想主義

理想主義

理想なき国民は滅亡するということがあるが、理想なき人物は堕落する。われわれの共同の理想によって、われわれの文化は築き上げられたのである。われわれが理想によって実現したものは芸術である。われわれが社会整頓の芸術として実現したものは、法律、政治、経済である。法律は国家と個人との約束である。この約束の実行が政治である。われわれの需要供給の方面において、社会を整頓せんとしたものが経済である。われわれが個性完成の芸術として実現したものが教育、倫理、宗教、哲学である。身心発育の時機をもって、公人として、また私人としての個性を完成せしむるものが、教育である。人を土台として、人と人との関係において、個性を完成せしむるものが倫理である。超人格を土台として、超人格と常人格との関係において、個性を完成するものが宗教である。瞑想思索によって、論理的に個性を完成せしむるものが、哲学である。この意味においては、仏教は宗教であり、同時にまた哲学であるといわねばならぬ。

これらは、みな技巧なき芸術である。このほかに純正芸術というものがある。実物を借りて理想を現前に顕わすものである。これは技巧ある芸術である。物において我を見出す当面の芸術である。色彩を借りて理想を実現するのが絵画である。剞劂《きけつ》を借りて自己の理想を実現するのが彫刻である。声音を借りて自己の理想を実現するのが音楽である。表《しぐさ》と白《せりふ》とを借りて自己の理想を実現するのが演劇である。文筆を借りて自己の理想を実現するのが文芸である。芸術は理想を現前に実現するものであるが、同時にまた理想を他に伝えるものである。人の画いた理想を眼で受け取るのが絵画、彫刻の美術である。人の画いた理想を耳で受け取るのが音楽である。人の画いた理想を読めば眼から、人の読むのを聞けば耳から受け取るのが詩、歌、美文などの文芸である。人の画いた理想を耳と目とで受け取るのが演劇である。ただに現在の人の理想を受け取るのみでなく、過去の人々の理想をも受け込むことができる。美術館、博物館の妙用はこの点にあるのである。一国民の理想実現の芸術総合の公館である。

純正科学は芸術とは全くその趣を異にしている。これなら自然の理を研究する一種の芸術だともいい得ないではない。現に英国では科学を芸術と見んとする学者もある。しかし、その芸術とすべき点は、多く実験発明の方法に属する方面である。それであるから、科学はやはり科学として芸術と相対し、我において物を見出す努力と、物において我を見出す努力とに分掌するが適当である。学術は一般化し、芸術は個性化する、相対的のものとするのが最も自然である。学術の結果を直接に応用する学科は、みなこれを科学に属せしむるのである。

以上挙げ来たったものが、社会において総合組織せられた時、われわれはこれを名づけて文明といい、文化と称するのである。文明は、われわれ民族が創造した共同芸術である。ここに、われわれは文明を登録し批評する芸術を発見した。文明批評の芸術は歴史である。過去の歴史によって養われ、それよりも一層偉大なる歴史を造り出さんとするのが、国運の進展を促す基である。

以上の芸術は、その技巧ある純正芸術と技巧なき准芸術とに論なく、みなわれわれの理想主義の結果である。ことに仏教は理想主義によって組織せられたるものであって、仏五十一年の説法は、その理想を社会的に実現せんとする大努力であったのである。法と名づくるのは、すなわち理想である。

法と律

仏が五十年間に説き出されたものは、およそ両方面である。一は法である。法というのは梵語の達磨《ダルマ》(dharma)であるが、この字は実に多義の語である。その根本義として、仏教に用いるのは「理想」という意味で用いるのである。仏教では、これを「規則任持」の義といって、規準性あり永続性あるものを法と名づける。これは、すなわち理想である。永遠的標準性を持ったものである。法は仏の人格に顕われたる理想である。しかし、われわれが受けた理想は、人格的内現の理想そのままではない。仏から社会に与えられた社会的外現の理想である。すなわち説法である。仏が自己の理想を説き出されたものである。言説に懸けて顕わされた理想である。機類に応じて教えられた法である。病症に応じて与えられた薬餌である。われわれに与えられた法は、仏の自内証の法そのままではない。されど、われわれに取っては、これ以上仰ぐべき理想は存在しないのである。われわれが聞き得た法である。これは「如是我聞」の聞の教義である。平生これを聞いて、時々これを思い出でて、人生の参考にすれば足るものである。仏の理想は、すでに現実化されたのであるから、仏自身においては理想ではなく現実である。ただわれわれから見て、与えられたる理想として仰ぐのであるから、理想と称するのである。

仏から与えられものは、法のほかに律というものがある。これは仏の与えられた第二の方面である。法は、仏が自発的に、機に応じて説かれたものであるが、律は、弟子の行ったことを批判して、制せられた教誡に基づくものである。そこで、仏からいったら、他動的に機に応じて与えられたものである。随犯随制の制《せい》の教義である。制の教義は律である。律は、日常の戒条として与えられたものであるから、これに背けば、たちまち犯罪を構成するのである。

この重要の戒条は、元来特殊の一人の犯罪から起こったものであるから、全教団に宣布して知らしむる必要がある。その上これを忘失したら、これも犯罪の結果を来たすのであるから、毎週一日、説戒日（布薩会《ウポーサタ》uposatha）を設けて戒文を高踊し、万一これに触れたものがあれば、衆団の前において発露懺悔せねばならぬ。その上、一年一度の安居《あんご》〔夏坐〕があって、律蔵を中心として聖訓の主旨を十分に習熟するよう、講学の時期が与えられてあったのである。毎週の学習は今日の日曜学校であり、毎夏の講習は今日の夏期休養学院である。かくのごとく、毎週の説戒会に、毎夏の安居に、また臨時の会議において、つねに主題となるものは、戒律に関する問題である。実を言えば、教団の事務と称すべきものは、戒律に関するものよりほかにはないのである。ゆえに、仏の在世に成文の律条もあり、条文の項目も明瞭に定まっておったのである。

法は、一般に対して説かれたもので、比丘も菩薩も天竜夜叉も、ことごとくその聴衆たるものである。これは公開の会座《えざ》（パリシャッド）で聞き得たものであるが、律は教団内部の法規で、これは師弟侍座（ウパニシャッド）の間に制せられたものである。聞の教義は至って広いものであるが、制の教義は細密に事々条々に当って制せられたものであるから、仏在世における経典は、すなわち律であった。実際「経」と名づけられたものもある。例せば「スッタ、ヴィバンガ」〔経分解〕のごときである。仏のウパニシャッドともいうべきものは律であったのである。総摂していえば、仏教団の秘密儀軌ともいうべきものは、律文の細目であったのである。

大乗の真意

小乗は多く実在主義であるが、大乗は精神主義、理想主義である。小乗は有とか、空とか、とかく対立主義のほか考え得ない。すなわち小乗が偏空主義、または単空主義とか、偏有説、単有説などといわれるゆえんである。これに対して大乗の空は、実は不空で、無から有は生じないというようなものではない。大乗の空からは、すべてのものが出る。何にも無いということでない。何でも有り得るというのが大乗の空である。つまり大乗は不空主義である。そこで、小乗は無我（非実在）と説くけれども、これを五蘊《ごうん》和合の個性だけに限りて、人は空であるが、法（物）は有であるとして、これでは諸法無我とはいえないわけで、物心の一切法に実体がないというのなれば、一切有ではなく一切空である。人空、法有ではなく、人法二空であるというふうに、とかく、対立的に一方に片寄る。そこで小乗が有を説いても（倶舎）、空を説いても（成実）、単なる一辺を執じているとして、大乗からは排斥するのである。

ところが大乗の空は、空からすべてのものが出る。特別の自性がない、特別の性質をもったものがないというので、どんな特別のものにも成り得る、何ものも出てくるわけなのである。これは不空主義である。次には小乗は涅槃を無と観る。涅槃（ニルヴァーナ nirvāṇa）は「吹き消された」という義である。火が消えたのは、火の炎々たる現象がなくなったので、火そのものが再び生ぜぬという保障にはならぬ。涅槃寂静には相違ないが、波の静まったのは、水のなくなったわけではない。われわれの波立つ心が静まるので、決して涅槃そのものがないという意味ではない。そこで涅槃の観方で、大小乗の差別が明らかに顕われる。涅槃経に起こる仏身論はここに根底を有しているが、涅槃に入られたら、釈迦如来の身体は不可見相に入られた。仏身不可見論は小乗の独自の意見である。すでに見ることはできない。見ることのできないものを見てきたように、絵に描いたり、像を作ったりするのは不都合である、という考えから、小乗は、仏が涅槃に入られてから、殆んど四百年の間は、仏経を文字に書かぬと同じように、仏教を絵画、彫刻に顕わしたことはないのである。技術ができないかといえばそうでない。立派な美術は有している。仏伝は全部が画にしてあっても、仏像は決して描いてない。始めから終いまで一つの仏像もない。仏像なくして、仏伝を絵や彫刻に現わすというのにはどうするか。実に巧みにやったものである。これは直接に示さない、暗示で示す。暗示が真の芸術であるとするならば、小乗仏教者は非常に偉い芸術者でなければならぬ。

釈迦如来を表わすのに、ただ「菩提樹」が一本描いてあって、両方から頭を下げて拝んでいる。そうすると西洋人はそれを見て、これは古代の樹木崇拝の遺物であるというが、そうでない。釈迦如来が菩提樹下で悟りを開かれたから、「成道の仏」を暗示しているのである。菩提樹に頭を下げているのは、菩提樹を拝んでいるのではない。釈迦如来が目真隣陀《ムチリンダ》樹の下に坐禅していられる。暴風雨が襲うた。七頭の竜が頭蓋をもって仏を背面からおおうているのを、西洋人は古代の蛇の崇拝の遺風だといっているが、これもそうではなく、蛇のおおうている坐禅の仏を示すのである。その趣旨は、不可見相に入られた仏を、絵に描き像に現わすということは不都合である。形の見られない仏を、見てきたように嘘を描くのは、仏弟子のなすべきことではない。こういう考えで仏を画かない。「説法の仏」は「車輪」が彫刻してある。これは、仏が自身の説法することを法輪を転ずるといわれたので、説法の仏を暗示しているのである。鉄鉢一つ台に置いてあれば、「托鉢していられる仏」を示すのである。そういうぐあいにみな暗示で示す。

「涅槃の仏」は、横に寝ていられる姿を、今は涅槃の仏といっているが、そうでない。ただ一つ「塔」があって、それをみな拝んでいるが、塔を拝むのではない。涅槃の時の仏を拝んでいるのである。それで仏身は不可見であるから、絵にも描かず像にも表わさない。ところが、理想主義である大乗は全くその反対である。仏像荘厳は大乗の創作で、仏像を中心として殿堂を飾り立てるというのが大乗である。形式主義の小乗が仏を形式に顕わさず、理想主義の大乗が仏を形像に現わすのは変なようであるが、理想主義の人は自己の理想で仏を表現するから、早く仏像を作るようになったのである。それから聖典結集についても、小乗は聖典を集めてその数も幾冊と定める。内容もこれより変わったものを許さない。それを一切経結集というのである。

ところが、大乗は聖典を結集したことはない。自由結集であるから、自分自分で思う通りに書いた。記録に残した人もあろうし、残さぬ人もある。弟子に教えた人もあろうし、自由自在に自分の思想として伝えた。つまり自由結集で集めたものが、積り積って一切経の形を成したのである。小乗では煩悩を断つということは第一の修行である。断煩悩主義であるけれども、大乗はそうでない。不断煩悩主義で、自分の煩悩は切ろうと思っても、容易に切れない。だからそれは放っておいて智に愬《うった》える。智が進んでいって思惟瞑想の力で智が慧となり、悟りが開けるようになると、慧の逆光線で世間を再認識するようになってきたならば、真の仏の智慧が得られるようになる。そこで正覚といって、正しい悟りに達する自覚が得られると、自然に煩悩がなくなってくる。闇を掘って除けようとしても、掘り除けられるものではない。闇はそのままに放っておいて、そこへ光を持ってくれば、闇は自然になくなる。闇のなくなった時は光の来た時である。これを明来闇去《みょうらいあんこ》、闇去明来といって明闇同時である。煩悩を断ぜずして涅槃を得るということを、不断煩悩得涅槃というのである。断煩悩の結果を、智慧に愬《うった》えて得るというのが大乗である。

三蔵経の排斥

小乗では、「三蔵経」という一切経を結集して今にその形を改めない。その経・律・論の三蔵という形式になっているものを排斥する傾向が出てくる。「三蔵経」は、これに限定さるべきものではない。五百羅漢が仏から受けて定めた三蔵は、そんなものかも知れぬが、仏の理想の全体を考えてみれば、結集された三蔵にのみ限るべきものでない。伝誦の自由はわれわれ遺弟にある。三蔵の形によらずして、われわれが自由に相承することも許されねばならぬ。現に王舎城南山の畢波羅窟《びっぱら》で三蔵の結集があった時に、竹林精舎に弁舌第一の富楼那《ふるな》尊者が留寓しておった。ある比丘が富楼那尊者に向かって、いま五百人の羅漢が一箇月かかって南山で三蔵を結集し、仏の経はこれだけに限り、律はこれだけに限るということを決したと伝え、尊者はこれを承認するかと尋ねた。すると富楼那尊者は、「そうか、それは定めて善く結集されたであろう。しかし自分は、仏から直接に教えられたものを護持する。その結集には関係はない」といったということである。富楼那尊者といえば、弟子中の錚々たる人である。結集当時、すでにかくの如き異議者もあった。いわんや、後において文字に書いた経典を否認する傾向は、ずいぶんあったに違いない。そこで自由伝誦を主張するものは、おいおいに抬頭してきたのである。これは単に既成聖典に対する叛逆とばかりは見られない。

しかるに、それを叛逆と見るのは実在主義の傾向である。それが小乗であって、大蔵の形式、「一切経」の形式を定めた。阿含《あごん》が何巻、律が何巻、論が何巻と、きっかり決めてしまった。そのとおり今に伝わっているのである。セイロンのパーリ語一切経というと、昔から今日まで同一形式で存している。それから一方に大乗の理想主義の傾向は、大蔵経の形式を否認する。「一切経」の形式を採用しなかったのである。あたかも「一切経」の形式を採用したように伝えているのであるけれども、これは自然に仏の説いたもの〔経〕と、弟子の説いたもの〔論〕と、仏の制したもの〔律〕とできるわけであるから、パーリ語一切経と同じように、今では三蔵に分かってあるのであって、かつて小乗のように、三蔵の形式を定め、巻数を定めたことはない。かつて一切経を結集した形跡もないのである。

南山石室から西の方たしか二マイルばかりに、「西域記」に見ゆる大衆部結集の所と称するものがある。また迦《カ》湿弥羅《シュミラ》国結集といって大毘婆沙論撰述の会議があったこともある。これらの結集がよしあったとしても、これを直ちに三蔵結集と見ることもできない。要するに、大乗結集ということは一種の夢物語に過ぎない。かかる形式保存の傾向のないのが、かえって大乗の精神に契《あ》っているのである。

形式主義と理想主義

大乗思想の方は、かつて固まらずに非常に自由に発展していった。そしてインド国中に寺を造り仏像を作った。寺院は仏像を中心として非常に美しく荘厳してある。小乗の方は、仏像を造るわけにはいかない。大乗においては、弥勒菩薩は、釈尊の去った後の空位を充たす補処《ふしょ》の菩薩であるから、弥勒菩薩の像まで作って拝んでいる。小乗の方では、決して弥勒菩薩は拝まぬ。釈尊は仏に成られたが、弥勒菩薩はまだ仏ではなく、菩薩であるから拝まない。しかるに、小乗の方でも弥勒菩薩の像は大乗にならって作っている。セイロン島などへ行くと弥勒の像がある。あってもそれを拝まない。やはり本来の実在意識が、形式仏教となって遺ったのである。小乗では、すべて形式通りにいくから、仏が殺生戒を制しておられるが、しかし三浄肉は食ってもよいといわれた。この三つの浄らかな肉というのは、自分が命じて殺したのでない、自分のために殺したのであるまいかという疑いがない、また自分が殺したのでないもの、そういうものを三浄肉として仏は許された。その形式ばかりを尊重して、小乗仏教では、魚肉をも平気で食っている。

セイロン島から日本の留学生が戻ってきて、僧侶でありながら魚肉を平気で食べている。日本人が見て、魚や肉を食うても、セイロン島では清僧であろうかと怪しんで、理由を聞いてみると、仏が許されていたから食ってもよいと平気である。

ところが、大乗の思想はそうではない。仏は許されたけれども、本来の仏の精神を考えてみると、三浄肉を平気で食うわけにいかない。殺生戒は生きたものを殺してはならぬというのである。だれも食わなければ殺すことはない。自分のために殺されなかったら、浄らかな肉だというのは自己本位である。人が食うから殺すのである。それだから、食わないのが正しいのであると一歩進んで考える。そこで大乗では、真の精進ということが行われて、一切の魚肉を食わない。仏の精神に帰ると、そうならなければならぬわけである。

また五戒の終わりに不飲酒戒《ふおんじゅかい》というのがある。仏が酒を飲むなといわれた。今でもセイロン島の小乗仏教者は、決して酒は飲まない。日本へ来ると、日本の僧侶は、赤い顔をして平気で般若湯を酌んでいる。大正大学に暫住しておったドイツ学者で、仏教に入り小乗比丘となったニャーナティローカという人があった。どうかして大乗的に感化しようと思っても、どうしてもならない。こんな紊れた仏教の国に来て、仏教を学ぶ心はないといって、ついにセイロン島に帰ってしまった。それはどうしてかというと、仏が酒を飲むなといわれたのに、酒を飲むというのは不都合である。仏の教えと正反対の行いをしておって、どこが仏教国であるかと嘲っている。

ところが、大乗の方ではそうでない。酒を飲むなと言われたのであるが、仏の精神を窺ってみると、酒に罪はない。酒を飲むのにも罪はない。飲んで飲まれるのに罪がある。酒を飲んだ結果として、他の罪悪を犯すから、酒を禁ぜられたのである。ゆえに不飲酒戒は遮戒《しゃかい》である。他の悪をさえぎるための戒というのである。それに対して、殺す、盗む、邪淫、妄語などは、その性質が悪いから性戒《しょうかい》と名づけるのである。酒を飲むということは、それ自体は悪いことではないが、酒を飲んだがために、他の戒を犯すようになるから、そこで酒をやめよと教えられた。それでこれは遮戒である。遮戒である以上は、飲むことそのまま悪事ではない。ついに酒に乱れなければ、飲んでもよいというようになった。仏の精神に立ち入ってみれば、それも全く不都合でもない。大乗仏教の論拠はそこにある。シナでも日本でも、酒は平気で飲むようになった。もっとも般若湯とか甘露味とか号するところは、ちょっと遠慮はしてあるのである。大乗は、正意派であって仏の正意を汲み、仏の正意はどこにあるかを発見しようとする。ところが、形式派の小乗の方は、仏の正風を遺し、形式的仏教を保存しようとする。だから形式的仏教からいったら、親鸞聖人のごときは根底から仏教を崩してしまわれたが、精神的にいったら、親鸞聖人は他の宗派よりも一層仏教を保存しているといえるのである。戒律は全く捨てても、仏の精神たる慈愛の教え、すなわち殺生もしない、堕胎もしない、感謝の生活からして、模範村を作るというようなことは、かえって仏教の精神を活かしたものである。

仏在世の当時からして正意派と正風派との二つの傾向が分かれていた。正風派は形式仏教で小乗傾向である。正意派は精神仏教で大乗傾向である。それだから、経典を文字に書くようになったのは、大乗の方が先きで、自由に自分の思想で、仏教を扱うても差支えないというように考える。つまり自分の理想を書くのだけれども、仏の理想を研究して、仏の理想の標的を知り、これにしたがって書くのであるから、形式で多少相反するところがあっても、差支えないと信ずるようになった。ところが一方ではそうでない。そんなことをして、仏のいわれないことをいわれたようにしてはならぬ。仏の説かれた金口《こんく》に違ってはならぬ。仏の示された正風に反してはならぬ。こういうふうに正意派の意向と、正風派の意向とは、全く反対である。正意派から見れば、正風はその時、その所によって違い、その人、その病によって相違するのである。例せば、肺病の人があって、それに肺病の薬を与える。肺病の人にはふさわしい薬であっても、脚気の人には三文の値打ちもない。そこで精神を汲むのと、事跡ばかりを固執していくのと、非常な差を来たすのである。これは双方ともあって、初めて全仏教が保存せられるのであるから、決してどちらが善いとも悪いとも判ずることはできない。一方が善くて一方が悪いということは、その場合によるのである。両方とも相当に理由があるからである。

仏の理想と社会の理想

「法」とは理想である。理想にも、因位の理想と果位の理想とがある。仏の人格に現われた理想は、仏が悟られた理想で、実現せられた理想であるから、仏の人格ではすでに現実であって理想ではない。しかし仏の人格における現実を、われわれ生類は仰いで理想として進むのであるから、やはり理想といって差支えない。すべて因位というのは、われわれのような未覚の凡夫から悟りの道程にある期間を指し、果位というのは、覚位に登った仏の境地を指すのである。そこで、果位の理想というのは、仏位においては現実であるが、それが、われわれのために因位の理想となってみると、いまだ実現せられざる理想である。「仏法」とは、仏の人格に現われたる理想である。「説法」とは、仏が自己の理想を言説《ごんせつ》にかけて説かるるのである。言説にかけたのも説法であるが、別に無言の説法もある。仏の一默は默諾を意味する。維摩の一默は雷の如しと称せらるる。拈華微笑《ねんげみしょう》も一の説法である。説法は対機があるが、法身の説法には対機はない。自受法楽の説法である。自内証の法、すなわち悟りの内容を自心に繰り返して、自楽せらるるのみである。

「転法輪」とは、理想の輪を世界に転ずるので、理想の社会的実現である。これは説法と同じ意味であるが、説法よりも少し重く、法のわだち（轍）を社会にとどむるのである。仏の人格の足跡を永遠に残すのであるから、理想の実現ということと同じことである。「法界」とは、仏の理想の行わるべき世界を指すのである。「法身」とは、理想のみの人格、理想そのままの法身ということである。インド人、黒色、三衣、左袒右肩、鉄鉢、裸足のインド相好を除き、インド人たる現身の姿を脱したら、悟りの内容そのままの姿となる。これが、すなわち法身仏である。阿弥陀如来は法身仏を示したものである。すなわち釈尊の理想そのままの人格である。法は、すべて理想と解してよろしいのである。

仏なくしても、われわれは独自の理想を造る。共同の理想も造る。まず共同の理想、すなわち社会に顕われた理想から一通り吟味してみよう。社会とは、われわれが群生する姿を指すのであるから、社会も一つの大きい人格である。われわれ生類は、社会という大きい人格の細胞として、全細胞の共存共栄のために、共同の理想を建設するのである。第一に現われたのは、社会を整頓せんとする理想である。社会整頓の理想は「法律」に現われている。法律は軌道を設けて、われわれが脱線しないように注意をする。もし脱線したら、その責任を負わなければならぬ。この約束が法律である。しかし法律は、理想の話に対しては、最も低いものである。理想の階段を登る最初の第一段である。第一段は最も低いのに相違ないが、この最初の第一段を踏まなくては、上に登ることができないのである。ゆえに法律は最も大切なものというべきである。

社会整頓の理想たる法律が顕われたら、これを実行するために共同の理想が現われる。この実行の方面において、社会を整頓する理想が「政治」である。法律はかくせねばならぬ、かくしてはならぬという規定と、これに対する制裁規定とであるが、政治は、これらの諸規定が完全に行わるべき方法を講じ、その行われつつある事実を視察し、その是非を監査する組織である。しかるに、われわれの社会生活が日に増し進捗するにしたがって、われわれの生産が最も重きをなすに至る。われわれの社会を、需要供給の方面において、整頓せんとする理想が現われて来る。これが「経済」である。巧みに金を儲けるのが経済であるとか、巧みに金を使うのが経済であるとか、巧みに金を借りるのが経済であるとか、欲望を満足せしむるのが経済であるとか、欲望を減殺するのが経済であるとか、いろいろの目をもって、経済現象の一面を見ている間は、とうていその要領を得ない。結局、生産に関するすべての方面を整頓するのが、経済でなければならぬ。

われわれには経済の理屈はよくわからないが、労働をもって全分を支配せんとするのも誤りであるが、資本をもって全分を支配せんとするのも誤りであると思われる。とにかく、生産という共通点があるのだから、生産を危くするまで、両者が闘争するというのは非理である。闘争で平和を購い得ると思うのは錯覚である。武力で他を苛《いじ》めるのはいけないが、財力で他を苛めるのは、よろしいということは古い道義である。今後は財力で作られた武力も、武力を作るべき財力も、同様に制限を加えられなくてはならぬものである。

かく社会に対してわれわれは共同に社会を全体において、整頓せんとする理想として法律を作り、社会を実際において、整頓する理想として政治を作り、社会を生産において、整頓せんとする理想として経済を作ったのである。

大乗と小乗

大乗は仏釈迦主義であり、小乗は人釈迦主義である。そこで、現身仏の釈迦如来はただ一つであるが、これを現身仏のみであるというように考えるのが小乗で、仏は必ず三身を具していられるとし、法身《ほっしん》・報身《ほうじん》・応身《おうじん》を説くのが大乗である。法身はまた自性身《じしょうしん》という。仏それ自身の姿が法身である。自性身は為物身《いもつしん》として現われる。物のために現われた姿である。応化身《おうげしん》や時には報身（修行の結果として得た身）を、こめて為物身というのである。かく仏の悟りの域に達したものは、二つ以上の身体をもっている。それを一つの現身と見るのと、二身あるいは三身を有したのが仏であると見るのとの相違である。菩薩についても、菩薩を上がって上に行こうとしている菩薩と観るのと、それから衆生を救うために下がって来た菩薩と観るのと、両方があるわけである。大乗は下化《げけ》の菩薩を立て、小乗は上求《じょうぐ》の菩薩である。釈迦如来の仏となられる以前の本生を菩薩という。そういうぐあいに菩薩も違うのである。三法印は小乗であるが、実相印は大乗であるという説もあるが、これは誤っていると思う。諸法無我、諸行無常、その実は一切法無自性、法無定性、一切法空というのも同じことで大小乗に通じている。私はこれを「無定性原理」といっているが、つまり不確定性原理である。今一つは私が「相即性原理」といっているものがある。小乗は形式的で一切を対立で説くが、大乗は多く対立を相即する。相即とは、自を廃して他に同ずるというのである。自を廃するというのは、排斥するのではない。自の特質をそのままにして捨てて、他の反対の性質に同ずるのである。これによって、すべて対立し矛盾するものを超越し、総合していくことができ得る。一切の仏教の弁証法の基準となるものである。

仏の正意

日本大乗十三宗の中で法華経を正依とする宗派が二つある。天台宗と日蓮宗とである。仏は無量義経の中に「四十余年未顕真実」と説かれ、いま始めて法華経において真実義を顕わすということを示された、それゆえに法華経は仏の正意である。さればこそ「正法華」という名は、法を白蓮華に比したるもので、理想の教義であることを示されたものであるとするのである。法華経に仏の理想が十二分に顕示されてあるものとして、宗門を組織したものである。この意味からのみいっても、法華経を正依とする宗派は、いずれも大乗たるを疑わないのである。大無量寿経を正依とする宗派が二つある。浄土宗と浄土真宗である。その他の念仏宗もみなこれに含まるるのである。この経の中には「如来、世に興出したまいしゆえんは、ただ道教を広宣せんがためである」と説かれている。この道教というのは、すなわち弥陀の本願のことである。弘願《ぐがん》他力の教義は、すなわち仏出世の本意であるとするのである。それゆえに、浄土宗や念仏宗は、みな大乗として認めらるべきものである。

禅宗と名づくる宗派がある。今の曹洞宗・臨済宗・黄檗宗の三派は、みな坐禅観念を主とする宗門である。禅家は一般に、不立文字を標榜しているのであるから、別箇の経典を主とするということはなく、「以心伝心」で心から心に伝えるのである。それで自ら仏心宗と名づけている。仏の心をもって心とするの意味である。しかし生仏《しょうぶつ》一如の本義から見れば、心も仏も衆生も差別はないのである。「釈迦何人《なんびと》ぞ、われ何人ぞ」という見識からして仏の心は、すなわちわれわれの心である。「直指人心、見性成仏」といって、自己本来の面目を発揮するというのである。仏の理想はこの点にあるとするのである。ゆえに紛れもなく大乗と認むべきである。真言宗には二派が存している。古義・新義の二つである。真言秘密の教義と名づけて、他の顕教に超越した教相であるとするのである。正依の本経は大日経と名づける。他の経典はいずれも説処が明白に示してある。一時仏在王舎城耆闍崛山とか、一時仏在舎衛国祇樹給孤独園とか、それぞれにその説処が示してある。しかるに大日経に限り説処がない。反対の宗派は、それだから仏説でないと悪口するのであるが、真言宗の本義からいえば説処のないのが当然である。

仏は菩提樹下の金剛宝座で大悟徹底せられた。その時に一たん瞑想の座から立ち上がって、「観樹経行《きんひん》」といって、菩提樹を見ながら散歩せられた。十九歩東行せられた一歩一歩の足下に蓮華が生じたというのである。仏陀《ブッダ》伽耶《ガヤ》根本大塔の北側には、長石の上に十九の蓮華を彫したものがある。十九歩来往の後、仏は再び宝座に還帰し、七日間瞑想にいそしまれた。この間には大悟徹底の内容を繰り返して観想に耽けられたのである。その上、初転法輪から終入涅槃に至るまで五十一年の随縁摂化《せっけ》の準備をせられたのである。仏が自ら自内証の理想の内容を味わわれたのは、自受用法楽のためであった。これがすなわち法身説法である。

法身の自受法楽の説法は対機説法ではない。金口《こんく》によって説かるれば、言語という条件がある。対機に応じて説かるれば、会座《えざ》という条件がある。縁なき衆生は度し難い。薬を与えるには病という条件がある。ゆえに一般の説法はみな条件付きの理想である。無条件の理想は、いまだ説かれざる前の自内証ありのままの理想そのものでなければならぬ。これはわれわれには顕示せらるべきものではない。全く如来秘密である。この秘密を対象とするのが真言秘密の教義である。そこで真言宗は仏の理想そのままを獲得せんとするものである。ゆえに大乗の大乗である。金剛大乗であるとするのである。かくのごとく説き来たれば、大乗という大乗は、ことごとく仏の正意を主眼として、これに向かわんとして努力しているのである。仏の理想に向かって憧憬の目を運ばない大乗者は世に存在しないのである。

理想主義

ウパニシャッド哲学が著しく内観的になり、自我を発見し、思索したりとて、これを理想主義に向かったものと見るは大なる錯覚である。外面的に実在を索《もと》めておるよりは、内面的に実在を索めるのが、一歩を理想主義に踏み入れたのであることは、争うべからざる事実ではあるが、これは実在的思索を自我に適用したのみのことで、なお徹底的に実在主義に彷徨しているのである。決して理想主義とは名づけられないのである。

仏は実在主義の根底を捨てて、その純理想主義を押し立てられた点において、これまでのインド思想と全くその機軸を異にしているのである。今まで宇宙界の実在として崇拝された創造神は、その常一主宰の真神たることを認められない。ただ低級の神として、わずかにその名を存せられたのみである。今まで個性界の実在として礼讃された個人我は、その実体恒有の本体たることを認められない。単に仮名《けみょう》の我としてわずかにその語を用いられたのみである。一切万有に対して諸行無常を説き諸法無我を説き、一切の本体的実在を否認せられたのが仏教の理想主義である。仏の根本主義とせらるる業感《ごうかん》縁起説は、われわれの意志より起こる業力不滅の主張であるから、全く意志本意の教義である。一切生類の個性は、各個特殊の業力によって造らるる別業《べつごう》の所感である。一切生類の生存に供する宇宙は、一般共同の業力によって造る共業《ぐうごう》の所感である。前者は業すなわち行為の結果として、個性の受くべき正報《しょうぼう》であるが、後者は当然正報に伴うべき依報《えほう》である。一切生類はその意志によって、永遠に自己を創造しつつあり、間断なく自業自得の業果《ごうか》を味わいつつあるものである。しかしてその自然の結果として、善因善果、悪因悪果、永久に自己の墓を掘りつつあるのである。

この点においては、神の造化を待つまでもなく、自己創造で自ら生成し、神の審判を待つまでもなく、自己審判で自ら行くべき道を撰びつつあるのである。われわれの自然の存在は、かくのごとくわれわれ自身の情意活動の結果として開展し来たるのである。しかしてわれわれの情意活動は自然に任せて進むなれば、いつまで行っても自由の境地に進むことはできない。永久に自縄自縛で闇から闇に向かって果しなき迷宮を繞《めぐ》るのみである。しかるに一度われわれの内面に知覚活動が起こり、内観的努力がその正鵠を得た時には、われわれの人格を向上すべき白道《びゃくどう》がここに開拓せられるのである。われわれの知覚活動は、われわれの情意活動と背反するものではない。知覚活動は必然的に情意活動を随伴するものであるが、一度知覚活動の浄玻璃の鏡に照らさるる時は、われわれ卑劣なる自我活動、貪・瞋・痴相応の情意活動をして、八面玲瓏、勇猛精進の霊力活動たらしむるに至るのである。われわれの知覚活動は、われわれ自己の情意活動を霊化せしむるのみでなく、他人の情意活動をも霊化せしむべき勢力を伴うものである。そは真の自覚は、必然的に覚他の力を伴生するものであるからである。ここにおいて知覚活動は、智の世界の開闢であり、情意活動は、悲の世界の開闢となるのであるといい得るのである。

仏教はかくのごとく、智をもって主脳とすることは、学術ともまた哲学とも同一である。その智というものは、智・情・意と対称する時の智より、その意義が一層広いのである。仏教で智という時は、必然に情・意を伴うているのである。何となれば、情・意はすでに霊化したる情・意であって、すなわち慈悲となり同情となって発露するものである。ゆえに智・情・意は三角の三尖を占むるものではなく、智と情・意とは心の両面を示すものとなっているのである。智慧と慈悲とは対照すべきものでなく、同一仏性の両面であるからである。そこで仏教では単に智といっても悲を含み、単に悲といっても智を含んでいるのである。同じ太陽の光と熱とのごときものである。光を離れた熱もなく、熱を離れた光もない。光によって太陽を認識することができなければ、熱によっても太陽を認識することはでき得るのである。

かくのごとく説き来たれば、仏教は全然理想主義であって、何人《なんびと》も異議あるべきはずはないのであるが、思想発展の径路は、そう簡単に開け行くものではないのである。国初以来、脳底に浸潤し来たった実在主義の種子は、理想主義の仏教界に入ってもなおその萌芽を発せんとするのである。アリヤ民族がヴェーダ時代より、ウパニシャッド時代まで固執し来たった実在主義は、再びその縮図を仏教圏内に画き出さんとしたのである。あたかも人類がアミーバの古代より人類の現時に至るまでに、経過し来たりし階段を、胎内五位二百八十日の間に繰り返すのと同じように、また、われわれが生まれ出てから嬰児期において、野蛮時代から文化時代に至るまでの進化の道程を繰り返すと同じように、インド仏教者は、ヴェーダからウパニシャッドまでに経過した実在主義的見地を、再び仏教内において繰り返しつつあったのである。かかる約説原理は明らかに仏教内に顕われて、仏教の原始時代を飾りし諸派は多く実在的見解に傾いておった。説一切有部はもちろんパーリ仏教の上座部も、有部より分派せる化地部も、小乗派に属する諸部も、たいてい実在主義的傾向に彷徨しておったのである。これからは常に反動的に小乗有論〔人空法有説〕から小乗空論〔人法二空説〕、小乗空論から大乗空論〔俗有真空説〕、大乗空論から権大乗非有空論〔内有外空説〕というように、幾多の思想の階段を経て、仏教の本旨に還り、理想主義の内容を充実し得るように進んだのである。

しかしわれわれは、著しく実在的傾向を有した小乗派を決して排斥してはならぬ。見解としても、信仰としても、とうてい、われわれは小乗の主張に共鳴することはできないが、この小乗派があったために当時のインドは救われたのである。

大乗小乗

大乗・小乗とは、一般には「大人の乗りもの」、「小人の乗りもの」と解しているのであるが、浄土門の如き、賢愚大小の差別なく、一切生類を救済するというような大乗の一派が顕われたから、これをも含み得る解釈でなくてはならない。そこで、大・小人の乗りものということでなく、「大きな乗りもの」、「小さい乗りもの」と解するのである。この意味では、乗りものそれ自身に大小があるので、乗る人の大小の意ではないのである。自分の乗りものは小さい乗りものだとか、小人の乗りものだとかいうことは、自分からいい出すはずはないのであるから、大・小乗の名目は、大乗家の創めたものであることは、疑いがないのである。小乗教の偏狭なるを嘲り、小乗教者の低劣なるを賤む嘲笑的の名称であるに相違ない。しかし仏教の最初からして後に大・小両乗となるべき傾向は、あったものに相違ない。

悟後の観念

大乗・小乗というように、種々の宗旨が開けているのは、やはり仏在世に実現された理想の原素によって、そういうふうに開展してきたのであろうと思う。一切衆生のすべての階級にわたって満足するようにしなければ、自分の理想が社会に実現するものではないと、考えられたであろうと思う。それであるから大乗は仏説でないとか、小乗は真説でないとかいうのは、これは釈迦の悟後の観念の内容を十分に知らぬからである。大体、仏に悟後の観念のあったということは、人生の教訓として最も適切なことである。

掛川の裁判所長が、この悟後の観念の話を聞いて、「いかにも悟後の観念は大切なことであろうと思う。自分らは法学を修めたが、その後、締め括りをせず、教場で聴いたなりで地方の判官となって法廷に臨んだ。裁判官となってから二十年になるが、自分に満足すべき裁判である、正しい裁判であると思ったことは一度もない。相談の結果で、たいていは折り合いを付けているが、被告も原告も法官も相互に、よく裁き得たと感ずることは一度もない。これはなぜかといえば、法律は習ったが、法律を味わう時期がなかったからである。何も彼も習ったのみで、その精神が十分に味わわれていない。ここに悟後の観念があって、卒業後ただの一月でも、法律のいかなるものであるかということを、味わう時期があったならば、やや理想的の裁判ができたであろうと思う。人生はすべてみなそうであろうと思う」という感話を聞いたことがあるが、そうであろう。教育を終わって社会に出ずる時は、とくと観念して後、社会へ出てほしい。それができぬまでも、もし人生の半ばを事業の経営に費やしたら、その次には少し考える時期があってほしい。人生の締め括りは、最後に思うの時代があって初めてできるのである。斃れて後に止むといっては、その人は実に憐れむべきもので終わるのである。自分の過ぎ来し方を考え、また行く末のことをも考え、子孫のことをも十分に考える悟後の観念がなければ、人生は無意義に終わるかも知れない。

この悟後の観念は非常に意義のあることである。釈尊は、この悟後の観念において、過去を考えて自受法楽の悦びを味わわれた。将来をも思うて、大理想の実現を有功ならしめんとせられた。われわれの理想は通常は空想にとどまるのである。仏でいったら、雪山に対する準備の観念で終わるのである。この内現した理想を、さらにそれを人格に体現することは、できないのである。釈尊はこれを人格的に実現せられて、背後に後光が射すほどであった。実に後光のあるべき最上無上の人格にまで進んだのである。理想の人格的実現においては最上乗なものである。さらに悟後の観念によって、その理想を社会的に実現して、現実を理想化することを工夫せられた。四十九年自覚覚他の能事畢《おわ》りて、理想のみの境地に到達されたのである。こういうぐあいに釈尊の一生を観ると、理想の内現を目的とした学道準備時代の観念、理想の体現を目的とした苦行努力時代の観念、理想の社会的実現を目的とした悟後の観念というふうに、部分部分が一目瞭然としている。

心の形式と身の形式

肉体から生まれる煩悩の始末に困じはてて、その征伐に全力を尽し、灰身滅智《けしんめっち》の結果に満足して、身心を整頓

の形式を主として身心の修養を計る小乗教者は、身に纏綿する煩悩の取り扱いに腐心するのあまり、煩悩の棘《きょく》こり、回光返照《えこうへんしょう》の実を挙げて、ついに大乗教義を完成するに至らなくてはならないのである。これに対して、身れは大切ではあるが、要するに思想の形式たるにとどまるのであるから、これより脱化してさらに菩薩地より起心の修養を計り、煩悩障の断尽に終わりを告ぐるに反して、大乗教者は、心の形式を主として身心の修養を計るのである。心の形式を主とするものは、倶舎、唯識、有論、空論、煩瑣なる思想の形式を創造したのである。こ見道によって所知障を断ずるのにも、修道は同じく必要なものであるが、小乗の徒が、身の形式を主として身て、大乗特殊の見・修両道の進修の道である。

所知障と煩悩障との両障を断じ、これによって大菩提を証するものは、すなわち菩薩地の修習によるものであっ剣の向かうところ、理の世界を切り開き、しかして運心工夫静かに修杖の歩みを運ぶものである。久修の結果、のである。仏教の教うる見道は、常に修道の進修を回顧し、その実修に伴って理論の歩武を進め、いやしくも智の目的が理想の建設にあるのであるから、ついに遺憾ながら空論に終わり、戯論《けろん》三昧のほかに出ない結果となるくのである。これは所知の対象は時・空にわたりて広さと長さに透徹するが、この方法が論理の徹底を期し、そ法であるが、その所知の対象が単に部分的の自然現象や自然対象に限っているのである。哲学も智慧の障りを除る。これは人間の固有している智慧の障りを除く道で、所知障を遮する方法である。科学も智慧の障りを除く方ならざる見道の方法がある。すなわち、われわれの見識を整え、見地を正しくするために、知見を研《みが》く方法であて情の障りを排除するので、煩悩障を遮する唯一の方法であるが、これよりほかにやすく見えて、なかなか容易

たとえ偏見小乗の教者といえども、修道ばかりで見道を疎外したわけではない。修道は修習の道で修行によっ聞教者であった。

する肉体の形式に重きを置くのあまり、ついにこれに囚われて、それ以上一歩も進み得なくなったのが、小乗声

刺《し》を退治し、肉体を中心として湧き来たる大小雑染の妄執を転除するには万全の武器を発明し、煩悩退治の形式を把持し得たのであったが、ついに涅槃の古城に立て籠り、一歩も自利の境地を脱する能わざるものとなったのである。

修道・見道の両道により、煩悩障、所知障を断じて菩薩に達するのは大乗教者である。これは菩薩上々地に向かう自利利他の進路である。修道により煩悩障を断じて、涅槃に入るのは小乗教者である。これは灰身滅智《けしんめっち》に安んずる声聞の教義である。前者は思想の形式を主として進むものであり、後者は肉体の形式を主として進むものである。

世上道

大聖世尊の出世は、インドを闇黒より光明に導いた。インド人は、世は光明に赴くと信じながら、相率いて盲闇の世界に踏み入りつつあったのである。当時世相を支配したのは、第一には世俗道（Laukika）であった。世俗道とは何であろうか、常識と学術と倫理とに導かれて、世の通相に随って生涯を送るのが世俗道である。第二には順世道（Lokāyata）であった。世の通相に随うことは世俗道と異ならぬが、その上に神の存在を信じない。当時の宗教の教うるところをことごとく否認する。無神的にしてしかも唯物的なる思想を鼓吹せんとするものであった。ことにこれを順世外道と名づけて、仏教からも、婆羅門教からも、全く外道視せられたのであった。第三には厭世道であった。厭世といえば、全く世を捨てて世相と遠離して、人生と没交渉であるかのごとくに思わるるであろう。あにはからんや、事実はこれと全く相違している。これらは当時の宗教家である。苦行をもって自己の本務のごとく考えているか、祭式をもって人生終極の目的であるかのごとくに考えているか、いずれにせよ、宗教の教権は、自己独占の王座であると考えている。

なるほどこの輩は村を離れて山に住している。都会を捨てて山林に隠棲を企てている。インドの文明は山林より生ずるという千古の異例は示したに相違ないが、このいわゆる宗教家の実生活は普通の実生活と寸分変わらぬ状態である。単に村間の生活を山間に移したまでである。その代わり、哲学も山林から出る。宗教も山林から出る。芸術も山林にある。文学も山林にある。教育も山林にある。全インドの理想は全然山林に向かって進みつつあったのである。炎熱のインドには、これは自然の傾向であったろうと思われる。そこで厭世道というきわめて世俗的な宗教生活を形成したのである。世相の第一位を占むるために、第二位、第三位の民族を宗教的に判別せんとしたのである。宗教を生得の天権として、第四位の民族にはその均霑《きんてん》を許さないのである。世俗道を圧迫する機関としての厭世道であった。世を厭うの外相を示して、世俗道を支配せんとする世相の傾向であった。そこで厭世道たるにかかわらず、今は世間道に包含して、これを一括して論歩を進めんとするのである。それゆえに、いわゆる世間道とは一に世間そのままの世俗道、二に世間の非神傾向の順世道、三に苦行を主とする有神傾向の厭世道の三つである。仏の退けられた世間道はこの三道である。

しからば、仏の主張せらるる世上道とは、いかなるものであるか。世上道（Lokottara）とは、世間最勝の道として世第一法の義もある。世俗出離の道として出世間道の義もある。いずれにせよ、世間を離れてしかも世間を捨てず、形式においては全く世間を厭い、精神においては永く世間を救うの道を発見し、かかる上士、大士、清浄人の別社会を作って、もって世間憧憬の標的を作り、荒み果てたるインドの世界に、中道実相の理想生活を示さんとするのが、仏の理想であったのである。ゆえに仏は山より村への順路を取り、都会生活を律するために、都会に近き丘陵に、その教団を立てられたのである。これがために「仏の遊履する所、国邑丘聚化を蒙らざるはなく、天下和順、日月清明、国豊かに民安く、兵戈用いることなき」結果を得られたのである。

世上道は精神的理想の教団である。平等的実相の集団である。ゆえに世間道と全く異なりたる形式を要求する。世俗道の生活様式を抛擲したる集団である。種族的階級はこの集団においては容れられない。法臘《ほうろう》をもって標準とする。少なくとも知識をもって標的とする一味和合の教団である。順世道の物質主義を極力排斥する。厭世道の苦行主義をも極力排斥する。しかし世俗の生活様式を放棄したのを厭世と解するのは錯覚である。世上道を作り上げ、能力を進め、自覚に達するためには、止むを得ざる方法であった。真の知識世界に進入せんとするには、俗の煩悩生活を遠離せねばならぬ。それがために恩愛を捨てたのは、世俗的恩愛を放棄して、世上的恩愛を樹立するためである。されど厭世の逃避主義に走るためでもなく、順世の通俗主義に陥るのでもない。この両極端の中道を歩む理想生活の鼓吹が、仏の主眼であった。

声聞道と菩薩道

仏教には二道の差別があることを忘れてはならぬ。すなわち声聞道と菩薩道とである。声聞道は仏弟子道である。仏弟子位の進むべき道である。菩薩道は仏子道である。仏子位の進むべき道である。前者は小乗であるが、後者は大乗である。一は煩悩障を断じて涅槃に進み解脱身を得る。他は煩悩障・所知障を断じて菩提を成じ法身を証する。煩悩障とは情の障りである。所知障とは智の障りである。この両面を捨離した菩薩は、他の生類のような因位の菩薩とは相違しているが、外面は他の生類と同じように、俗形として世間に存在する有余依《うよえ》の涅槃に入るが、無余依の涅槃には入らない。心解脱は得るが解脱身は得ない。輪廻は捨離しないが、輪廻に伴う煩悩には染着《ぜんじゃく》しない。これが上行《じょうぎょう》菩薩の真相である。大権化現の本質である。かかる菩薩は根本智、出世間智を証して無極位に到達し、さらに向下の方向を取り、後得智、世間智を得て普遍位に廻入《えにゅう》したのである。

四重秘釈は、ここにも応用せられねばならぬ。世間の何ものたるかは知らねばならぬ。出世間の何ものたるかも知らねばならぬ。その上に、世間即出世間の理を弁えねばならぬ。最後には出世間即世間の実を行わねばならぬ。われわれはかつて世間道と世上道とを対比した、世上道とは、すなわち出世道と同じことである。世間と世上とを対比するのは、第一、二重初歩の解釈に彷徨しているのである。一層進んで第三重の世間即世上の理を知り、ついに第四重の世上即世間の実に下らねばならぬ。菩薩が根本智の後に後得智を得、出世間智の上に世間智に進むは、実にこの辺の消息を伝え得てあまりありというべきである。しかしてわれわれ仰光位《ぎょうこうい》にある優婆塞《うばそく》が、讃仰すべき返照位の菩薩としては、何といっても、われわれ大乗純一界の旗幟を押し立てたまいし聖徳太子を仰がざるを得ないのである。聖徳太子は、菩薩位にあり同時に優婆塞位にありし、われわれの仰ぐべき先達の聖者である。

真善美

哲学は何を教えるかといえば、真理を教える、すなわち「真」の理想を教えるのである。「真」の理想は、われわれの智が哲学を通して生み出したものである。宗教は何を教えるかといえば、宗教は善道を教える。すなわち「善」の理想をわれわれに示す。これは、われわれの情が宗教を通して生み出した理想である。芸術は何を現わすかといえば、芸術は「美」を現わす、「美」の理想は、われわれの意志が芸術を通して現わしたものである。しかし、真・善・美の理想というものは、ギリシャの哲学時代からすでに二千年以上も考究しているけれども、哲学者でも十分にわからぬ人が多い。理想は真・善・美では足らぬと考えて、その上に「聖」を加え、中には「富」を加えるという人もある。足らないから加えるというなら、いくらでも加え得るのである。これは本質的に考えると、決して加えるわけにはいかぬ。われわれの精神の智・情・意の三方面が生み出したものが、真・善・美の理想であるから、このほかにわれわれの本質的理想はあり得ないのである。「聖」の理想も、真・善・美の三つを具備したものが、神聖であるとする意なれば適当である。しかし、いずれの方面から見ても、「富」の理想のごときは、根本的の理解はなくて、徒《いたずら》に加えたものといわざるを得ない。ゆえに、われわれに共通なる理想として、真・善・美の三つのほかには加うべきものはないのである。

されど、この三者も智・情・意の三者と同じように、真善の二つの理想を地盤として、その上に美が顕われたものとせねばならぬ。真といっても、われわれは「真」の真相は見ることができない。善もそのとおりで「善」の真相は、われわれはこれを見ることはできないのである。真と善とは、説くことはできても、見ることはできないのである。けれども、「美」の理想は見るための理想である。直接に五感に訴え得べきものである。一層明瞭に説けば、真と善との二つが、もしも姿を現わしたら、これを名づけてわれわれは美というのである。その中には真も善も籠っているものでなければ美といわれぬ。ここにもまた単独説が行われて、「美のための美である」などというのは、結局、半人格的美に帰するのである。

この真・善・美の三理想は三角形△をなして、智・情・意と同じような段取りで発動する姿を、実に「神聖」である、聖者《しょうじゃ》の真相であるというのである。こういう人を名づけて聖人《しょうにん》というのである。こういうように裏へ返して見れば、真・善・美の理想になり、表面から見れば、哲学・宗教・芸術の三である。これをわれわれ個人の上で説けば、智・情・意の三つが相連絡して働くのである。社会に存在するものの全般が、われわれ個人を根本として、これとその揆《き》を一にして活動するのであるから、一般に同一形式で取扱われねばならぬのである。この根本義を了解しないと、社会においても哲学と宗教と芸術との三つを、縁もゆかりもないかのごとくに、取扱う人も出てくるのである。人生においても真・善・美の理想を、偶然に並列したもののように考えて、他のものを加えたり減じたりする学者が生ずるのである。これらはみな、相関的、相対的のものであって、決して単独的、絶対的のものではないのである。

この真・善・美の理想も、われわれの人生進展の原理となるまでには、われわれは数千年を費やしており、そうして幾千万の人が共同してようやく完成したものである。「人類の完全位」にまでの道程をようやく漕ぎつけたのである。そうして今日までの大哲学、大宗教、大文明、大芸術を数千年かかって築き上げたのである。ところが驚くべし、われわれ普通人格が幾千万人寄ってかかって、幾千年を経てようやく造り上げるだけの大業を、ただ一人でこれを仕上げる人がある。そういう人格は非常に偉大なる人格といわなければならぬ。いわゆる「超人」とは、かかる人をいうのであろう。そういう哲人の智が社会に現われた時は、それがそのままに大哲学となって、その時代の人がことごとく時代思潮、時代精神として、これに従う風潮を生ずるのである。そういう大人格者の情が社会に現われた時は、それがそのまま大宗教となって、時代の宗教意識を支配し、時代信仰となって、天下後世までも仰ぐようになるのである。そういう聖人の意思が社会に現われた時は、直ちにその時代の色彩が変わる。文化の方向が一変するのである。

釈迦がインドに出現せらるると、インドの文明は、たちまちにして仏教文明と名づけてよいような、濃厚なる色彩ができたのである。聖徳太子が日本に現われたもうと、日本の文明は、たちまちに一定の方向を取って進展する。人類のこれに帰向することは、衆星の北辰に向かうがごとくである。こういう大人格たる地位は、われわれはとうてい習わんとしても及ぶものではないのである。いかに努力しても生まれつけば格別、学んで得べきものではないのである。実にわれわれの到達し得べき目標より遥かに超出した大人格であらねばならぬ。われわれの智能をもって測量することもできないし、われわれの情熱をもって比較することもとうてい不可能である。われわれの不完全位から「人類の完全位」までの階段は幾千段あるか知らぬが、その段位はどのくらいのものか、なおさらわからない。とにかく、われわれ普通人格よりは遥かに超越した人に相違ないから、これをわれわれは仮に超越人格と名づけたいのである。われわれがとうてい及ぶことのできない優越の人格であるという意味である。

われわれ普通人格を凡夫とするなら、この超越人格は菩薩と称すべき人である。かかる菩薩位の人は、もはやわれわれのごとき自我ではない。個人的自我ではない。われわれの如き個人大の人格ではないのである。自他平等の大主義を体得しておられる。先に述べた社会という大人格を、そのまま自己の人格としていられるのである。それだから社会が罪を犯せば、自分が罪悪を犯したかのごとくに感じて、これを救済せんとし、社会が堕落すると、自分が堕落したように考えて、これに向上の路を示さんとする。自己を没却して社会をもって自己としている。社会をもって自己としているから、そういう人の智は、そのままに「真」の理想に適い、そういう人の情は、そのままに「善」の理想に合致する。そういう人の意志は、そのままに「美」の理想に合一する。そういう人の個性は、そのままに真善美の理想を体得しており、これを体現しているのである。そういう人の理想が現われて時代思想となり、現われて時代の宗教意識となるのは、どうしてかといえば、一切生類の希望をすべて成就せしむるからである。一切の人の心をもって心としている。われわれのいわんとするところをいい、われわれのなさんとするところをなし、達せんとするところに達しているのであるから、世界はその活躍する方面に追随するのである。そこで、そういう人は時代の産物であるといい得るのである。時代の水平線上に脱出して、その時代を代表している人物であるから、みな人これを仰ぎ視るのである。一切の心をもって心とした大人格は、社会という大人格を自己の人格としているのである。これがすなわち「完全位に近い人」である。そういう人は、われわれの時代が産出し得ないとはいえぬ。われわれも人意を強うするに足るのである。

釈迦如来という一人の大人格は、現劫の水平線上に脱出した空前絶後の大人格者であるが、これを現劫中にわれわれが生み出したというのは、われわれはこれを誇りとせねばならぬ。釈迦が単独で人格修養の結果で、この大人格者が生じたといえば、それまでであるが、われわれは、たしかに時代が生んだという権能は持っている。

高楠順次郎（たかくす・じゅんじろう）

1866年生、1945年歿。1890年イギリスに留学。オックスフォード大学でマックス・ミュラー教授の指導を受ける。1899年東京帝国大学文科大学教授。1900年東京外国語学校校長を兼任。文学博士。1912年帝国学士院会員。1924年武蔵野女子学院創設、院長。1931年東洋大学学長。1934年大正新脩大蔵経百巻出版完成。1941年南伝大蔵経七十巻全訳監修出版完成。1944年文化勲章受章。著書、訳書、監修書多数、高楠順次郎全集全10巻。

インド思想から仏教へ　仏教の根本思想とその真髄

刊　行　2017年9月

著　者　高楠順次郎

刊行者　清　藤　洋

刊行所　書 肆 心 水

135-0016 東京都江東区東陽 6-2-27-1308
www.shoshi-shinsui.com
電話 03-6677-0101

ISBN978-4-906917-72-3 C0015